utb 4904

W0039230

Eine Arbeitsgemeinschaft der Verlage

Böhlau Verlag · Wien · Köln · Weimar
Verlag Barbara Budrich · Opladen · Toronto
facultas · Wien
Wilhelm Fink · Paderborn
A. Francke Verlag · Tübingen
Haupt Verlag · Bern
Verlag Julius Klinkhardt · Bad Heilbrunn
Mohr Siebeck · Tübingen
Ernst Reinhardt Verlag · München · Basel
Ferdinand Schöningh · Paderborn
Eugen Ulmer Verlag · Stuttgart
UVK Verlagsgesellschaft · Konstanz, mit UVK/Lucius · München
Vandenhoeck & Ruprecht · Göttingen · Bristol
Waxmann · Münster · New York

Albrecht Bossert
Ekkehard von Knorring

Volkswirtschaftslehre
für Sozialwissenschaftler

Eine Einführung

UVK Verlagsgesellschaft mbH · Konstanz
mit UVK/Lucius · München

Online-Angebote oder elektronische Ausgaben sind erhältlich unter www.utb-shop.de.

Bibliografische Information der Deutschen Bibliothek

Die Deutsche Bibliothek verzeichnet diese Publikation in der Deutschen Nationalbibliografie; detaillierte bibliografische Daten sind im Internet über <http://dnb.ddb.de> abrufbar.

© UVK Verlagsgesellschaft mbH, Konstanz und München 2018

Einbandgestaltung: Atelier Reichert, Stuttgart

Einbandmotiv: © gobyg - istockphoto.com

Druck und Bindung: cpi - Clausen & Bosse, Leck

UVK Verlagsgesellschaft mbH
Schützenstr. 24 · 78462 Konstanz
Tel. 07531-9053-0 · Fax 07531-9053-98
www.uvk.de

UTB-Nr. 4904
ISBN 978-3-8252-4904-5

Vorwort

Das vorliegende Lehrbuch richtet sich an Studierende, die damit beginnen, sich mit den Fragestellungen der Volkswirtschaftslehre zu beschäftigen. Die Absicht des Lehrbuches ist, ausgehend vom grundlegenden Problem der Güterknappheit zu begründen, dass ein arbeitsteiliges Vorgehen verschiedener Disziplinen der Wissenschaft – neben den Wirtschaftswissenschaften auch der Rechtswissenschaft, der Politikwissenschaft und der Sozialwissenschaften – zu einer bestmöglichen Lösung des Problems der Güterknappheit beitragen kann. Der Beitrag der Volkswirtschaftslehre besteht in diesem Zusammenhang darin zu zeigen, welchen Beitrag eine zweckmäßige Ausgestaltung der Wirtschaftsordnung und eine sinnvoll angelegte wirtschaftspolitische Einflussnahme im Fall von Störungen des Güterversorgungsprozesses – z.B. in Form von Fiskal- und Geldpolitik – oder im Fall von Fehlentwicklungen der sektoralen oder regionalen Wirtschaftsstruktur leisten kann.

Vorläufer des vorliegenden Lehrbuches ist ein Lehrbuch, das auf die Weiterbildung im Bereich des Handwerks ausgerichtet war (Ekkehard von Knorring, Volkswirtschaft. Rahmenbedingungen für eine Unternehmensstrategie, Holzmann Medien, Bad Wörishofen). Das vorliegende Lehrbuch richtet sich an Studierende im Bereich der Universitäten und Hochschulen, denen die grundlegenden Sachzusammenhänge im Bereich der Volkswirtschaftslehre vermittelt werden sollen.

Inhaltsübersicht

Inhalt

Abkürzungsverzeichnis

BIP	Bruttoinlandsprodukt
ECB	European Central Bank
EGV	EG-Vertrag
engl.	Englisch
ESVG	Europäisches System der Volkswirtschaftlichen Gesamtrechnungen
ESZB	Europäisches System der Zentralbanken
EU	Europäische Union
EUR	Euro (€)
EWR	Europäischer Wirtschaftsraum
EWS	Europäisches Währungssystem
EWU	Europäische Währungsunion
EWWU	Europäische Wirtschafts- und Währungsunion
EZB	Europäische Zentralbank
GBP	Pfund Sterling (£)
GG	Grundgesetz
GWB	Gesetz gegen Wettbewerbsbeschränkungen
HVPI	Harmonisierter Verbraucherpreisindex
JPY	Yen
lat.	lateinisch
MBB	Messerschmidt-Bölkow-Blohm
NE	Nationaleinkommen
NIP	Nettoinlandsprodukt
NNE	Nettonationaleinkommen
PE	Primäreinkommen
SP	Sozialprodukt

ÜR	Überschussreserve
USD	US-Dollar ($)
UWG	Gesetz gegen unlauteren Wettbewerb
VE	Volkseinkommen
VGR	Volkswirtschaftliche Gesamtrechnung
VPI	Verbraucherpreisindex

1 Wirtschaft und Gesellschaft - volkswirtschaftliches Grundverständnis

1.1 Der Begriff des „Wirtschaftens"

Gegenstand des **Wirtschaftens** sind knappe Güter, die als materielle Werte neben immateriellen Werten (z. B. Verständnis, Zuneigung, Anerkennung) dem einzelnen Menschen einen Nutzen stiften und daher durch Gebrauch (Nutzung) sein Wohlbefinden positiv beeinflussen. Güter sind daher im wahrsten Sinne des Wortes gut.

Ungüter sind schlecht, weil sie das Wohlbefinden negativ beeinflussen, also Leid zufügen und z. B. krank machen. Die Knappheit der Güter beruht darauf, dass die Möglichkeiten der Güterproduktion (z. B. in Form der vorhandenen Arbeitskraft) begrenzt sind (= absolute Knappheit) und die Güterbedürfnisse (Bedarf) außerhalb der Möglichkeiten liegen (= relative Knappheit).

Das **Knappheitsproblem** der Güter (Güterversorgungsproblem) ist Ausgangspunkt und steht im Mittelpunkt allen Wirtschaftens.

Das Güterversorgungsproblem ist für uns ein Dauerproblem. Der wirtschaftende Mensch als Wirtschaftssubjekt (lat.: homo oeconomicus) und als allein vernunftbegabtes Lebewesen setzt seine Vernunft (Ratio) ein, um sein Güterversorgungsproblem bestmöglich zu lösen. „Bestmöglich" heißt, das sog. ökonomische Rationalprinzip (kurz: ökonomisches Prinzip) anzuwenden, d.h. mit gegebenen Möglichkeiten ein Höchstmaß an Bedarfsbefriedigung (Nutzenmaximierung) oder einen gegebenen Bedarf mit einem Mindestmaß an Möglichkeiten (Kostenminimierung) zu erreichen. Knappe Güter sind daher ökonomische Güter. Güter ohne absolutes Knappheitsproblem sind freie Güter. Ungüter sind mit einem Entsorgungsproblem verbunden.

1.2   Das Güterversorgungsproblem und die Möglichkeiten seiner Lösung

Das Güterversorgungsproblem und die Möglichkeiten seiner Lösung lassen sich geometrisch in folgender Weise darstellen:

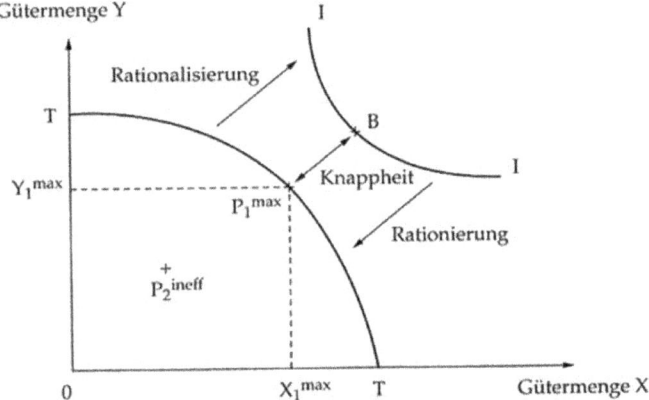

Die T/T-Kurve wird Transformationskurve genannt. Sie ist der geometrische Ort aller Gütermengenkombinationen X und Y, (z.B. die Kombination P_1^{max} mit den Mengen X_1^{max} und Y_1^{max}), die bei Ausschöpfung aller Produktionsmöglichkeiten (Vollauslastung der Produktionskapazitäten), d.h. maximal, produziert werden können. Die T/T-Kurve verläuft vom Ursprung (Nullpunkt) weg gebogen (konkav), weil die Annahme zugrunde liegt, dass es immer schwerer wird, mehr von einem bestimmten Gut zulasten des anderen Gutes zu produzieren, je mehr bereits von diesem Gut produziert worden ist. In der Volkswirtschaftslehre wird in diesem Zusammenhang vom sog. Ertragsgesetz (Gesetz vom abnehmenden Grenzertrag) gesprochen. Jede Gütermengenkombination innerhalb der T/T-Kurve (z.B. die Kombination P_2^{ineff}) ist zwar auch möglich, aber insofern ineffizient, als die Produktionsmöglichkeiten nicht voll ausgeschöpft werden. Dieses Problem wird uns z.B. in Gestalt der Arbeitslosigkeit später wieder begegnen (Abschnitt 7.1).

Die I/I-Kurve wird Indifferenzkurve genannt. Sie ist der geometrische Ort aller Gütermengenkombinationen X und Y (z.B. die Kombination B), die den gleichen Nutzen stiften. Mit der Entfernung der Indifferenzkurve vom Ursprung nimmt der Nutzen zu, weil die Gütermengen größer werden. Die Indifferenzkurve verläuft zum Ursprung hin gebogen (konvex), weil unterstellt wird, dass es immer schwerer wird, die Versorgung mit einem Gut zulasten der Versorgung mit einem anderen Gut auszudehnen, ohne eine Nutzeneinbuße zu erleiden. In der Volkswirtschaftslehre wird in diesem Zusammenhang vom 1. Gossen'schen Gesetz (Gesetz vom abnehmenden Grenznutzen) gesprochen, benannt nach dem Statistiker Hermann H. Gossen (1810 – 1858), der es „entdeckte".

Das ökonomische Knappheitsproblem besteht darin, dass unsere Güterwünsche, die sich in den Indifferenzkurven widerspiegeln (z.B. der Wunsch nach der Güterkombination B), außerhalb unserer Möglichkeiten zur Güterproduktion (z.B. in Gestalt des Punktes P1max) liegen, die in der Transformationskurve zum Ausdruck kommen.

Wenn der Mensch als Wirtschaftssubjekt versucht, mit Vernunft (Ratio) sein Güterversorgungsproblem zu lösen, hat er grundsätzlich zwei Lösungsmöglichkeiten: Rationierung oder/und Rationalisierung.

Von **Rationierung** wird gesprochen, wenn es um die Einschränkung des Bedarfs geht. Rationierung ist als Lösungsmöglichkeit des Knappheitsproblems wenig beliebt, allerdings schnell wirkend. Sich von Wünschen zu verabschieden, wird als unangenehm empfunden und gilt als letzter Ausweg, wenn eine Rationalisierung momentan nicht möglich ist. Lieferfristen, Bezugsscheine, aber auch eine Inflation sind z. B. Formen der Rationierung.

Von **Rationalisierung** wird gesprochen, wenn es um die Ausschöpfung und Ausdehnung der Produktionsmöglichkeiten geht. Sie ist diejenige Lösungsmöglichkeit des Knappheitsproblems, an die normalerweise zuerst gedacht wird. Sie umfasst die Spezialisierung, die Investierung und die Ökonomisierung.

Spezialisierung (auch Arbeitsteilung genannt) bedeutet, die Fähigkeiten zur Produktion, also die Produktionsfaktoren (Abschnitt 3.2), konzentriert und gezielt einzusetzen und dadurch die Gesamtleistung zu erhöhen (Effizienzsteigerung). **Investierung** ist eine besondere Form der Spezialisierung und bedeutet z. B. den verstärkten Einsatz von Maschinen, die als Sachkapital in vielen Fällen der menschlichen Arbeitskraft überlegen sind. Im täglichen Sprachgebrauch ist vor allem dieser Vorgang gemeint, wenn von Rationalisierung die Rede ist und Arbeitsplätze verloren gehen.

Ökonomisierung bedeutet, zunächst einmal zu versuchen, die Produktionsmöglichkeiten voll auszuschöpfen (ökonomisches Prinzip) und nichts zu vergeuden, bevor daran gedacht wird, sie noch weiter auszudehnen.

Unter allen Formen der Rationalisierung ist die **Spezialisierung** von besonderer Bedeutung. Es ist nicht übertrieben festzustellen, dass Spezialisierung im Zusammenhang mit dem Güterversorgungsproblem Dreh- und Angelpunkt des gesamten Wirtschaftens ist. Wer sie verstanden hat, verfügt über ein ökonomisches Grundverständnis, das als Weichenstellung den Zugang zum Verständnis vieler ökonomischer Situationen und Probleme verschafft.

Spezialisierung findet beim Einsatz (Input) der Produktionsmöglichkeiten (Produktionsfaktoren) und beim Produktionsergebnis (Output) statt. Spezialisierung ist national (z. B. durch die Ausbildung zu einem bestimmten Beruf) und international (z. B. in Gestalt der erdölproduzierenden Länder) anzutreffen.

> Spezialisierung führt zwangsläufig zu wirtschaftlichen Tauschbeziehungen (Handelsbeziehungen) zwischen den Spezialisten, die sich in **Anbieter und Nachfrager** unterteilen lassen.

Jeder Spezialist befindet sich gleichzeitig in einer Anbieter- und Nachfragerrolle. Als Spezialist wird er z. B. zum Anbieter derjenigen Güter, auf deren Produktion er sich spezialisiert hat und die er in der Gesamtmenge selbst nicht benötigt. Hier steht er vor einem Absatzproblem eigener Leistung. Andererseits wird jeder Spezialist zum Nachfrager nach denjenigen Gütern, auf deren Produktion er sich nicht spezialisiert hat. Es tritt ein Beschaffungsproblem fremder Leistung auf. Werden das Absatz- und Beschaffungsproblem nicht gelöst, entsteht ein Existenzproblem durch mangelhafte Güterversorgung.

Die **Vorteile der Spezialisierung** liegen gegenüber der Selbstversorgung vor allem in einer höheren mengenmäßigen Gesamtleistung pro Produktionsfaktor (Produktivität) wie auch in einer höheren Produktqualität. Sie dient damit entscheidend – wie schon beschrieben – der Rationalisierung.

Nachteile der Spezialisierung sind vor allem in der größeren Abhängigkeit der Spezialisten untereinander über das Absatz- und Beschaffungsproblem bzw. Existenzproblem, in den möglichen Schwierigkeiten bei der Abstimmung (Koordination) zwischen Angebot und Nachfrage und in der möglichen Entfremdung von der eigenen Leistung (Problem des inhumanen Arbeitsplatzes) zu sehen.

In der wechselseitigen Abhängigkeit der Spezialisten kann jedoch auch insofern ein Vorteil gesehen werden, als sie den menschlichen Gedankenaustausch (Kommunikation) erzwingt bzw. der Isolierung vorbeugt, dadurch soziale Prozesse fordert und das Gemeinwesen stützt. In den Wissenschaften kann eine fortschreitende Spezialisierung zu der Gefahr führen, immer mehr über immer weniger und schließlich alles über nichts zu wissen.

1.3 Ökonomie und Ökologie

In dem Bestreben, sein Güterversorgungsproblem bestmöglich zu lösen, setzt der einzelne Produzent Vorleistungen (Rohstoffe, Hilfsstoffe, Betriebsstoffe) und Produktionsfaktoren (Boden, Arbeit, Kapital) ein. Den Vorleistungen und Produktionsfaktoren als der **Inputseite** des Produktionsprozesses steht die **Outputseite** des Produktionsprozesses gegenüber, die zeigt, für welche Zwecke die Güter verwendet werden die im Produktionsprozess entstanden sind. Die Verwendung der produzierten Güter besteht vor allem im Verkauf an Kunden (Absatz), weitere Güter werden zeitweilig als Lagerbestand aufbewahrt (Lagerhaltung), ein Teil der produzierten Güter wird vom Produzenten im Produktionsprozess als Investitionsgüter eingesetzt (selbsterstellte Anlagen) und ein weiterer Teil wird von Produzenten selbst konsumiert (Eigenverbrauch). Zusammenfassend lässt sich diese Input-Output-Beziehung wie folgt darstellen:

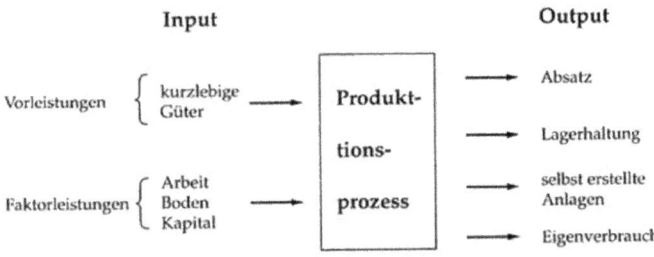

Während in dieser Darstellung der Produktionsprozess im Mittelpunkt steht, ist vor dem Hintergrund der Umweltproblematik kritisch zu fragen, welche Beziehung zwischen dem künstlichen, vom Menschen geschaffenen ökonomischen System und seiner Umwelt, dem ökologischen, natürlichen System, tatsächlich besteht. Insbesondere ist zu fragen, woher der Input kommt und wohin der Output geht. Stellt nicht das ökologische System letztlich durch die Boden-, Wasser- und Luftnutzung die **Quelle** und durch die Ablagerung von Abfällen die **Senke** im Rahmen des Produktionsprozesses dar? Besteht nicht die Gefahr, dass das ökonomische System als materiell und energetisch offenes System zu stark wächst und das materiell geschlossene und nur durch die Sonnenenergie offene ökologische System in seiner Tragfähigkeit überfordert und dadurch die Lebensbedingungen der gegenwärtigen und zukünftigen menschlichen Generationen bedroht? Schematisch lässt sich unter diesem kritischen Blickwinkel das ökonomische System als Untersystem (Subsystem) des ökologischen Systems wie folgt darstellen:

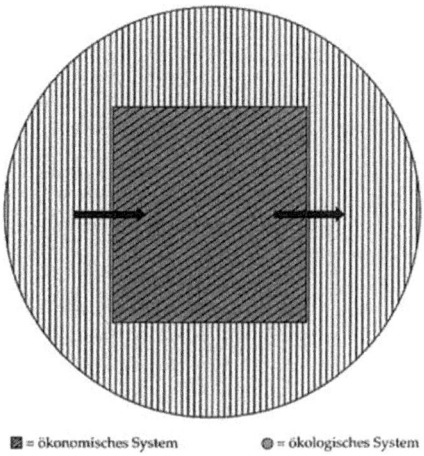

■ = ökonomisches System   ● = ökologisches System

1.4   Kontrollfragen zu Kapitel 1

1. Was steht im Mittelpunkt des „Wirtschaftens"?
2. Wie äußert sich das ökonomische Knappheitsproblem?
3. Wie lässt sich das Güterversorgungsproblem prinzipiell lösen?
4. Welche Bedeutung hat die Spezialisierung im Rahmen des Güterversorgungsproblems?
5. Vor welchen Problemen stehen Spezialisten?

2 Gegenstand und Aufgaben der Volkswirtschaftslehre

2.1 Die Volkswirtschaftslehre als Teilbereich der Wirtschaftswissenschaften und ihre Beziehung zu anderen Wissenschaftsdisziplinen

Die **Volkswirtschaftslehre (VWL)** zählt zu den Wirtschaftswissenschaften. Sie umfassen diejenigen Fachgebiete, die das Wirtschaften des Menschen zum Gegenstand ihres Erkenntnisinteresses machen.

> Die Volkswirtschaftslehre (VWL) versucht Erkenntnisse über das gesamte Güterversorgungsproblem einer Gesellschaft (Gesamtwirtschaft) und die Schwierigkeiten bei der Problemlösung zu gewinnen und zu vermitteln.

Die **Betriebswirtschaftslehre (BWL)** zählt wie die Volkswirtschaftslehre (VWL) zu den Wirtschaftswissenschaften. Sie steht im Grunde vor dem gleichen Aufgabenkatalog wie die VWL, allerdings nicht auf der gesamtwirtschaftlichen, sondern auf der einzelwirtschaftlichen Ebene, z. B. im Unternehmensbereich. Außerdem bezieht sich die Aufgabe der Beratung nicht auf den staatlichen Bereich, sondern verbleibt im privaten Bereich, z. B. als Unternehmensberatung.

> Die Betriebswirtschaftslehre (BWL) befasst sich mit den einzelwirtschaftlichen Problemen bei der Güterversorgung, wobei die betriebliche Produktion der Güter und deren Vermarktung im Vordergrund des Interesses stehen.

VWL und BWL sind keine Gegensätze, sondern Fachgebiete, die sich gegenseitig ergänzen und von dem jeweilig anderen Fachgebiet – wie auch von nichtökonomischen Fachgebieten wie z. B. den **Sozialwissenschaften und den Politikwissenschaften** – wichtige Anregungen und Beitrage bei der eigenen

Erkenntnisgewinnung erhalten. Die Zusammenarbeit zwischen den Wirtschafts- und Sozialwissenschaften und der Politikwissenschaft hat dadurch an Bedeutung gewonnen, dass Märkte immer größer und staatlich beeinflusst werden und auch international verstärkt zusammenwachsen (z. B. in Gestalt der Europäischen Wirtschafts- und Währungsunion). Die Kenntnis der volkswirtschaftlichen Rahmenbedingungen und der Bedingungen, unter denen politische Entscheidungen zustande kommen und Kooperation zwischen unterschiedlichen Ländern wirtschaftlich und gesellschaftlich sinnvoll ist, erfordert interdisziplinäres Denken und Zusammenarbeit zwischen den verschiedenen Wissenschaftsbereichen.

2.2   Aufgaben der Volkswirtschaftslehre

Alle **Aufgaben der VWL** sind darauf gerichtet, das gesellschaftliche Güterversorgungsproblem als gesamtwirtschaftliches Problem zu erkennen und zu lösen. Die Aufgabenerfüllung lässt sich dabei in vier Stufen unterteilen:

(1) Am Anfang steht die Beobachtung und damit die **Beschreibung** (Deskription) vergangener Entwicklungen und deren Ergebnisse auf der gesamtwirtschaftlichen Ebene (z. B. die Höhe der gesamten Güterversorgung der deutschen Bevölkerung im Jahr 2017). Da sich jede Beschreibung einer Sprache und bestimmter Fachbegriffe bedient, muss die Beschreibung Hand in Hand mit der **Begriffsklärung** (Definition) gehen (z. B. Bruttoinlandsprodukt (BIP)). So wie alle Begriffe beruhen auch volkswirtschaftliche Begriffe auf Konventionen und sind daher streng genommen nicht richtig oder falsch, sondern werden nur konventionell oder unkonventionell (mit der Gefahr des Missverständnisses) verwendet. Die Frage in dieser ersten Aufgabenstellung lautet: Was ist und wie ist etwas auf der volkswirtschaftlichen Ebene? Um die Frage zu beantworten, werden bestimmte Methoden wie z. B. die Buchführungstechnik der Volkswirtschaftlichen Gesamtrechnung (VGR) eingesetzt. Wir werden uns in Kapitel 3 damit näher befassen.

(2) Der Beschreibung folgt die **Erklärung**, d. h., es folgt die Frage nach den Ursachen, also die Frage nach dem Warum: Warum ist etwas so, wie es ist? Warum ist z. B. das BIP im Jahr 2017 nicht höher ausgefallen? Es wird also nach den Ursachen eines bestimmten gesamtwirtschaftlichen Phänomens in der Vergangenheit gefragt. Um die Frage zu beantworten, wird die **Wirtschaftstheorie** bemüht.

(3) Ist die Erklärung geleistet, so lässt sich darauf eine **Prognose** aufbauen, d. h., durch Verlagerung der Ursachen in die Zukunft lassen sich auch zukünftige Entwicklungen vorhersagen und begründen. Warum dürfte z. B. das BIP im kommenden Jahr steigen? Von der Prognose unterscheidet sich die Prophezeiung dadurch, dass Letztere (z. B. durch einfache Trendfortschreibung der vergangenen Entwicklung in die Zukunft) zwar die zukünftige Entwicklung – möglicherweise im reinen Ergebnis durchaus exakt – vorhersagen, aber nicht die Ursachen dieser Entwicklung benennen kann. Dies ist dann hinderlich, wenn zukünftige Entwicklungen als gesellschaftlich unerwünscht bewertet werden und daher nach einer (wirtschafts)politischen und damit staatlichen Korrektur und entsprechenden Maßnahmen verlangen.

(4) Sind die drei erstgenannten Aufgaben erfüllt, so obliegt der Volkswirtschaftslehre – sofern sie nicht im „elfenbeinernen Turm" der reinen Theorie verbleiben will – auch die Aufgabe der **wirtschaftspolitischen Beratung**. Sie soll diejenigen im staatlichen Bereich instrumentell beraten, die (z. B. als gewählte Volksvertreter und Parlamentarier bzw. Regierungsmitglieder in einer Demokratie) aufgrund ihrer gesellschaftlichen Verantwortung die Aufgabe haben, das gesellschaftliche (volkswirtschaftliche) Güterversorgungsproblem und die damit verbundenen Probleme (z. B. das Arbeitslosigkeitsproblem) zu lösen. Die Frage lautet also: Wozu soll z. B. die Beschreibung und Erklärung der zukünftigen Entwicklung des BIP dienen?

2.3   Kontrollfragen zu Kapitel 2

1. Was ist Gegenstand der Volkswirtschaftslehre und wodurch unterscheidet sie sich von der Betriebswirtschaftslehre?

2. Vor welchen Aufgaben steht die Volkswirtschaftslehre?

3. Welche Aufgaben umfasst die „Diagnose"?

4. Welcher Zusammenhang besteht zwischen Prognose und wirtschaftspolitischer Beratung?

3 Die volkswirtschaftliche Leistungserstellung

3.1 Güterbegriffe

Schematisch und in der Übersicht lassen sich die verschiedenen volkswirtschaftlichen Güterbegriffe nach der Nutzungsdauer und Nutzungsart der Güter wie folgt darstellen:

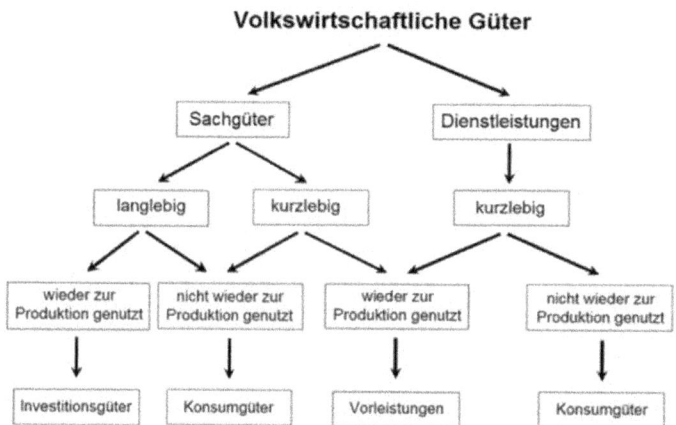

Die ökonomischen (knappen) Güter (vgl. Abschnitt 1.1) lassen sich demnach zunächst in **Sachgüter** (Waren) und **Dienstleistungen** unterteilen. Sie können dauerhaft (langlebig) und nicht dauerhaft (kurzlebig) sein. Die Grenze zwischen Kurz- und Langlebigkeit ist das Ende des Wirtschaftsjahres, das normalerweise dem Kalenderjahr entspricht. Sachgüter können kurz- oder langlebig sein, während Dienstleistungen nur kurzlebig sind und gleichzeitig mit ihrer Produktion auch vollständig genutzt werden. Die Nutzung der Güter führt zu ihrer Vernichtung. Eine weitere und begrifflich wichtige Unterteilung ist die in Investitions- und Konsumgüter und in Vorleistungen.

Investitionsgüter sind langlebige, **Vorleistungen** kurzlebige Güter, die wieder zur Produktion genutzt werden. **Konsumgüter** sind kurz- und langlebige Güter, die durch Nutzung zwar auch vernichtet, dabei aber nicht wieder zur Produktion genutzt werden.

Vorleistungen werden vor allem von der Zulieferindustrie hergestellt und als Roh-, Hilfs- und Betriebsstoffe dem betrieblichen Produktionsprozess zugeführt. Als typische Beispiele für **Investitionsgüter** gelten die im Produktionsprozess eingesetzten Maschinen (Ausrüstungsinvestitionen) und Gebäude (Bauinvestitionen). Typische **Konsumgüter** sind z. B. Nahrungsmittel und auch Elektrogeräte im privaten Haushalt, sofern mit ihnen nicht wieder etwas produziert und verkauft wird.

3.2   Produktionsfaktoren

Die volkswirtschaftliche Produktion entspringt der Kombination von drei Quellen (**Produktionsfaktoren**): Arbeit, Boden und Kapital.

> **Arbeit** ist ein ursprünglicher (originärer) und der wohl wichtigste Produktionsfaktor, da er unmittelbar auf den Menschen bezogen und mit der menschlichen Existenz untrennbar verbunden ist.

Wir alle werden gleichsam schon durch Geburt zu Eigentümern von Arbeitskraft, die allerdings erst nach einer Ausbildung im Produktionsprozess einsetzbar ist. Die Untrennbarkeit der Arbeitskraft vom Menschen selbst ist auch der eigentliche Grund dafür, dass Arbeitslosigkeit als menschliches und damit besonders gravierendes, gesellschaftliches (soziales) Problem empfunden wird und warum der Arbeitnehmer sich in einer besonders abhängigen Position gegenüber denjenigen fühlt, die über den Einsatz und die Kombination der Produktionsfaktoren entscheiden. In der volkswirtschaftlichen Fachsprache wird daher — entgegen unserem täglichen Sprachgebrauch — unter Arbeit nur die abhängige, unselbstständige Arbeit verstanden, d. h., nur diejenigen zählen zu den Arbeitnehmern, die sich vertraglich bereit erklärt haben, ihr Eigentum an Arbeitskraft im Produktionsprozess von den Produzenten als Eigentümern von Boden und Kapital nutzen zu lassen, und im Gegenzug dafür einen Teil des gesamten Produktionsergebnisses als Arbeitnehmerentgelt (Kontrakteinkommen, z. B. in Form von Löhnen und Gehältern) für sich beanspruchen.

Die volkswirtschaftliche Leistungskraft der Arbeit ist – wie bei allen Produktionsfaktoren – eine Frage der Quantität und Qualität. Sie wird demnach bestimmt durch die vorhandene arbeitsfähige Bevölkerung (= Zahl der unselbstständigen Erwerbspersonen = unselbstständige Erwerbstätige + Arbeitslose) und durch ihren Ausbildungsstand, aber auch durch die Art ihrer Eingliederung in den Produktionsprozess und dabei vor allem durch ihre Ausstattung und Kombination mit dem Produktionsfaktor Kapital.

> **Boden** ist wie Arbeit ein originärer Produktionsfaktor, denn er ist gleichsam der Planet, auf dem wir leben.

Boden dient im Produktionsprozess z. B. als land- und forstwirtschaftliche Nutzfläche, als Standort von Produktionsanlagen und als Quelle nicht erneuerbarer Rohstoffe (Ressourcen). Die produktionsbedingte Nutzung des Bodens führt allerdings nach traditioneller volkswirtschaftlicher – im Übrigen auch nach betriebswirtschaftlicher bzw. steuerrechtlicher – Sichtweise zu keinem Verschleiß, was vor dem Hintergrund der Umweltproblematik zunehmend in Frage gestellt wird. Unter diesem kritischen Blickwinkel erscheint es auch nicht ratsam, den Produktionsfaktor Boden mit Umwelt gleichzusetzen, wie es in einigen Lehrbüchern geschieht. Die volkswirtschaftliche Leistungskraft des Bodens wird wiederum quantitätsmäßig z. B. durch die Hektargröße und qualitätsmäßig durch die Bodengüte bestimmt. Die Eigentümer des Bodens produzieren eine Dienstleistung, indem sie anderen Produzenten von Sachgütern und Dienstleistungen die Bodennutzung (z. B. als Standort von Produktionsstätten) gestatten und dafür (bei fremden Produzenten) z. B. Pachteinnahmen erzielen. Ihr Faktoreinkommen ist der Gewinn, der ihnen im Gegensatz zu den Arbeitnehmern aber nicht

als Kontrakteinkommen, sondern als Residualeinkommen zu-
fließt. Erst am Ende des Wirtschaftsjahres wird anhand der
Buchführung geklärt, wie hoch es tatsächlich gewesen ist.

> **Kapital** ist im Gegensatz zu Arbeit und Boden kein origi-
> närer, sondern ein abgeleiteter (derivativer) Produktions-
> faktor, denn er ist erst selbst durch die Produktion von
> Gütern entstanden.

Sachkapital sind die im Produktionsprozess eingesetzten Investitionsgüter wie z. B. Maschinen und Gebäude, während
Geldkapital eine Forderung bzw. Verbindlichkeit und damit
eine indirekte Beteiligung am Eigentum des Sachkapitals darstellt. Sachkapital kann neu gebildet, aber durch seine Nutzung
im Produktionsprozess auch verschlissen werden. Voraussetzung für die Sachkapitalbildung ist die Geldkapitalbildung, die
volkswirtschaftlich als **Sparen** bezeichnet wird. Sparen ist Konsumverzicht, d. h., es entsteht dadurch, dass die Eigentümer der
Produktionsfaktoren ihr durch die Faktornutzung bei der Güterproduktion erhaltenes Einkommen nicht voll zum Kauf von
Konsumgütern verwenden, sondern den Rest − meist unter
Vermittlung des Bankensystems − den Investoren als Käufern
von Investitionsgütern und damit wieder der Produktion zur
Verfügung stellen. Auch die Kapitaleigentümer beanspruchen
für die Faktornutzung einen Teil des Produktionsergebnisses als
Faktoreinkommen. Es fließt ihnen wie den Bodeneigentümern
als Residualeinkommen in Form des Gewinns zu. Der Gewinn-
anspruch wird von den Boden- und Kapitaleignern außerdem
mit dem Argument begründet, dass sie auch das Risiko des
Verlustes durch Liquidierung ihres Faktoreigentums zu tragen
haben.

3.3 Das Europäische System der Volkswirtschaftlichen Gesamtrechnungen (ESVG)

3.3.1 Gründe für die Schaffung des ESVG

Die am volkswirtschaftlichen Güterversorgungsprozess beteiligten Spezialisten treffen tagtäglich millionenfache Entscheidungen. Nach dem offiziellen, auch in Deutschland gültigen Begriffsystem des **Europäischen Systems der Volkswirtschaftlichen Gesamtrechnungen (ESVG 2010)**, das auf dem weltweit gültigen „System of National Accounts 2008" (SNA 2008) der Vereinten Nationen (UN) beruht und durch eine entsprechende Verordnung der Europäischen Union (EU) allen Mitgliedsländern vorschreibt, in ihrer nationalen Volkswirtschaftlichen Gesamtrechnung (VGR) die vorgegebenen Begriffe und Buchungssysteme zu verwenden, werden sowohl die am Wirtschaften beteiligten Akteure (Sektoren), wie auch die von ihnen ausgeführten wirtschaftlichen Aktivitäten (z.B. Konsumieren, Investieren oder Sparen) nach vereinheitlichten Begriffsdefinitionen erfasst, was die Vergleichbarkeit der in den einzelnen Ländern erfassten statistischen Daten über wirtschaftliche Vorgänge erleichtert.

3.3.2 Die Sektoren des ESVG und deren ökonomische Aktivitäten

Im Europäischen System der Volkswirtschaftlichen Gesamtrechnungen (ESVG 2010) werden fünf Grundsektoren unterschieden:

Private Unternehmen konsumieren nicht, sondern investieren nur.

Die **privaten Unternehmen** werden in Unternehmen mit eigener und ohne eigene Rechtspersönlichkeit unterteilt. Unternehmen mit eigener Rechtspersönlichkeit (juristische Personen) sind nichtfinanzielle (z. B. ein Automobilproduzent) und finanzielle (z. B. eine Geschäftsbank) Kapitalgesellschaften wie z. B. eine AG oder GmbH, aber auch Quasi-Kapitalgesellschaften wie z. B. eine OHG oder KG. Unternehmen ohne eigene Rechtspersönlichkeit sind die Selbstständigen wie z. B. ein Handwerksbetrieb oder ein Rechtsanwalt. In den privaten Unternehmen werden mittels des Einsatzes und der Kombination von Produktionsfaktoren (Arbeit, Boden, Kapital) und der gegebenen Produktionstechnologie Güter hergestellt. Für die Nutzung der Produktionsfaktoren müssen die Unternehmen an die Eigentümer der Produktionsfaktoren ein Entgelt – letztlich wiederum Güter – zahlen, d. h., es entstehen ihnen Kosten, z. B. Arbeitnehmerentgelte als Lohnkosten (Lohnsatz × Arbeitsmenge). Für die Eigentümer der Produktionsfaktoren, die in sämtlichen Sektoren angesiedelt sein können, sind diese Zahlungen Einkommen (Faktoreinkommen). Für den Verkauf ihrer erzeugten Produkte am Markt (Marktproduktion) erzielen die Unternehmen einen Erlös oder Umsatz (= Preis × Absatzmenge). Der Gewinn als Betriebsüberschuss (für die Unternehmen mit eigener Rechtspersönlichkeit) bzw. als Selbstständigeneinkommen (für die Unternehmen ohne eigene Rechtspersönlichkeit) ergibt sich aus der Differenz von Umsatz und Kosten und fließt als Einkommen den Eigentümern des Unternehmens bzw. der entsprechenden Produktionsfaktoren als verteilter Gewinn zu oder verbleibt als unverteilter Gewinn im Unternehmen.

Private Haushalte konsumieren vor allem, aber investieren auch.

Die **privaten Haushalte** sind Eigentümer von Produktionsfaktoren, stellen diese den privaten Unternehmen, den privaten Organisationen ohne Erwerbszweck und dem Staat zur Verfügung und beziehen für ihre Nutzung ein Einkommen als Arbeitnehmerentgelt (z. B. Löhne und Gehälter) für die Nutzung ihrer Arbeitskraft oder ein Selbstständigeneinkommen für die Nutzung ihres Bodens oder/und Kapitals. Die Unternehmen ohne eigene Rechtspersönlichkeit zählen als Selbstständige zu den privaten Haushalten, da in der Praxis häufig eine klare Trennung zwischen privatem Haushaltsbereich und Unternehmensbereich nicht möglich ist. In diesen Fällen stellen also die privaten Haushalte ihre Produktionsfaktoren gleichsam sich selbst zur Verfügung. Über ihr Einkommen verfügen die privaten Haushalte, indem sie Konsumgüter kaufen und den Rest sparen, um damit z. B. den eigenen Kauf von Investitionsgütern in ihren Unternehmen ohne eigene Rechtspersönlichkeit zu finanzieren oder anderen den Kauf durch Kreditvergabe (auch z. B. durch den Erwerb von Aktien) zu ermöglichen.

> **Private Organisationen ohne Erwerbszweck** investieren und konsumieren.

Die **privaten Organisationen ohne Erwerbszweck** umfassen z. B. die Gewerkschaften, politischen Parteien, Kirchen, Forschungseinrichtungen, Hilfswerke, Sportvereine etc. Ihre Dienstleistungsproduktion ist – bis auf ganz wenige Ausnahmen (z. B. Wohnungsvermietung) – nicht für den Markt (Nichtmarktproduktion) bestimmt und wird daher als ihr Eigenverbrauch und damit als Konsum interpretiert und mit den Herstellungskosten bewertet. Die privaten Organisationen ohne Erwerbszweck werden auch als „Dritter Sektor" bezeichnet (engl.: Non-Governmental Organizations („NGOs")).

Private Unternehmen, private Haushalte und private Organisationen ohne Erwerbszweck bilden zusammen den **privaten Sektor**. Die im privaten Sektor tätigen Wirtschaftssubjekte („Private") handeln meist nach ihrem wirtschaftlichen Eigeninteresse (Egoismus) auf der Grundlage von Verträgen (z.B. Ar-

beitsverträge, Kaufverträge), dürfen dabei aber keine Gewalt
gegenüber anderen Wirtschaftssubjekten ausüben. Dies bleibt
dem Staat vorbehalten.

Der **Staat** investiert und konsumiert.

Der **Staat** (auch „öffentlicher Sektor" oder „öffentliche Haushalte" genannt) hat im Gegensatz zum privaten Sektor **hoheitliche Befugnisse** (Gewaltmonopol mit Legislative, Exekutive
und Judikative), d. h., er darf die Privaten zwingen und in ihrem
Eigeninteresse (Individualinteresse) einschränken, wenn es dem
öffentlichen Interesse, dem Interesse aller in einem Gemeinwesen (Gemeininteresse), dient. Was darunter zu verstehen ist, legt
die Verfassung, in Deutschland das Grundgesetz, fest. Sind die
hoheitlichen Befugnisse nicht an einer Stelle konzentriert (Zen-
tralstaat), sondern werden sie wie in Deutschland als Bundesstaat auf verschiedenen, abgestuften Ebenen (Bund, Länder,
Gemeinden, Sozialversicherungsträger) eingesetzt, so sprechen
wir von Föderalstaat oder **Föderalismus**. Im wirtschaftlichen
Bereich erhebt der Staat als Träger der Finanzhoheit z. B. Steuern (= „Zwangsabgaben" = Güterentzug für den Steuerzahler)
von den privaten Haushalten und Unternehmen. Dafür stellt er
öffentliche Güter zur Verfügung. Bei ihnen handelt es sich um
ökonomische (knappe) Güter als Dienstleistungen (z. B. Bil-
dungsleistungen durch Schulen, Sicherheitsleistungen durch
militärische Einrichtungen, Rechtsprechung durch Gerichte,
Nutzung des Verkehrsnetzes etc.), die jedes Gesellschaftsmit-
glied nutzen kann. Eine direkte Gegenleistung durch Preiszahlung muss nicht erbracht werden, d. h., es gilt – im Gegensatz
zu den privaten Gütern – kein Ausschlussprinzip. Es handelt
sich demnach bei den öffentlichen Gütern um eine Nichtmarktproduktion, die wie bei den privaten Organisationen ohne
Erwerbszweck als Eigenverbrauch des Staates und damit als
Konsum (Staatskonsum) interpretiert und ebenfalls mit Herstellungskosten (darunter z. B. die Gehälter der Beamten) bewertet
wird. Nur bei staatlichen Genehmigungen und entsprechenden
Gebühren gilt das Ausschlussprinzip. Sie gelten daher als

Marktproduktion und werden zu Vorleistungen oder privatem Konsum (Genaueres unter Abschnitt 3.5.2). Außerdem ist der Staat als wirtschaftspolitische Instanz tätig, indem er für Ordnung in der Wirtschaft sorgt (Ordnungspolitik), Ungleichgewichte (Instabilitäten) im Güterversorgungsprozess zu verhindern versucht (Prozesspolitik) und die Aufteilung der gesamten Gütermenge auf die und in den verschiedenen Sektoren korrigiert (Strukturpolitik).

Die **übrige Welt** sind das Ausland und die Ausländer.

Die **übrige Welt** umfasst alle Tauschpartner einer Volkswirtschaft (z. B. über den Export und Import von Gütern), die sich außerhalb der geographischen Grenzen des Landes befinden (Inlands-Auslands-Konzept) oder die als Gebietsfremde ihren Hauptwohnsitz im Ausland haben (Inländer-Ausländer-Konzept).

3.4 Tauschbeziehungen zwischen den Sektoren – der volkswirtschaftliche Kreislauf

Private Unternehmen (mit und ohne eigene Rechtspersönlichkeit) und private Haushalte (vgl. Abschnitt 3.3.2) sind über den Güter- und Faktormarkt miteinander verbunden, auf denen sie als Spezialisten und damit als Anbieter und Nachfrager aufeinandertreffen und sich in ihren Wünschen und Plänen selbst untereinander abstimmen (koordinieren) oder von außen abgestimmt werden. Wie konkret die Planabstimmung bzw. der Interessenausgleich erfolgt, ist die Frage nach dem Koordinationsmechanismus, mit dem wir uns im 4. Kapitel näher befassen werden.

Auf dem **Gütermarkt** wird entschieden, welche Güter in welchen Mengen von den privaten Unternehmen für die privaten Haushalte produziert werden, während über den **Faktormarkt** die privaten Haushalte als Faktoreigentümer den privaten Unternehmen als Faktorkombinierern die zur Produktion notwendigen Produktionsfaktoren zur Verfügung stellen. Auf dem Gütermarkt treten die privaten Haushalte also als Nachfrager nach den Gütern auf, die ihnen dort mit ihrer Hilfe von den Unternehmen angeboten werden. Andererseits bieten die privaten Haushalte auf dem Faktormarkt den privaten Unternehmen ihre Hilfe in Form der Nutzung ihres Eigentums an Arbeitskraft, Boden oder/und Kapital an, die von den privaten Unternehmen benötigt und daher nachgefragt wird, um das Güterangebot erstellen zu können.

Private Haushalte und private Unternehmen sind aber nicht nur über Güter- und Faktorströme, sondern auch über **Geldströme** miteinander verbunden, die den Güter- und Faktorströmen entgegengerichtet sind. Die Tauschbeziehungen zwischen den Spezialisten als Anbietern und Nachfragern erfolgen nämlich unter Einsatz von Geld als allgemeinem Tauschmittel (vgl. Abschnitt 7.2.2). Es ergibt sich dadurch eine weitere Wechselbeziehung (Interdependenz) zwischen den Wirtschaftssektoren. Diese Interdependenzen wurden schon früh in der Wirtschaftsgeschichte von – damals noch stark naturwissenschaftlich bzw. medizinisch geprägten – Ökonomen wie z. B. dem franzosischen Arzt Francois Quesnay (1694–1774) in Diensten von Ludwig XV. mit dem menschlichen Blutkreislauf verglichen.

Der **Wirtschaftskreislauf** zwischen den privaten Unternehmen und Haushalten lässt sich in der folgenden Übersicht verdeutlichen:

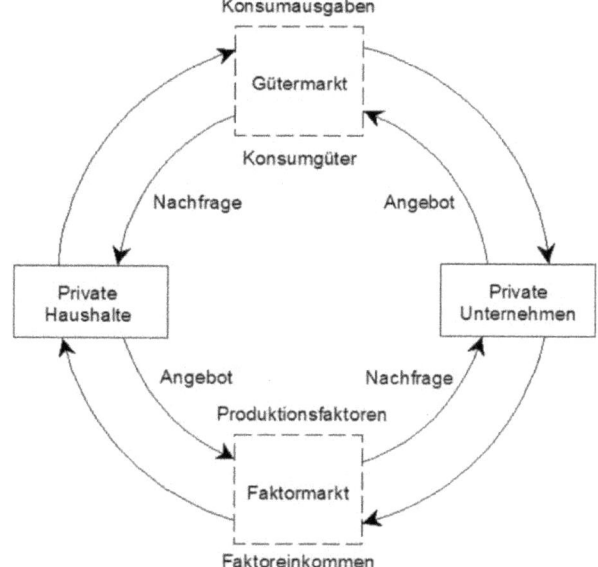

Konsumausgaben

Gütermarkt

Konsumgüter

Nachfrage   Angebot

Private Haushalte   Private Unternehmen

Angebot   Nachfrage

Produktionsfaktoren

Faktormarkt

Faktoreinkommen

3.5 Die Messung der Produktion im ESVG

3.5.1 Das einzelwirtschaftliche Produktionskonto

Der volkswirtschaftliche Produktionsprozess nimmt seinen Ausgangspunkt bei den einzelnen Produzenten im privaten Sektor (Haushalte, Unternehmen, Organisationen ohne Erwerbszweck) und im öffentlichen Sektor (Staatssektor). Letztlich ist er die Zusammenfassung (Aggregation) aller einzelwirtschaftlichen Produktionsprozesse.

Es ist daher sinnvoll, sich zunächst mit diesen einzelwirtschaftlichen Produktionsprozessen zu beschäftigen, um dann in einem nächsten Schritt die gesamtwirtschaftliche Produktion zu erfassen. Wegen der großen Bedeutung des Unternehmenssektors in der Produktion ist es außerdem sinnvoll, zunächst nur ein einzelnes Unternehmen in seinem Produktionsablauf zu betrachten und zu beschreiben, dabei aber bereits den volkswirtschaftlichen

Blickwinkel und die volkswirtschaftlich relevanten Fachbegriffe bzw. Messgrößen zu verwenden.

Als Erhebungs- und Beschreibungsmethode bedient man sich in der Volkswirtschaftslehre ebenso wie in der Betriebswirtschaftslehre eines Buchführungssystems, das die wechselseitigen Tauschbeziehungen abbilden und die einzelnen Buchungsvorgänge bzw. Aktivitäten auf T-Konten erfassen soll. Da jede Tauschbeziehung auf einem Geben und Nehmen beruht, wird nach dem Prinzip der Buchung und Gegenbuchung (doppelte Buchung) vorgegangen.

Der Produktionsablauf lässt sich mit dem **einzelwirtschaftlichen Produktionskonto** eines Unternehmens (mit oder ohne eigene Rechtspersönlichkeit) erfassen. Aus betriebswirtschaftlicher Sicht werden auf der linken Seite des Kontos üblicherweise die Kosten und auf der rechten Seite die Erträge erfasst. Aus volkswirtschaftlicher Sicht stellen sie die Inputseite bzw. Outputseite des Produktionsprozesses dar. Das einzelwirtschaftliche Produktionskonto hat folgende Gestalt:

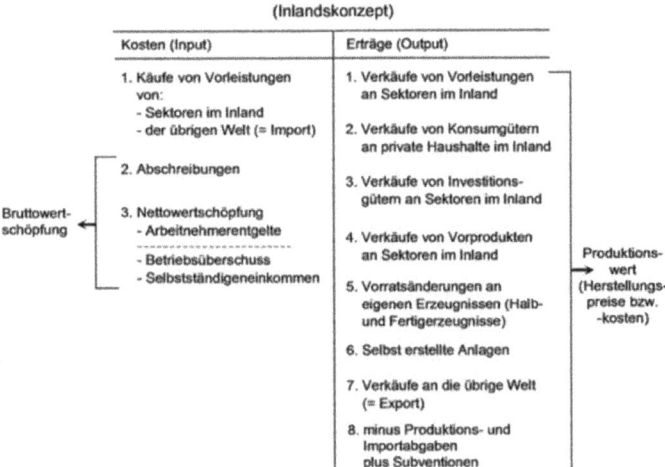

Einzelwirtschaftliches Produktionskonto
(Inlandskonzept)

Die einzelnen Positionen haben – sofern sie nicht bereits erläutert wurden oder auf dem Konto selbst erläutert werden – folgende begriffliche Bedeutung:

Vorleistungen: Wert der nicht dauerhaften (kurzlebigen) Güter (Sachgüter und Dienstleistungen), die in der gleichen Periode wieder vollständig in der Produktion genutzt werden (z. B. Rohstoffe, Strom, Halbfabrikate, Transportleistungen). Vgl. auch Abschnitt 3.1.

Vorprodukte: In der gleichen Periode vom Käufer nicht genutzte Vorleistungen. Sie werden (ebenso wie die noch nicht verkauften **Vorratsänderungen an eigenen Erzeugnissen)** als Lagerinvestitionen erfasst.

Abschreibungen: Produktionsbedingter Verschleiß des Sachkapitalbestandes in einer Periode, der in der Betriebsbuchführung auf der Kostenseite gebucht wird und von der angenommenen Nutzungsdauer und Nutzungsschnelligkeit (linear oder degressiv) abhängt. Vor dem Hintergrund der Umweltproblematik ist kritisch zu fragen, warum nicht auch die Nutzung des ökologischen, natürlichen Systems und dabei z. B. die Bodennutzung durch Abschreibungen berücksichtigt wird. Offensichtlich wird üblicherweise davon ausgegangen, dass die Quellen- und Senkenfunktion der Natur (z. B. als Rohstofflieferant und als Deponie im weitesten Sinne) für den Produktionsprozess unerschöpflich sind.

Produktions- und Importabgaben: Sie werden vom Staat als Steuern, Gebühren und Beiträge bei den Produzenten erhoben und erhöhen (z. B. als Mehrwertsteuer, Mineralölsteuer, Tabaksteuer, Zoll) ihre Herstellungskosten. Die Produzenten überwälzen sie zusammen mit dem Gewinnaufschlag auf die Verkaufs- bzw. **Marktpreise**. Sie sind daher in den Marktpreisen enthalten und werden damit indirekt von den Käufern gezahlt (indirekte Steuern).

Subventionen: Staatliche Unterstützungszahlungen an die Produzenten, also das Gegenstück zu den Produktions- und Importabgaben. Sie stellen demnach für die Produzenten außerordentliche Erträge bzw. eine Verringerung der Herstellungskosten dar und reduzieren bei Weitergabe an die Kunden die Verkaufspreise.

Werden die Produktions- und Importabgaben und die Subventionen aus den Marktpreisen wieder herausgerechnet, erhält man die **Herstellungspreise**. Wird aus den Herstellungspreisen der Gewinnaufschlag herausgerechnet, erhält man die **Herstellungskosten**.

Da die Netto-Abgabenbelastung bei den einzelnen Produzenten durch unterschiedliche Abgaben- bzw. Subventionssätze unterschiedlich sein kann, wird bei der einzelwirtschaftlichen Datenerfassung einheitlich in Herstellungspreisen gerechnet. Erst bei der Zusammenfassung aller Produzenten im gesamtwirtschaftlichen Produktionskonto (vgl. Abschnitt 3.5.3) wird die gesamte Netto-Abgabenbelastung wieder in den Produktionswert hineingerechnet und dadurch zur durchschnittlichen Marktpreisbewertung übergegangen. Sofern Güter nicht verkauft wurden, werden sie mit Herstellungskosten bewertet.

Investitionsgüter (vgl. auch Abschnitt 3.1): Bei den Investitionsgütern sind folgende genaueren Investitionsbegriffe zu unterscheiden:

Bruttoinvestitionen = Sachanlagen (Bauten, Ausrüstungen, Nutztiere und Nutzpflanzungen) + immaterielle Anlagegüter (Computerprogramme, Urheberrechte, Ausgaben für Forschung und Entwicklung etc.) + Vorprodukte und Vorratsänderungen (Lagerinvestitionen) + Selbst erstellte Anlagen.

Die Bewertung der eigenen Lagerinvestitionen und selbst erstellten Anlagen erfolgt zu Herstellungskosten bzw. Einstandspreisen, im Übrigen zu Marktpreisen.

Nettoinvestitionen = Bruttoinvestitionen – Abschreibungen

Nettoinvestitionen sind eine **Veränderung des Sachkapitalbestandes** und können daher positiv, negativ oder null sein.

Als **Investor** gilt volkswirtschaftlich und damit häufig im Unterschied zum täglichen Sprachgebrauch nur derjenige, der die Entscheidung zum Kauf eines Investitionsgutes und nicht z. B. zur Geldanlage trifft.

Arbeitnehmerentgelte: Einkommen der Eigentümer des Produktionsfaktors Arbeitskraft, die die Nutzung ihres Produktionsfaktors im Produktionsprozess den Unternehmen als Faktorkombinierern durch Vertrag (Kontrakt) gestattet und im Vorhinein als Gegenleistung Löhne und Gehälter als Kontrakteinkommen vereinbart und (z. B. zum Monatsende) erhalten haben. Sie enthalten jedoch noch die Lohn- und Einkommensteuer.

Betriebsüberschuss/Selbstständigeneinkommen: Was in der Betriebswirtschaftslehre und auch im täglichen Sprachgebrauch als **Gewinn** oder (bei einem negativen Gewinn) als **Verlust** bezeichnet wird, heißt in der offiziellen Fachsprache der Volkswirtschaftlichen Gesamtrechnung (VGR) Betriebsüberschuss bzw. Selbständigeneinkommen. Es handelt sich in jedem Fall um Einkommen der Eigentümer der Produktionsfaktoren Boden und Kapital. Sie werden – im Gegensatz zu den Arbeitnehmerentgelten – erst am Ende des Wirtschaftsjahres im Nachhinein festgestellt und gelten daher als Residualeinkommen. Sie enthalten aber ebenfalls noch die Einkommen- bzw. Körperschaftsteuer. **Betriebsüberschüsse** (einschl. Körperschaftsteuer) fallen bei den Unternehmen mit eigener Rechtspersönlichkeit, **Selbstständigeneinkommen** (einschl. Einkommensteuer) bei den Unternehmen ohne eigene Rechtspersönlichkeit (= private Haushalte) an (vgl. Abschnitt 3.3.2). Betriebsüberschuss bzw. Selbstständigeneinkommen werden statistisch im Gegensatz zu den Arbeitnehmerentgelten als Kontrakteinkommen nicht direkt an der Quelle ermittelt, sondern als Residualeinkommen durch Saldierung (gestrichelte Linie) gewonnen und sind daher mit einer entsprechend hohen Fehlerquote behaftet. Betriebsüberschuss bzw. Selbstständigeneinkommen werden bei der Datenerfassung nach dem Inländerkonzept (vgl. Abschnitt 3.3.2) auch **Unternehmens- und Vermögenseinkommen** genannt.

Wertschöpfung: Durch die Produktion werden Werte geschaffen (geschöpft), die zum größten Teil an die Eigentümer der Produktionsfaktoren Arbeit, Boden und Kapital als Faktoreinkommen in Gestalt des Arbeitnehmerentgeltes und des Betriebsüberschusses bzw. Selbstständigeneinkommens weitergeleitet werden (Nettowertschöpfung). Werden zur **Nettowertschöpfung** auch noch die Werte hinzuaddiert, die für den Ersatz des verschlissenen Sachkapitals (Abschreibungen) notwendig wären, so erhält man die **Bruttowertschöpfung**.

3.5.2   Das staatliche Produktionskonto

Der staatliche Sektor zählt zu den inländischen Sektoren (vgl. Abschnitt 3.3.2). Bereits dem Produktionskonto eines Unternehmens (vgl. Abschnitt 3.5.1) ist zu entnehmen, dass Vorleistungen und Investitionsgüter auch an den Staat verkauft werden, wie z. B. der Strom für die Beleuchtung in Bürogebäuden oder der Bau dieser Bürogebäude selbst. Aufgrund des Begriffsinhaltes dieser Güter (vgl. Abschnitt 3.1) muss dann jedoch zwangsläufig die Frage auftauchen, was der Staat mit diesen Gütern produziert. Einigkeit besteht noch darüber, dass die staatliche Produktion in erster Linie eine Produktion von Dienstleistungen ist, wie z. B. die Ausbildung durch staatliche Lehrer, die Bereitstellung eines Transportweges (z. B. einer Autobahn), die Rechtsprechung durch einen staatlichen Richter, die innere und äußere Sicherheitsleistung durch die Polizei bzw. das Militär. Die weitergehende Frage allerdings, ob es sich bei diesen Dienstleistungen dem volkswirtschaftlichen Güterbegriff entsprechend um Vorleistungen oder um Konsumgüter handelt – Investitionsgüter (einschließlich Lagerinvestitionen) sind ausgeschlossen, da Dienstleistungen immer kurzlebig sind –, können wir meist nicht mehr entscheiden. Bei der Nutzung dieser Güter kann meist nicht zwischen einer nicht produktionsbedingten Nutzung durch private Haushalte (= Konsumgüter) oder einer produktionsbedingten Nutzung durch Unternehmen (= Vorleistungen) unterschieden werden. Es soll auch meist bewusst nicht unterschieden werden, denn diese Güter sollen als öffentliche Güter (vgl. Abschnitt 3.3.2) allen Gesellschaftsmitgliedern zur Verfügung gestellt werden, d. h., es soll kein Ausschlussprinzip gelten.

Wir stehen also vor dem Problem, dass eine vorhandene Güterproduktion sich nicht in das gängige volkswirtschaftliche Begriffsschema der Güter einordnen lässt. Man hat dieses Problem durch Übereinkunft (Konvention) dadurch gelöst, dass man die staatliche Produktion zum Eigenverbrauch des Staates, also aller Bürger, erklärt hat und ihn als **Staatskonsum** bezeichnet. Da keine Bewertung mit Marktpreisen (wegen des fehlenden Ausschlussprinzips) erfolgen kann, ist nur eine Bewertung mit Herstellungskosten möglich. Nur z. B. bei staatlichen Genehmigungen oder Entsorgungsleistungen mit entsprechenden Gebühren oder Beiträgen gilt das Ausschlussprinzip. Sie allein sind einer Marktproduktion mit Marktpreisen vergleichbar und können bzw. müssen dann als Vorleistungen oder private Konsumgüter zugeordnet werden. Produktions- und Importabgaben bzw. Subventionen fallen allerdings nicht an. Bis auf diese wenigen Ausnahmefälle kann sonst im staatlichen Sektor wegen des fehlenden Umsatzes auch kein Betriebsüberschuss bzw. -defizit auftreten. Daraus wiederum folgt, dass die staatliche Produktion auch nicht mit dem üblichen betriebswirtschaftlichen Maßstab der Wirtschaftlichkeit bewertet werden kann. Anders ausgedrückt: Das Gehalt des öffentlich Bediensteten (z. B. des Beamten als Eigentümer von Arbeitskraft im Rahmen des staatlichen Produktionsprozesses) ist mit seiner Produktion identisch, weil es Teil der Herstellungskosten dieser Produktion ist.

Das **staatliche Produktionskonto** hat demnach im Gegensatz zum Produktionskonto eines privaten Unternehmens folgendes Aussehen:

Staatliches Produktionskonto

(Inlandskonzept)

Kosten	Erträge	
1. Käufe von Vorleistungen von: - Sektoren im Inland - der übrigen Welt (= Import)	1. Verkäufe von Vorleistungen an Sektoren im Inland	Produktionswert (Herstellungspreise bzw. -kosten)
2. Abschreibungen	2. Verkäufe von Konsumgütern an private Haushalte im Inland	
3. Nettowertschöpfung - Arbeitnehmerentgelte - Betriebsüberschuss	3. Verkäufe an die übrige Welt (= Export)	
	4. Eigenverbrauch des Staates (= Staatskonsum)	

Bruttowertschöpfung (umfasst Positionen 2 und 3 der Kosten)

Die Positionen 1. – 3. auf der Ertragsseite sind die Einzigen, die – wie beim Produktionskonto eines Unternehmens – zu Herstellungspreisen, nämlich mit Gebühren und Beiträgen, bewertet werden. Sie sind dafür verantwortlich, dass es auch im staatlichen Sektor zu einem Betriebsüberschuss bzw. -defizit kommen kann. Sie sind jedoch im Vergleich zur 4. Ertragsposition von geringer Bedeutung. Die 4. Ertragsposition umfasst den Großteil der staatlichen Dienstleistungsproduktion, betrifft die öffentlichen Güter, kann – wegen des fehlenden Ausschlussprinzips – nur zu Herstellungskosten bewertet werden und macht den Staatskonsum aus.

3.5.3   Das gesamtwirtschaftliche Produktionskonto

Werden alle einzelwirtschaftlichen (privaten und staatlichen) Produktionskonten zusammengefasst (konsolidiert), so erhalten wir das gesamtwirtschaftliche Produktionskonto. Dabei lassen sich gleichartige Größen gegeneinander aufrechnen, wie z. B. der Ex- und Import und die Vorleistungen, oder mit einem umgekehrten Vorzeichen auf die andere Seite des Kontos buchen, wie z. B. die Produktions- und Importabgaben bzw. indirekte Steuern (T_{ind}) und die Subventionen (Z).

Das gesamtwirtschaftliche Produktionskonto hat die folgende Gestalt:

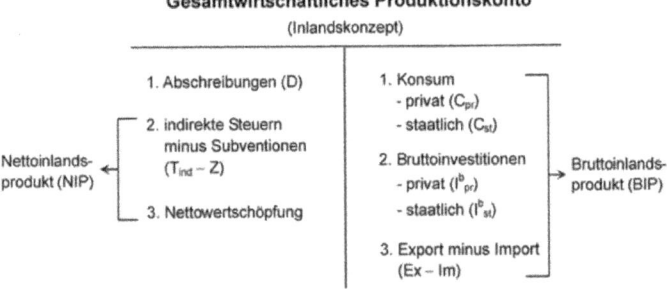

Gesamtwirtschaftliches Produktionskonto
(Inlandskonzept)

Was die Vorleistungen betrifft, so müssen sie unter gesamtwirtschaftlichem Blickwinkel aufgrund ihres Begriffsinhaltes auf der Input- und Outputseite einander entsprechen. Der Grund dafür, sie im gesamtwirtschaftlichen Produktionskonto als eigenständige Größen wegzulassen, liegt jedoch darin, dass sie im Endwert der Konsum-, Investitions- und Exportgüter enthalten sind (z. B. die im Laufe eines Jahres von der Zulieferindustrie produzierten Reifen eines Pkws). Ihre nochmalige Auflistung würde demnach zu einer Mehrfachzählung führen, wenn wir an der volkswirtschaftlichen Gesamtleistung interessiert sind und nach entsprechenden Messgrößen suchen. Es reicht also aus, wenn wir den Wert der Endprodukte ermitteln, da in ihm die Vorleistungen bereits enthalten sind.

Aus dem gesamtwirtschaftlichen Produktionskonto lassen sich die folgenden volkswirtschaftlichen Leistungsgrößen ermitteln:

Bruttoinlandsprodukt (BIP) = Summe der Endprodukte (Sachgüter und Dienstleistungen), die im Inland von Inländern und Ausländern während einer Periode (z. B. Kalenderjahr) produziert worden sind. **Inland** ist das Gebiet, das sich innerhalb der hoheitlichen Grenzen eines Landes befindet. **Inländer** sind diejenigen Personen, die ihren Hauptwohnsitz als „Lebensmittelpunkt" im Inland haben. Nicht die Staatsangehörigkeit ist also entscheidend, sondern der Wohnsitz. Ausländer haben dementsprechend ihren Hauptwohnsitz im Ausland. Zum Inlandsprodukt zählen also auch die im Inland von Ausländern produzierten Güter bzw. die daraus entstandenen Faktoreinkommen (z. B. der Betriebsüberschuss von IBM-Deutschland oder das Einkommen eines Ausländers in Gestalt der Zinsen auf seinem Konto bei einer deutschen Geschäftsbank). Nicht zum BIP zählen demnach die von Inländern im Ausland produzierten Güter bzw. die daraus entstandenen Faktoreinkommen (z. B. der Betriebsüberschuss von VW-Brasilien oder die Zinsen eines deutschen Inländers als Einkommen auf seinem Bankkonto in Luxemburg). Sie wären Teil eines Inländerprodukts.

Das Inländerprodukt wurde früher (vor 1995) Sozialprodukt (SP) genannt, wird aber heute als Nationaleinkommen (NE) bezeichnet (genaueres dazu in Abschnitt 3.6).

In Symbolen ausgedrückt lautet die Definitionsgleichung für das BIP:

$$BIP = C_{pr} + C_{st} + I^b_{pr} + I^b_{st} + Ex - Im$$

Unter Berücksichtigung der Definition für die Nettoinvestitionen ($I^n = I^b - D$) gelten weiterhin folgende Definitionen:

Nettoinlandsprodukt (NIP)

$$= C_{pr} + C_{st} + I^n_{pr} + I^n_{st} + Ex - Im = BIP - D$$

Da Abschreibungen bei der staatlichen Produktion zu den Herstellungskosten zählen und diese Staatskonsum darstellen, verändern sie das NIP nicht und bleiben daher unberücksichtigt.

3.6 Die Messung des Einkommens im ESVG

Das gesamtwirtschaftliche Einkommenskonto ergibt sich durch Konsolidierung der Einkommenskonten des privaten und staatlichen Sektors. Es informiert darüber, wie das gesamtwirtschaftliche Einkommen entstanden ist und wie es verwendet wurde. Was die Einkommensentstehung betrifft, so dürfte schon nach dem bisher Gesagten klar sein, dass der Realwert des entstandenen Einkommens im Kern nichts Anderes darstellt als die produzierte Gütermenge. Daraus wiederum folgt, dass die Entstehungsseite des Einkommens buchungstechnisch die rechte Seite des Einkommenskontos sein muss, da sie zum größten Teil die Gegenbuchung zum gesamtwirtschaftlichen Produktionskonto (vgl. Abschnitt 3.5.3) aufzunehmen hat. Dort war die produktionsbedingte Einkommensentstehung auf der linken Seite in Gestalt der Nettowertschöpfung als Summe der Faktoreinkommen, aber auch in Gestalt der indirekten Steuern abzüglich Subventionen als Netto-Staatseinnahmen sichtbar geworden. Die linke Seite des gesamtwirtschaftlichen Einkommenskontos informiert dann über die Verwendung des Einkommens, die wiederum güterbezogen und bei den Konsumausgaben die Gegenbuchung zum Produktionskonto ist.

Die Tatsache, dass es sich bei den Einkommensbeziehern um (natürliche und juristische) Personen und den Staat handelt, lässt außerdem den Schluss zu, dass das gesamtwirtschaftliche

Einkommenskonto nach dem Inländerkonzept zu führen ist (vgl. Abschnitt 3.3). Da das gesamtwirtschaftliche Produktionskonto andererseits auf dem Inlandskonzept basiert, wird nach der Gegenbuchung eine Korrektur erforderlich. Sie erfolgt über die von Inländern aus der übrigen Welt bezogenen Nettoprimäreinkommen ($PE_N^{\leftarrow \ddot{u}W}$).

Das gesamtwirtschaftliche Einkommenskonto nach dem Inländerkonzept hat folgende Gestalt:

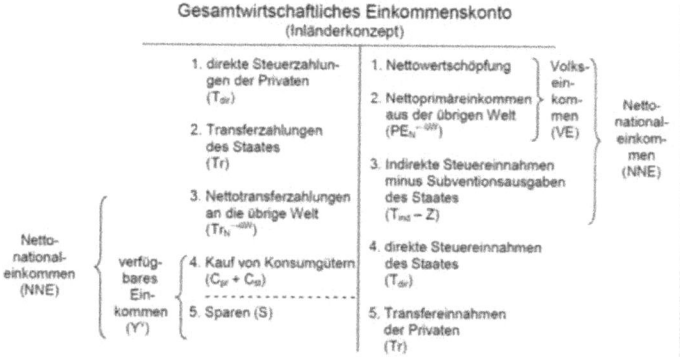

Gesamtwirtschaftliches Einkommenskonto (Inländerkonzept)

Aus dem gesamtwirtschaftlichen Einkommenskonto lassen sich die folgenden volkswirtschaftlichen Einkommensgrößen gewinnen:

Nettonationaleinkommen (NNE) = Primäreinkommen (PE) = NIP plus Saldo der Primäreinkommen (Nettoprimäreinkommen) aus der übrigen Welt (Faktoreinkommen der Inländer im Ausland minus Faktoreinkommen der Ausländer im Inland ($PE_N^{\leftarrow \ddot{u}W}$). Im gesamtwirtschaftlichen Einkommenskonto setzt sich das NNE aus den Positionen 1., 2. und 3. auf der rechten Seite zusammen. In Symbolen: NNE = NIP + $PE_N^{\leftarrow \ddot{u}W}$.

Das NNE wurde früher (vor 1995) auch als **Nettosozialprodukt zu Marktpreisen** bezeichnet.

Volkseinkommen (VE) = NNE − (T_{ind} − Z) = Arbeitnehmerentgelte für den Produktionsfaktor Arbeit plus Unternehmens- und Vermögenseinkommen für die Produktionsfaktoren

Boden und Kapital. Die Unternehmens- und Vermögenseinkommen nach dem Inländerkonzept sind also das Gegenstück
zu den Betriebsüberschüssen bzw. Selbstständigeneinkommen
nach dem Inlandskonzept. Das Volkseinkommen wurde früher
(vor 1995) auch als Nettosozialprodukt zu Faktorkosten bezeichnet, um deutlich zu machen, dass es um die Einkommen
der Eigentümer der Produktionsfaktoren geht, die aus Sicht des
volkswirtschaftlichen Einkommenszahlers als Kosten zu interpretieren sind.

Der Anteil der Faktoreinkommen aus Arbeitskraft am Volkseinkommen wird als **Lohnquote**, der Anteil der Faktoreinkommen aus Boden und Kapital am Volkseinkommen als **Pro-
fitquote** bezeichnet. Als grobe aktuelle Werte können 70 %
bzw. 30 % gelten.

Da das Volkseinkommen (VE) noch nicht die staatliche Beeinflussung des Einkommens (z. B. durch die Steuerbelastung)
berücksichtigt und demnach den Einkommensbeziehern noch
nicht voll für ihre Kaufentscheidung zur Verfügung steht, lässt
sich noch eine weitere Einkommensgröße bilden:

Verfügbares Einkommen (Y^v) = VE minus an den staatlichen
Sektor geleistete direkte Steuerzahlungen (T_{dir}) (Einkommen-
und Vermögenssteuern, einschl. Sozialversicherungsbeiträge)
der nicht staatlichen Sektoren als Inländer plus von Inländern
empfangene T_{dir} des staatlichen Sektors plus von Inländern
empfangene indirekte Steuern (T_{ind}) des staatlichen Sektors
minus an Inländer geleistete Subventionen (Z) des staatlichen
Sektors minus an Inländer geleistete Transferzahlungen (z. B.
Kindergeld, Wohngeld etc.) (Tr) des staatlichen Sektors plus
vom staatlichen Sektor empfangene Tr der Inländer minus
Saldo der Transferzahlungen (Nettotransferzahlungen) an die
übrige Welt ($Tr_N^{\rightarrow üW}$) (z. B. Entwicklungshilfe).

Da sich einige Größen – nämlich T_{dir} und Tr – gegenseitig als
gesamtwirtschaftliche Einnahmen bzw. Ausgaben aufheben,
wird deutlich, dass die gesamte volkswirtschaftliche Produktion
(mit Ausnahme der Güter, die in Höhe der Abschreibungen die
verschlissenen Investitionsgüter ersetzen sollen, und der Nettotransferzahlungen an die übrige Welt ($Tr_N^{\rightarrow üW}$)) bzw. ihr Ge-

genstück in Gestalt des Nettonationaleinkommens dem gesamten verfügbaren Einkommen entsprechen muss. Anders ausgedrückt:

> Wo produziert wird, entsteht gleichzeitig auch Einkommen. Produktion und Einkommen sind zwei Seiten der gleichen „Medaille".

Außerdem wird deutlich, dass nur das als Einkommen und damit maximal nutzbare Gütermenge bezeichnet wird, was über den Erhalt des Sachkapitals hinausgeht. Es soll also sichergestellt werden, dass auch im nächsten Jahr wieder ein entsprechendes Einkommen erzielt werden kann. Man könnte demnach in Anlehnung an das traditionelle Produktionsverfahren in der Forstwirtschaft von einem „Nachhaltigkeitskonzept" sprechen, das auch der Volkswirtschaftlichen Gesamtrechnung zugrunde liegt. Allerdings ist kritisch zu fragen, warum nur das Sachkapital als künstlicher, von Menschen geschaffener Produktionsfaktor erhalten werden soll, die Abnutzung des natürlichen Kapitals aber unberücksichtigt bleibt. Abschreibungen des Produktionsfaktors Boden sind jedenfalls – wie schon im Abschnitt 3.2 erwähnt – nicht vorgesehen. Es wird anscheinend angenommen, dass er unbeschränkt und damit kostenlos zur Verfügung steht. Die kritische Frage lautet daher: Sollte ein ernst zu nehmendes „Nachhaltigkeitskonzept" nicht auch der Bodennutzung Rechnung tragen? Darüber hinaus: Wird und – wenn ja – wie wird die Abnutzung der menschlichen Arbeitskraft berücksichtigt?

3.7 Sparen, Investieren und Vermögensbildung im ESVG

Die konkrete Verfügung über das verfügbare Einkommen (Y^v) wird volkswirtschaftlich so interpretiert, dass aus dem Einkommen zunächst der Kauf von Konsumgütern (C) finanziert wird.

Der Rest wird als Sparen (S) bezeichnet. In Symbolen ausgedrückt:

$$S = Y^v - C$$

Sparen ist also entgegen dem täglichen Sprachgebrauch keine Bestandsgröße (z. B. das Guthaben auf dem Sparbuch zu einem bestimmten Zeitpunkt), sondern gibt als Strömungsgröße an, welcher Teil des verfügbaren Einkommens im Zeitablauf (z. B. im Laufe eines Kalenderjahres) nicht konsumiert wurde. Da dem Einkommen Güter entsprechen, die produziert worden sind, entsprechen dem Sparen Güter, die nicht für Konsum verwendet worden sind. Diese Güter können damit für Zwecke der Vermögensbildung verwendet werden.

Der gesamtwirtschaftliche Vermögensbegriff ist produktionsbezogen, d. h., als Vermögensbildung gilt nur das, was entweder direkt der Produktion dient wie die Nettoinvestitionen, (**Sachvermögensbildung**) oder ihr zumindest indirekt als Finanzierungsquelle der Nettoinvestitionen über das Sparen (**Reinvermögensbildung**) zugutekommt. Übersteigt die Reinvermögensbildung die Sachvermögensbildung und treten demnach Finanzierungsüberschüsse (FÜ) auf, so kommt es zur **Geldvermögensbildung**. Das Vermögensänderungskonto macht diese Vorgänge sichtbar und übernimmt dabei wiederum die Funktion, die Gegenbuchungen zum Produktions- und Einkommenskonto aufzunehmen, und zwar in Gestalt der Bruttoinvestitionen und Abschreibungen bzw. in Gestalt des Sparens.

Allerdings tritt dabei das Problem auf, dass die Bruttoinvestitionen (I^b) und Abschreibungen (D) bzw. deren Differenz, die Nettoinvestitionen (I^n), nach dem Inlandskonzept, das Sparen (S) aber nach dem Inländerkonzept ermittelt worden sind. Ist es also zu einem Finanzierungsüberschuss gekommen, weil das Sparen größer als die Nettoinvestitionen war ($S > I^n$), so kann dieser Finanzierungsüberschuss nicht nur darauf zurückgeführt werden, dass ein Exportüberschuss (Ex > Im) entstanden ist, sondern es können auch Finanzierungsmittel aus der Differenz von Nettoprimäreinkommen aus der übrigen Welt ($PE_N^{\leftarrow \ddot{u}W}$) und Nettotransferzahlungen an die übrige Welt ($Tr_N^{\rightarrow \ddot{u}W}$) zugeflossen sein. Für den Fall $S > I_n$ muss also für den Saldo des Vermögensänderungskontos gelten:

$$FÜ = Ex + Im + PE_N^{\leftarrow üW} - Tr_N^{\rightarrow üW}.$$

Die einzelnen Komponenten des Saldos sind gleichsam die noch fehlenden Gegenbuchungen zum Produktions- und Einkommenskonto.

Wird das **gesamtwirtschaftliche Vermögensänderungskonto** auf die beschriebene Weise gefüllt und saldiert, so wird es auf das Inländerkonzept vereinheitlicht und erhält folgende Gestalt:

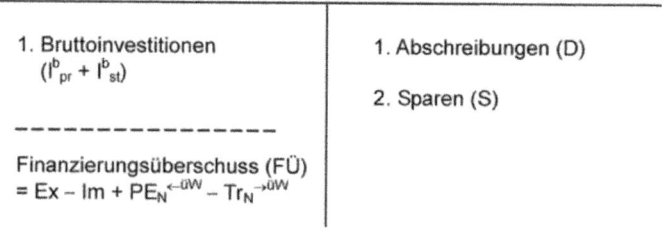

Gesamtwirtschaftliches Vermögensänderungskonto
(Inländerkonzept)

1. Bruttoinvestitionen $(I^b_{pr} + I^b_{st})$	1. Abschreibungen (D)
	2. Sparen (S)
Finanzierungsüberschuss (FÜ) $= Ex - Im + PE_N^{\leftarrow üW} - Tr_N^{\rightarrow üW}$	

Das gesamtwirtschaftliche Vermögensänderungskonto führt uns zu der wichtigen Einsicht, dass die Höhe des gesamtwirtschaftlichen Sparens aufgrund der Begriffswahl in einer **geschlossenen Volkswirtschaft** (d. h., ohne Berücksichtigung der Wirtschaftsbeziehungen zur übrigen Welt wie z. B. durch Export und Import) am Ende der Rechnungsperiode immer den Nettoinvestitionen entsprechen muss: $S = I^n$.

Positive Nettoinvestitionen und damit eine Ausdehnung des Sachkapitalbestandes bzw. der zukünftigen Produktionskapazitäten sind also in einer geschlossenen Volkswirtschaft nur durch Konsumverzicht möglich. Länder, die sich aufgrund eines ohnehin geringen Versorgungsniveaus der Bevölkerung mit Konsumgütern keinen weiteren Konsumverzicht leisten können und demnach Schwierigkeiten mit dem Sparen haben, können Investitionen daher zwangsläufig nur durch Öffnung ihrer Volkswirtschaft und über einen Importüberschuss (Im > Ex) und damit durch Verschuldung in der übrigen Welt finanzieren. Die Verschuldung lässt sich lediglich durch empfangene Nettoprimäreinkommen aus der übrigen Welt ($PE_N^{\leftarrow üW}$) oder/und durch empfangene Nettotransferzahlungen („Geschenke") aus der übrigen Welt ($Tr_N^{\leftarrow üW}$) mildern.

3.8 Aktuelle Werte für die volkswirtschaftliche Leistung in Deutschland

Die aktuellen Werte für die wichtigsten volkswirtschaftlichen Leistungsgrößen in Deutschland können der folgenden Übersicht entnommen werden:

Gesamtwirtschaftliche Leistungsgrößen
(gerundete Werte in jeweiligen Preisen für Deutschland 2016 in Mrd. €)

Bruttoinlandsprodukt (BIP) $= C_{pr} + C_{st} + I^b_{pr} + I^b_{st} + (Ex - Im) = 3.133$
1.679 616 532 67   239

Nettoinlandsprodukt (NIP) $= BIP - D = 2.581$
552

Nettonationaleinkommen (NNE) $= NIP + PE_N^{\leftarrow üW} = 2.646$
65

Volkseinkommen (VE) $= NNE - (T_{ind} - Z) = 2.338$
308

Verfügbares Einkommen (Y^v) $= NNE - Tr_N^{\rightarrow üW} = 2.609$
37

Eine ständige Aktualisierung der Werte erfolgt in den Veröffentlichungen des Statistischen Bundesamtes (www.destatis.de) und dabei in der Fachserie 18, Reihe 1.4.

3.9   Kontrollfragen zu Kapitel 3

1. Was wird unter „ESVG" verstanden?

2. Was sind Investitionsgüter und wodurch unterscheiden sie sich von Konsumgütern?

3. Was wird unter Vorleistungen verstanden?

4. Wann sind z.B. Nahrungsmittel Konsumgüter, Investitionsgüter oder Vorleistungen?

5. Wann ist z.B. ein PC Konsumgut, Investitionsgut oder Vorleistung?

6. Wodurch unterscheiden sich private Unternehmen und private Haushalte?

7. Was sind private Unternehmen ohne eigene Rechtspersönlichkeit und welchem makroökonomischen Sektor werden sie zugerechnet?

8. Was sind private Organisationen ohne Erwerbszweck, produzieren sie und – wenn ja – was?

9. Durch welche Eigenschaft unterscheidet sich der öffentliche Sektor vom privaten Sektor?

10. Was umfasst die „übrige Welt" nach dem Inlands-Auslandskonzept und was nach dem Inländer-Ausländerkonzept?

11. Wie sind private Haushalte und private Unternehmen über den Güter- und Faktormarkt miteinander verbunden?

12. Was ist die Grundidee des Wirtschaftskreislaufs?

13. Welche Beispiele lassen sich für jede Position des einzelwirtschaftlichen Produktionskontos angeben?

14. Was verbirgt sich hinter „Vorprodukten"?

15. Was ist die „Nettowertschöpfung" und was erfassen die „Abschreibungen"?

16. Wodurch unterscheiden sich „Herstellungspreise" von „Marktpreisen" und von „Herstellungskosten"?

17. Wodurch unterscheiden sich „Betriebsüberschuss" und „Selbständigeneinkommen"?

18. Was verbirgt sich hinter dem „Staatskonsum" und wie wird er bewertet?

19. Warum kann es bei der staatlichen Produktion einen Betriebsüberschuss geben?

20. Wie wird das gesamtwirtschaftliche Produktionskonto gebildet?

21. Warum werden auf dem gesamtwirtschaftlichen Produktionskonto die Vorleistungen nicht mehr genannt?

22. Was wird mit dem Bruttoinlandsprodukt (BIP) erfasst?

23. Welche Beispiele lassen sich für indirekte Steuern bilden?

24. Warum werden beim BIP die Importe herausgerechnet?

25. Wodurch unterscheidet sich das BIP vom Nettoinlandsprodukt (NIP)?

26. Was verbirgt sich hinter dem „Volkseinkommen" und nach welchem Konzept (Inland oder Inländer) wird es ermittelt?

27. Wodurch unterscheidet sich das Volkseinkommen von der Nettowertschöpfung?

28. Was wird unter den Transferzahlungen des Staates verstanden? Kommen auch Unternehmen in ihren Genuss?

29. Was sind Nettotransferzahlungen an die übrige Welt und was sind gewichtige Beispiele für solche Zahlungen in Deutschland?

30. Wie wird über das verfügbare Einkommen verfügt?

31. Wie ist das volkswirtschaftliche Sparen definiert?

32. Wie wurde das Nationaleinkommen früher bezeichnet?

33. Wodurch unterscheiden sich Bruttoinvestitionen von Nettoinvestitionen? Kann es negative Nettoinvestitionen geben und – wenn ja – was bedeuten sie?

34. Wodurch müssen Bruttoinvestitionen nach dem Inländerkonzept in einer geschlossenen Volkswirtschaft in der Jahresrückschau finanziert worden sein?

35. Welche Beziehung besteht in einer geschlossenen Volkswirtschaft in der Jahresrückschau zwischen den Nettoinvestitionen und dem Sparen?

4 Wirtschaftsordnung und Wirtschaftssystem

4.1 Die Notwendigkeit einer Wirtschaftsordnung

Aus Abschnitt 1.2 wissen wir, dass Volkswirtschaften heute verstärkt versuchen, durch eine immer weiter voranschreitende nationale und internationale Arbeitsteilung bzw. Spezialisierung als eine Form der Rationalisierung das gesellschaftliche Güterversorgungsproblem noch besser zu lösen. Wir wissen auch, dass sich dabei die Spezialisten in Anbieter und Nachfrager unterteilen lassen, die beim Faktoreinsatz auf der Inputseite (Kostenseite) und bei der Güterproduktion auf der Outputseite (Ertragsseite) anzutreffen sind. Den Vorteil einer höheren Produktivität und Produktqualität erkaufen sich die Spezialisten allerdings mit einer größeren Abhängigkeit untereinander, die gelegentlich schon allein als unangenehm und daher nachteilig empfunden wird. Spezialisten sitzen gleichsam „gemeinsam in einem Boot". Ihre wechselseitige Abhängigkeit erfordert eine Organisation und gegenseitige Abstimmung (Koordination), ist aber selbst Problemen ausgesetzt. Um diese Koordination und die Frage nach dem geeigneten Koordinationsmechanismus geht es in einer Wirtschaftsordnung.

Die **Wirtschaftsordnung** beantwortet die Frage nach dem Koordinationsmechanismus von Angebot und Nachfrage.

Die Wirtschaftsordnung sagt uns, wie die Spezialisten als Anbieter und Nachfrager in ihren unterschiedlichen Wünschen und Plänen so aufeinander abgestimmt werden, dass es möglichst zu einem Ausgleich der Interessen, zu einem harmonischen **Gleichgewicht**, kommt. Ungleichgewichte als Zeichen einer – zumindest teilweise – falschen Spezialisierung äußern sich in einem Überangebot oder einer Übernachfrage. Die Wirtschaftsordnung soll sie verhindern oder beseitigen. Sie ist zwangsläufig nur ein – wenn auch gewichtiger – Teil der Gesellschaftsordnung, die außerdem zu berücksichtigen hat, dass es neben ökonomischen Interessen auch nichtökonomische Interessen gibt, die ebenfalls nach einem Ausgleich verlangen.

Die Notwendigkeit eines Koordinationsmechanismus bzw. einer Wirtschaftsordnung und die Frage, wie sie konkret ausgestaltet werden sollen, ist keineswegs nur eine Frage, die sich auf der gesellschaftlich-volkswirtschaftlichen Ebene stellt. Sie ist auch eine betriebswirtschaftlich bedeutsame Frage, denn die einzelnen Spezialisten treffen täglich vor Ort im Produktionsprozess aufeinander und jedes Unternehmen hat sich daher Gedanken zu machen und zu entscheiden, mit welcher konkreten Organisationsstruktur versucht werden soll, einen möglichst reibungslosen Produktionsablauf zu sichern. Die Wirtschaftsordnung einer Volkswirtschaft im Großen ist daher mit der Organisation eines Unternehmens im Kleinen vergleichbar.

4.2   Die Begriffe „Wirtschaftsordnung" und „Wirtschaftssystem"

Ein **Wirtschaftssystem** bezeichnet die **gedanklichen** Möglichkeiten einer Koordination von Angebot und Nachfrage in einer Volkswirtschaft.

Aus betriebswirtschaftlicher Sicht ist ein Wirtschaftssystem gleichsam das, was sich z. B. der Leiter der Organisationsabteilung eines Unternehmens oder ein Unternehmensberater „am grünen Tisch" überlegt, wenn er sich vor die Aufgabe gestellt sieht, die Spezialisten im Produktionsprozess (z. B. die Arbeitnehmer an einem Fließband) in ihren verschiedenen Verrichtungen aufeinander abzustimmen. Das Ergebnis ist insofern – wie eine „Blaupause" – **idealtypisch**, als es noch die Wunschvorstellungen des Organisationsleiters oder Unternehmensberaters widerspiegelt und noch nicht in der Praxis erprobt ist. Wir ahnen damit bereits, dass die praktische Umsetzung eines Wirtschaftssystems zu Abstrichen von der Reinheit der idealtypischen Vorstellungen zwingen dürfte, weil sich in der Praxis theoretische Grenzlinien nicht so klar ziehen lassen, Überlappungen und Vermischungen an der Tagesordnung und Kompromisse nicht zu umgehen sind.

Im Gegensatz zum gedanklichen Wirtschaftssystem bezeichnet die **Wirtschaftsordnung** die **tatsächliche** Koordination in der Wirklichkeit.

Eine Wirtschaftsordnung kann zwangsläufig immer nur ein **Mischsystem**, eine Vermischung von idealtypischen Wirtschaftssystemen, darstellen. Der Zusatz „rein" (z. B. als „reine Marktwirtschaft") im Zusammenhang mit einer bestimmten Wirtschaftsordnung ist daher eher verwirrend als klärend und eine – bewusste oder unbewusste – Überhöhung der Ordnungsidee in der Realität. Wer ihn verwendet, läuft Gefahr, sich dem Vorwurf der Ideologie auszusetzen.

4.3 Merkmale der Wirtschaftssysteme „Marktwirtschaft" und „Zentralverwaltungswirtschaft"

Im **marktwirtschaftlichen System** werden Angebot und Nachfrage nach dem Prinzip des Einverständnisses und Einvernehmens aufeinander abgestimmt.

In einem marktwirtschaftlichen System wetteifern Anbieter und Nachfrager als Spezialisten **frei** untereinander und mit dem jeweiligen Verhandlungspartner über das Tauschverhältnis von Gütern oder/und die Nutzung von Produktionsfaktoren. In einer Geldwirtschaft geschieht dies über den **Preis** als Anzahl der Geldeinheiten (z. B. EUR pro Einheit (z. B. Liter, Stück, Kilogramm, Stunde, m^2)) des betreffenden Tauschobjekts.

Der Verhandlungsort von Anbietern und Nachfragern wird **Markt** genannt, unabhängig davon, ob es auf ihm frei oder nicht frei zugeht. Märkte sind die logische Konsequenz der Arbeitsteilung (vgl. Abschnitt 1.2). Wie – nicht dass – sie organisiert werden, also die Frage des Marktsystems bzw. der Marktordnung, steht auf einem ganz anderen Blatt. Insofern darf „Markt" und „Marktwirtschaft" nicht gleichgesetzt werden, ebenso wie „Ort" nicht wörtlich zu nehmen ist, denn ein Markt kann sich z. B. auch in einer Zeitung, am Telefon oder im Internet abspielen.

Marktwirtschaftlich sind die frei handelnden Marktteilnehmer **Egoisten** und müssen es auch sein. Sie folgen ihrem Individualinteresse und haben zunächst nur ihr eigenes Güterversorgungsproblem im Auge, das sie bestmöglich lösen wollen. Etwas salopp gesagt: sie trachten danach, den Verhandlungspartner „über den Tisch zu ziehen" und zur Lösung des eigenen Güterversorgungsproblems einzuspannen. Sie erkennen aber auch, dass sie auf ebenfalls egoistisch denkende und handelnde Verhandlungspartner treffen, die das Gleiche mit ihnen vorhaben, auf die sie als Spezialisten zwangsläufig angewiesen sind und denen gegenüber sie sich daher anpassungsfähig und kompromissbereit zeigen müssen. Das Prinzip lautet: Leistung gegen Gegenleistung und das Ergebnis wird auch als gerecht empfunden (**Leistungsgerechtigkeit**). Nur wer bereit und in der Lage ist, als Spezialist auf die Wünsche der Gegenseite einzugehen, kann im Gegenzug damit rechnen, seinen eigenen Wunsch nach bestmöglicher Güterversorgung erfüllt zu bekommen.

Der geistige Vater der Marktwirtschaft, Adam Smith (1723–1790), hat das 1776 – also noch vor der französischen Revolution 1789 mit ihrem Ruf nach Freiheit, Gleichheit und Brüderlichkeit – in seinem berühmten Buch „Wealth of Nations" (Wohlstand der Nationen) so formuliert: „Nicht vom Wohlwollen des Fleischers, Brauers oder Bäckers erwarten wir unsere Mahlzeit, sondern von ihrer Rücksichtnahme auf ihr eigenes Interesse. Wir wenden uns nicht an ihre Humanität, sondern an ihren Egoismus und sprechen ihnen nie von unseren Bedürfnissen, sondern von ihren Vorteilen".

Der **Preis** als marktwirtschaftliches Verhandlungsergebnis **informiert** im Vorfeld neuer Verhandlungen potentielle Anbieter darüber, ob sie angesichts ihrer Produktionskosten überhaupt als Anbieter auftreten können, welcher Bedarf besteht und wie viele Verhandlungspartner als Nachfrager anzutreffen sind, die ihrerseits wiederum untereinander im Wettbewerb und in Rivalität um das betreffende knappe Gut stehen. Gleichzeitig belohnt und bestraft (**sanktioniert**) der Preis als relativ hoher bzw. niedriger Preis diejenigen, die ihre Möglichkeiten zur Bedarfsdeckung und den Bedarf richtig bzw. falsch eingeschätzt und in den Verhandlungen die Gegenseite davon überzeugt bzw. nicht überzeugt haben, dass sie ihnen zur Lösung ihres Güterversorgungsproblems hilfreich sein können und ihnen daher auch eine entsprechende Gegenleistung zusteht.

> Im **planwirtschaftlichen System** werden Angebot und Nachfrage auf dem Markt nach dem Prinzip der Über- und Unterordnung (hierarchisches Prinzip) koordiniert.

Informationsbeschaffung und -bewertung, Anweisung, Kontrolle und Sanktionierung gehen in einem planwirtschaftlichen System von einer Zentrale als übergeordneter Stelle aus. Daher wird bei dieser Koordinationsform auch von **Zentralverwaltungswirtschaft** gesprochen. Es ist selbstverständlich, dass die Zentrale hoheitliche Befugnisse, also Macht, haben muss, wenn sie wirksam koordinieren soll. Was die Zentrale selbst betrifft, so kann sie unterschiedlicher Gestalt sein und auf unterschiedlichem Wege zur Zentrale geworden sein.

Ein wichtiger Unterschied zwischen dem marktwirtschaftlichen und dem planwirtschaftlichen System besteht in der Verfügung über Eigentum. Eigentum ist prinzipiell für den Eigentümer mit dem Recht verbunden, über die Nutzung seines Eigentums selbst bestimmen zu können. Eigentümer von Produktionsfaktoren haben also das Recht, selbst darüber zu entscheiden, wie ihr Produktionsfaktor im Produktionsprozess eingesetzt wird. Dazu zählt auch das Recht, anderen (z. B. in einem Arbeits- oder Pachtvertrag) die Nutzung zu gestatten.

In einem marktwirtschaftlichen System bestehen von vornherein klare Verhältnisse hinsichtlich des Eigentums an den Produktionsfaktoren Arbeit, Boden und Kapital. Da dieses System auf der freien (und auch egoistischen) Entscheidung des Einzelnen beruht, bleibt es auch seiner eigenen, privaten Entscheidung überlassen, ob er „nur" Eigentümer von Arbeitskraft bleiben will oder ob er einen Teil seines Arbeitseinkommens – sofern er dazu in der Lage ist – durch Konsumverzicht sparen, dadurch direkt oder indirekt zum Eigentümer von Boden und Kapital werden und über dieses Eigentum wiederum frei verfügen will, indem er es z. B. an seine Nachkommen vererbt. Das marktwirtschaftliche System ist also prinzipiell mit dem **Privateigentum** an sämtlichen Produktionsfaktoren verbunden. Man bezeichnet diese Eigentumsordnung auch als **kapitalistisch**. Als Idealtyp eines marktwirtschaftlichen Systems gilt demnach die **kapitalistische Marktwirtschaft**.

Auch in einem planwirtschaftlichen System sind die Eigentumsverhältnisse an den Produktionsfaktoren prinzipiell vorbestimmt, denn die zentrale, staatliche Entscheidungsgewalt kann eine private, von egoistischen Motiven geleitete Entscheidung über die Verfügung bzw. den Einsatz der Produktionsfaktoren im Produktionsprozess nicht dulden, da es sonst zu Konflikten zwischen den staatlichen, auf die Gesellschaft gerichteten Zielvorstellungen und den privaten Zielvorstellungen kommen kann, aber nicht muss. Es liegt daher nahe, dass das Eigentum an den Produktionsfaktoren – seit Abschaffung des Leibeigentums (Sklaventum) allerdings nur das Eigentum an den Produktionsfaktoren Boden und Kapital – in staatlichen Händen liegt (**Kollektiveigentum**). Man bezeichnet eine solche Eigentumsform auch als **sozialistisch**. Ein idealtypischer Gegensatz zur kapitalistischen Marktwirtschaft ist daher in der **sozialistischen Zentralverwaltungswirtschaft** zu sehen.

4.4 Grundprobleme eines kapitalistisch-marktwirtschaftlichen und eines sozialistisch-planwirtschaftlichen Systems

Die praktische Umsetzung eines idealtypischen Wirtschaftssystems muss zwangsläufig zu Problemen führen, denn nur die Gedanken und Theorien über Zusammenhänge sind rein. Die Praxis ist unrein und zwingt häufig zu Abweichungen von theoretischen Vorstellungen und zu Kompromissen. Wir haben daher bereits die Wirtschaftsordnung als Mischsystem bezeichnet (vgl. Abschnitt 4.2).

Probleme bei der praktischen Umsetzung des Idealtyps der kapitalistischen Marktwirtschaft ergeben sich schon allein aus den Eigentumsverhältnissen bei den Produktionsfaktoren. Die freie, individuelle Verfügbarkeit der Produktionsfaktoren Boden und Kapital muss in einem Gemeinwesen, das auf dem harmonischen Zusammenleben aller Gesellschaftsmitglieder basiert, dort an Grenzen stoßen, wo die freie Entscheidung und Verfügung Einzelner zur Unfreiheit Anderer führt und dadurch das Gemeinwesen insgesamt der Gefahr der Selbstzerstörung aussetzt.

Grenzen individueller Freiheitsspielräume müssen durch den Staat aufgrund seiner Verantwortung für die Gemeinschaft der Individuen gesetzt und gesichert werden, notfalls durch Zwang.

Wir sprechen daher auch von der Sozialpflichtigkeit des Eigentums, die z. B. in unserer Verfassung verankert ist. Konkret äußert sie sich z. B. darin, dass die Möglichkeit einer **Verstaatlichung des Privateigentums** an den Produktionsfaktoren Boden und Kapital besteht (Verstaatlichung des Bergbaus oder auch von Banken, Enteignungen im Zuge eines staatlichen Bauvorhabens etc.), wenn dem privaten Interesse ein öffentliches Interesse entgegensteht.

Nicht nur rein kapitalistische Eigentumsverhältnisse, sondern auch die rein marktwirtschaftliche Koordination von Anbietern und Nachfragern führen bei der praktischen Umsetzung zu Problemen, deren Bewältigung zu einer Abkehr vom marktwirtschaftlichen System und zur Einführung planwirtschaftlicher Systemelemente zwingen. Es wird in diesen Fallen auch von marktwirtschaftlichem Versagen (kurz: **Marktversagen**) gesprochen. Als Beispiel sei an die Versorgung mit öffentlichen Gütern erinnert (vgl. Abschnitt 3.3.2), die bei einer rein marktwirtschaftlichen, nur dem egoistischen Erwerbsstreben und dem Preismechanismus ausgesetzten Koordination nicht funktionieren kann.

Zum einen dürfte es marktwirtschaftlich zu einer Unterversorgung mit öffentlichen Gütern dort kommen, wo der Produzent bzw. Anbieter aufgrund der Produktionskosten und seiner eigenen Gewinnmarge einen so hohen Preis verlangen müsste, dass dessen Zahlung durch die Nachfrager eher aussichtslos erscheint (z. B. Nutzung eines Verkehrsweges durch relativ wenige Nutzer) und daher eine privatwirtschaftliche Produktion von vornherein unterbleibt. Dies wäre zwar an sich rein marktwirtschaftlich gesehen nicht bedauerlich, sondern nur konsequent, könnte jedoch unter gesellschaftlichem Blickwinkel unerwünscht sein, wenn es sich um Güter handelt (wie z. B. die genannte Nutzung eines Verkehrsweges als Dienstleistung), die für das gesellschaftliche (soziale) Leben notwendig sind. Eine ausreichende Versorgung ist daher staatlich und damit zentralverwaltungswirtschaftlich sicherzustellen.

Zum anderen kann ein Marktversagen aber auch in der **Übernutzung von öffentlichen Gütern** gesehen werden, deren Preis wegen des staatlich gewollten Nichtausschlusses von ihrer Nutzung oder eines unendlich großen Angebots bei Null liegt. Sie werden von den Nachfragern also gleichsam als Geschenk empfunden werden und laden daher zu einer egoistisch sorglosen Nutzung geradezu ein. Die marktwirtschaftliche Konsequenz einer Übernutzung preislich freier, d.h., nicht knapper Guter ist letztlich deren Knappheit, die zwar dann marktwirtschaftliche Koordinationsmöglichkeiten eröffnet, aber wiederum gesellschaftlich unerwünscht ist, wenn es sich um lebensnotwendige Güter handelt. Die gesamte Umweltproblematik und dabei z. B. die Verknappung der ehemals freien Güter Wasser und Luft sind ein Ausdruck dieser Form des Marktversagens und machen dann ebenfalls eine staatlich-planwirtschaftliche Einflussnahme (Intervention) zur Vermeidung oder Beseitigung der Probleme (z. B. in Form der Umweltpolitik) erforderlich.

Weitere Probleme in der praktischen Umsetzung einer rein marktwirtschaftlichen Koordination können dadurch auftreten, dass die egoistisch geprägte Rivalität als **Konkurrenz** um die knappen Güter übersteigert und **unlauter** zu werden droht, weil sie moralische Grenzen überschreitet (z. B. als ruinöser Vernichtungswettbewerb). Sie kann andererseits dadurch gänzlich beseitigt oder zumindest **beschränkt** werden, dass die Konkurrenten ihre als lästig empfundene, weil Kraft zehrende, aber gerade dadurch leistungsfördernde Rivalität freiwillig oder auf Druck der Stärkeren beenden und „gemeinsame Sache machen". Beide Auswüchse einer marktwirtschaftlichen Koordination in der Praxis müssen staatlich z. B. durch eine Wettbewerbspolitik (vgl. Kapitel 5) verhindert werden.

Die praktische Umsetzung eines marktwirtschaftlichen Systems ist letztlich ganz allgemein dadurch Problemen ausgesetzt, dass bisweilen das marktwirtschaftliche Koordinationsergebnis (z. B. in Gestalt einer Inflation oder Arbeitslosigkeit) als **unsozial** empfunden wird, weil es mit gesellschaftlichen Endzielen nicht in Einklang steht und daher nach der „sichtbaren Hand" (Adam Smith) des Staates, also nach einer planwirtschaftlichen Koordination, verlangt.

Probleme bei der praktischen Umsetzung des Idealtyps einer sozialistischen Zentralverwaltungswirtschaft ergeben sich bezüglich der Eigentumsverhältnisse bei den Produktionsfaktoren insofern, als die Nachteile eines kollektiven Faktoreigentums dessen mögliche Vorteile übertreffen können. Solange das menschliche Wesen wohl eher egoistisch-selbstbezogen als kollektivistisch-gemeinschaftsbezogen ist, dürfte ein Privateigentum an den Produktionsfaktoren Boden und Kapital – Kollektiveigentum am Produktionsfaktor Arbeit steht nach dem bisher Gesagten nicht zur Diskussion – auch zu einer stärkeren Identifikation der Faktoreigentümer mit ihren Produktionsfaktoren, zu einem bewussteren Umgang mit ihnen und dadurch letztlich auch zu einer höheren Leistung pro Produktionsfaktor (**Faktorproduktivität**) motivieren und führen, als es ein Kollektiveigentum vermag. Dies ist zumindest dann entscheidend, wenn der betreffende Produktionsfaktor von seiner Quantität und Qualität her im Einzelfall nur von untergeordneter Bedeutung für den gesamten Produktionsprozess ist und daher die Gefahr eines auch möglichen Missbrauchs durch den privaten Faktoreigentümer als gering anzusehen ist. Letztlich wird also auch eine sozialistische Zentralverwaltungswirtschaft bei ihrer praktischen Verwirklichung auf kapitalistische Elemente nicht verzichten können.

Was den planwirtschaftlichen Koordinationsmechanismus selbst betrifft, so wird er in der Praxis ebenfalls nicht in Reinheit umzusetzen sein, da einige Probleme unübersehbar sind und zu Kompromissen, d. h., zur Einführung marktwirtschaftlicher Systemelemente, zwingen dürften. Zunächst liegt die **Gefahr der Fehlplanung** nahe, denn eine allwissende Zentrale, die künftige Güterversorgungsprobleme rechtzeitig erkennt, die Möglichkeiten zu einer bestmöglichen Problemlösung kennt und sie in entsprechende Handlungsanweisungen umsetzt, ist wohl nur ein „frommer Wunsch". Selbst wenn es die allwissende Zentrale gäbe, so wäre die dann notwendige „Planung bis zur letzten Schraube" allein schon wegen des enormen Verwaltungsaufwandes nicht durchführbar und würde auch in keinem Verhältnis zu dem angestrebten Ergebnis stehen. Als Gegenstück zum Marktversagen könnte also auch von **Staatsversagen** gesprochen werden. Daraus folgt aber letztendlich, dass jedes planwirtschaftliche System bei der praktischen Verwirklichung wohl oder übel ab einer bestimmten Stufe marktwirtschaftliche Elemente einführen und die freie Entscheidung der Wirtschaftssubjekte zulassen muss und diese auch tunlichst zulassen sollte. Wir können daraus den Schluss ziehen:

Jede Wirtschaftsordnung als tatsächliche Koordinationsform mit bestimmten Eigentumsverhältnissen an den
Produktionsfaktoren kann immer nur ein **Mischsystem**
sein, das sich mehr oder weniger an den beiden idealtypischen Extremformen einer kapitalistischen Marktwirtschaft oder einer sozialistischen Zentralverwaltungswirtschaft bzw. Planwirtschaft orientiert.

Wie die Orientierung an einer kapitalistischen Marktwirtschaft
oder an einer sozialistischen Zentralverwaltungswirtschaft in der
Praxis konkret erfolgt, ist das Ergebnis des betreffenden gesellschaftlichen Systems (z. B. eines demokratischen Systems) und
der in ihm getroffenen politischen Entscheidungen.

4.5 Das ordnungspolitische Leitbild in der Bundesrepublik Deutschland – die „Soziale Marktwirtschaft"

Kennzeichnend für die ordnungspolitischen Entscheidungen,
die nach Gründung der Bundesrepublik getroffen wurden, war
das Ziel, Lehren aus den mit einer kapitalistischen Marktwirtschaft und mit einer sozialistischen Planwirtschaft verbundenen
Problemen zu ziehen und die Stärken einer im Grundsatz
marktwirtschaftliche Ordnung mit staatlichem Eingreifen im
Fall wirtschaftlicher Fehlentwicklungen zu kombinieren.

Die Wirtschaftsordnung der Bundesrepublik Deutschland wird
als Soziale Marktwirtschaft bezeichnet. Bezeichnungen wie
„freie" oder „reine" Marktwirtschaft sind nicht exakt und eher
verwirrend, weil sie nicht deutlich machen, dass unsere Wirtschaftsordnung sich zwar in erster Linie am Leitbild der marktwirtschaftlichen Koordination orientiert, aber sehr wohl auch
planwirtschaftliche Elemente enthält und demnach ein Mischsystem ist. Der Ordnungsgedanke der Sozialen Marktwirtschaft
kann mit der Forderung umschrieben werden:

„Soviel Markt wie möglich, soviel Staat wie nötig!"

4.5.1 Der Markt- und Preismechanismus in der Sozialen Marktwirtschaft

Im marktwirtschaftlichen System wird unterstellt, dass die untereinander konkurrierenden **Anbieter normalerweise an einem möglichst hohen Preis interessiert** sind, da er ihnen ein hohes Einkommen in Form des Gewinns und dadurch eine hohe Güterversorgung sichert. Je höher der Preis ist, umso mehr Anbieter wollen und können auch aufgrund ihrer Kostensituation anbieten (und umgekehrt). Der erzielbare Güterpreis muss über den Stückkosten der Güterproduktion liegen, damit überhaupt ein Gewinn entsteht. Da die Stückkosten aber von Produzent zu Produzent unterschiedlich sind, dürften umso mehr Produzenten als Anbieter auftreten, je höher der vom Markt vorgegebene Güterpreis ist. Dabei wird jeder Produzent, wenn er seinen Gewinn und damit seinen ökonomischen Nutzen als Nettogröße aus Umsatz und Kosten maximieren will, genau diejenige Gütermenge anbieten und hoffentlich verkaufen, bei der eine zusätzlich produzierte Mengeneinheit bei ihrem Verkauf einen erfreulichen Zusatzumsatz (Grenzumsatz) in Höhe des Preises, aber auch zusätzliche, leidvoll empfundene Produktionskosten (Grenzkosten) in genau gleicher Höhe hervorrufen würde. Unter der Annahme, dass die Grenzkosten mit zunehmender Produktionsmenge auch zunehmen, ergibt sich daraus ein Angebotsverhalten, das bei einem steigenden Güterpreis mit einer zunehmenden Angebotsmenge verbunden ist und umgekehrt.

Für die **Nachfrager** wird unterstellt, dass sie normalerweise **an einem möglichst niedrigen Preis interessiert** sind, da er ihnen ebenfalls eine hohe Güterversorgung sichert. Je geringer der Preis eines Gutes ist, umso mehr wollen und können sie auch bei gegebenem Einkommen von diesem Gut kaufen (und umgekehrt). Die Nachfrager befinden sich also in der genau entgegengesetzten Rolle wie die Anbieter und für ihr Preisverhalten kann demnach auch entgegengesetzt argumentiert werden. Es gilt also auch hier die Redewendung: „Des einen Freud, des anderen Leid." Der zu zahlende Güterpreis muss für die Nachfrager unter dem Nutzen pro Gütermengeneinheit (z. B.

pro Stück) liegen, damit ihnen überhaupt ein Nettonutzen durch den Kauf der Güter und deren Nutzung entsteht. Da der Nutzen pro Gütermengeneinheit aber von Nachfrager zu Nachfrager unterschiedlich ist, dürften umso mehr Nachfrager auftreten, je niedriger der vom Markt vorgegebene Güterpreis ist. Dabei wird jeder Nachfrager, wenn er seinen Nutzen maximieren will, genau diejenige Gütermenge nachfragen und hoffentlich bekommen, bei der eine zusätzliche Mengeneinheit zusätzliche, leidvoll empfundene Ausgaben (Grenzausgaben = Grenzumsatz der Anbieter) in Höhe des Preises, aber auch einen zusätzlichen, erfreulichen Grenznutzen in genau gleicher Höhe hervorrufen würde. Unter der Annahme, dass der Grenznutzen mit zunehmender Güterversorgungsmenge abnimmt, ergibt sich daraus ein Nachfrageverhalten, das bei einem sinkenden Güterpreis mit einer zunehmenden Nachfragemenge verbunden ist und umgekehrt.

Die Disziplin innerhalb der Volkswirtschaftslehre, die sich die genauere Analyse marktwirtschaftlicher Verhaltensweisen zum Ziel gesetzt hat, ist die mikroökonomische Theorie oder kurz: **Mikroökonomik**. Sie versucht anhand eines Geflechtes von vermuteten Ursache-Wirkungs-Zusammenhängen (Theorien) zu erklären und vorherzusagen, welche Gütermenge Unternehmen angesichts ihrer Produktionstechnik bzw. Kostensituation und angesichts erwarteter Umsätze mit dem Ziel der Gewinnmaximierung anbieten werden und welche Gütermenge die Haushalte nachfragen werden, wenn sie Guter in einem bestimmten Maße gut bzw. nützlich finden, ihnen durch die Preiszahlung beim Erwerb ein bestimmtes Leid widerfährt und sie ihren Nutzen maximieren wollen. Die Mikroökonomik versucht dann zu erklären, zu welchen Anpassungsprozessen es kommen dürfte, wenn Anbieter und Nachfrager in ihren unterschiedlichen Wunschvorstellungen auf einem Markt marktwirtschaftlich aufeinandertreffen, und welche Rolle dabei unterschiedliche Machtkonstellationen (z. B. Monopole oder Konkurrenzsituationen) spielen.

Das üblicherweise marktwirtschaftlich unterstellte Angebots- und Nachfrageverhalten lässt sich zeichnerisch in einem Schaubild darstellen:

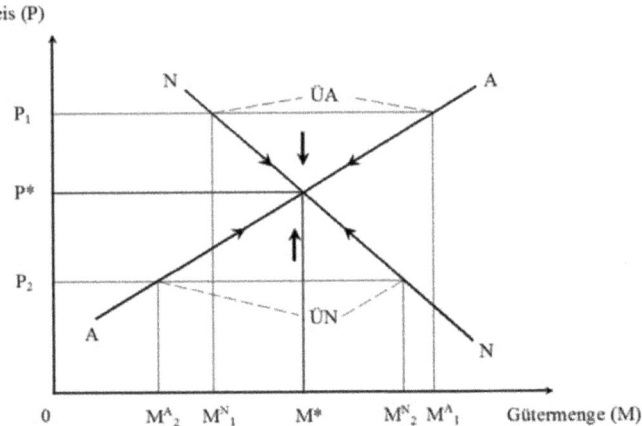

Das Angebotsverhalten wird durch die Kurve AA, das Nachfrageverhalten durch die Kurve NN wiedergegeben, d. h., je höher (niedriger) der Preis (P) ist, umso größer (kleiner) ist die angebotene Menge (M), bzw. je höher (niedriger) der Preis (P) ist, umso kleiner (größer) ist die nachgefragte Menge (M).

Bei einem Preis von P_1 kommt es zu einem **Überangebot** (ÜA = $M^A_1 - M^N_1$) und durch Konkurrenzdruck unter den überraschten Anbietern zu **Preissenkungen**, bei P_2 zu einer **Übernachfrage** (ÜN = $M^N_2 - M^A_2$) und durch Konkurrenzdruck unter den überraschten Nachfragern zu **Preiserhöhungen**.

Das **Marktgleichgewicht**, bei dem Anbieter und Nachfrager keine Überraschungen mehr erleben, ist bei einem Preis P* und der Menge M* erreicht (Schnittpunkt der Kurven).

Im Marktgleichgewicht sind die gehandelte Menge und damit die Güterversorgung am größten.

Jede Ungleichgewichtssituation ist mit einer geringeren Güterversorgung verbunden. So würde z. B. beim Preis P_1 die nachgefragte Menge M^N_1 und beim Preis P_2 die angebotene Menge M^A_2 gehandelt. Im ersten Fall handelt es sich um einen **Käufermarkt**, da die Nachfrager in einer starken Position sind und die Anbieter rationieren, d.h., sie wählen sich die Anbieter aus und bestimmen, was sie ihnen zu diesem Preis von ihrem relativ hohen Angebot abzunehmen bereit sind. Im zweiten Fall handelt es sich um einen **Verkäufermarkt**, d. h., die Anbieter sind in der starken Position und rationieren die Nachfrager. Grundsätzlich gilt für Ungleichgewichtssituationen: „Die kurze Seite entscheidet über die lange Seite". Nur im Marktgleichgewicht sind beide Seiten gleich und es kommt zu einem Ausgleich der Interessen, bei dem niemand mehr Überraschungen erlebt. Unter der Zielsetzung einer bestmöglichen Güterversorgung muss daher das Marktgleichgewicht angestrebt werden.

> Der große Vorteil und die Stärke eines funktionierenden marktwirtschaftlichen Koordinationsmechanismus liegen darin, über Preisanpassungen im Wettbewerb ein Marktgleichgewicht herbeizuführen und damit den Beteiligten eine bestmögliche Güterversorgung zu sichern.

Änderungen im Angebots- oder/und Nachfrageverhalten (z. B. durch Einkommens- oder Geschmacksänderungen, Änderungen in der Produktionstechnik bzw. in der Kostensituation, Preisänderungen konkurrierender Güter, Änderungen in der Zahl der Anbieter oder/und Nachfrager etc.) führen zu Verschiebungen der Angebots- und Nachfragekurve und über entsprechende Preisanpassungen zu einem neuen Marktgleichgewicht. Eine **Rechtsverschiebung der Angebotskurve** könnte z. B. auf einer Kostenreduktion aufgrund des technischen Fortschritts beruhen. Sie würde bedeuten, dass Anbieter, die vorher wegen ihrer relativ hohen Stückkosten nicht anbieten konnten, nun als neue Anbieter bei jedem vorgegebenen Preis auftreten. Entsprechend würde z. B. eine Erhöhung der Lohnkosten zu

einer **Linksverschiebung der Angebotskurve** führen. Eine
Rechtsverschiebung der Nachfragekurve bei jedem vorgegebenen Preis könnte z. B. dadurch verursacht werden, dass
Geschmacksänderungen neue Nachfrager oder/und eine erhöh-
te Nachfrage bisheriger Nachfrager hervorgebracht haben, die
Einkommen der Nachfrager gestiegen sind oder sich die Preise
konkurrierender Güter erhöht haben. Entsprechende Argumen-
te ließen sich für eine **Linksverschiebung der Nachfragekurve** anführen. Entscheidend für die Preisänderungen ist aber
immer das Angebots- und Nachfrageverhältnis. Eine Angebots-
oder Nachfrageänderung allein ist nicht aussagekräftig und lässt
keinen Schluss über eine mögliche Preisänderung zu. Das folgende **Schaubild** verdeutlicht die möglichen Preisanpassungen
beispielhaft aufgrund einer Rechtsverschiebung der Angebots-
oder/und Nachfragekurve:

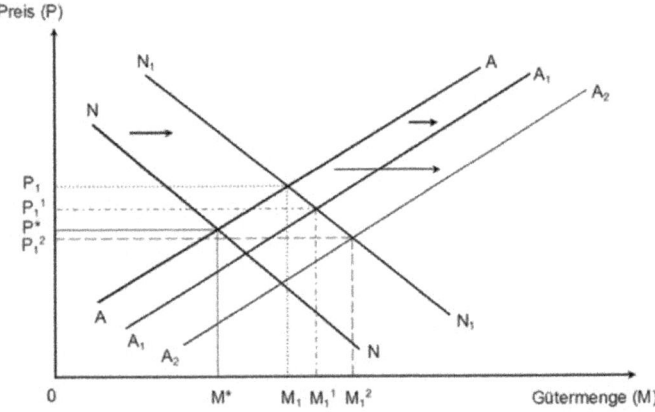

Das Schaubild zeigt, dass eine Nachfrageausdehnung von NN
auf N_1N_1 bei gleichen Angebotsverhältnissen AA eine relativ
starke Preissteigerung auf P_1 im neuen Marktgleichgewicht
bewirkt. Kommt es aber gleichzeitig auch zu einer Angebotsausdehnung auf A_1A_1, so wird diese Preissteigerung bereits
gemildert und der neue Preis $P_1{}^1$ liegt zwar noch über P*, aber
unter P_1. Wird das Angebot stärker als die Nachfrage ausge-

dehnt und zwar auf A_2A_2, so kommt es sogar trotz der Nachfrageausdehnung von NN auf N_1N_1 zu einer Preissenkung auf P_1^2. Eine solche Situation können wir z. B. auf dem Computermarkt beobachten, wo die rasante technische Entwicklung und die entsprechenden Kostensenkungen zu einer – im Verhältnis zur zweifellos gleichzeitig stattfindenden Nachfrageausdehnung („der PC im Kinderzimmer") – relativ starken Angebotsausdehnung führen. Tendenziell sinkende Preise müssen dann die Konsequenz sein.

Eine wichtige Messgröße für das konkrete Verhalten der Marktteilnehmer ist die **Elastizität**. Sie ist grundsätzlich definiert als das Verhältnis von zwei relativen (prozentualen) Veränderungen, wobei die prozentuale Veränderung der Verhaltensursache im Nenner und die prozentuale Veränderung der Verhaltenswirkung im Zähler des betreffenden Bruches (Quotienten) stehen.

Die **direkte Preiselastizität der Nachfrage** gibt z. B. an, wie die Nachfrager mit einer prozentualen Nachfrageänderung auf eine prozentuale Preisänderung reagieren. Normalerweise (wie auch im Schaubild) ist die direkte Preiselastizität der Nachfrage negativ, denn auf eine prozentuale Preiserhöhung (Preissenkung) reagieren die Nachfrager mit einer prozentualen Nachfragesenkung (Nachfrageerhöhung). Reagieren sie anormal, d. h., fragen sie bei Preissteigerungen mehr bzw. bei Preissenkungen weniger nach (z. B. bei Statusgütern), so ist die direkte Preiselastizität der Nachfrage positiv. Es handelt sich dann um sog. **Giffen-Güter**, benannt nach ihrem Entdecker, dem Statistiker und Ökonom Robert Giffen (1837–1910). Die Anbieter reagieren normalerweise (wie auch im Schaubild) entgegengesetzt zu den Nachfragern, d. h., die **direkte Preiselastizität des Angebots** ist positiv. Hat die direkte Preiselastizität der Nachfrage oder des Angebots einen Wert (unabhängig vom Vorzeichen) zwischen 0 und 1, wird von einer **preisunelastischen Reaktion** der Nachfrager bzw. Anbieter gesprochen. Bei Werten über 1 liegt entsprechend eine **preiselastische Reaktion** vor.

Wie wichtig für ein Unternehmen als Anbieter die Kenntnis der direkten Preiselastizität seiner Kunden als Nachfrager sein kann, lässt sich am Umsatz verdeutlichen, der neben den Kosten die Gewinnsituation bestimmt, denn es gilt: Gewinn = Umsatz − Kosten. Der Umsatz seinerseits setzt sich aus einer Preis- und aus einer Mengenkomponente zusammen, denn es gilt: Umsatz = Preis × Absatzmenge. Wenn z. B. ein Anbieter mit einer Sonderpreisaktion für einen Artikel seines Produktsortiments beabsichtigt, die Nachfrage seiner Kunden zu steigern, in der Hoffnung, dass dann sein Umsatz und womöglich auch sein Gewinn steigen, so entscheidet die direkte Preiselastizität der Nachfrage darüber, ob sich seine Hoffnung erfüllt. Zwar wird bei einer Preissenkung normalerweise die nachgefragte Menge zunehmen, bezüglich des Umsatzes sind beide Veränderungen aber gegenläufig. Es kommt damit auf die konkrete und zwar prozentuale Änderung der Nachfragemenge an, die durch die konkrete und zwar prozentuale Preisänderung ausgelöst wird. Entscheidend ist also die Höhe der direkten Preiselastizität der Nachfrage. Bei einer preisunelastischen Nachfrage würde näm-lich trotz der Preissenkung der Umsatz zurückgehen, weil die prozentuale Nachfragesteigerung kleiner als die prozentuale Preissenkung ist. Nur bei einer preiselastischen Reaktion seiner Kunden würde sich die Hoffnung des Anbieters erfüllen, mit einer Preissenkung seinen Umsatz steigern zu können. Auf der anderen Seite würde eine Preiserhöhung nicht zwangsläufig zu einer Umsatzeinbuße führen. Reagiert die Nachfrage preisun-elastisch, so lässt eine Preissteigerung auch eine Umsatzsteige-rung erwarten. Nur bei einer preiselastischen Nachfrage würde der Umsatz sinken. Erwägt also ein Anbieter eine Preisänderung für sein Produkt und fragt nach der Auswirkung auf seinen Umsatz und damit womöglich auch seinen Gewinn, so ist ihm eine vorherige sorgfältige Marktanalyse − z. B. mit Unterstüt-zung eines Unternehmensberaters − anzuraten.

Eine weitere wichtige Elastizität ist die **indirekte Preiselastizi-tät der Nachfrage**, die auch **Kreuzpreiselastizität** genannt wird. Sie gibt an, wie die Nachfrage nach einem bestimmten Gut mit einer prozentualen Änderung auf die prozentuale Preis-änderung eines anderen (alternativen) Gutes reagiert. Es geht also darum, in welcher Beziehung zwei Güter zueinanderstehen. Besteht eine Beziehung, so kann es sich um substitutionale oder komplementäre Güter handeln. **Substitutionale Güter** stehen in einem Konkurrenzverhältnis zueinander, d. h., sie sind gegenseitig in ihrer Nutzenstiftung ersetzbar, wie es z. B. bei Butter und Margarine der Fall sein dürfte. **Komplementäre Güter** stiften dagegen nur in einem festen Verhältnis zueinander einen Nutzen, wie z. B. bei Pfeife und Tabak. Reagieren beide Güterarten auf eigene Preisänderungen normal, ist also ihre direkte Preiselastizität der Nachfrage negativ, so ist bei substitutionalen Gütern die Kreuzpreiselastizität der Nachfrage positiv und bei komplementären Gütern negativ. Kennen Anbieter die Kreuzpreiselastizität der Nachfrage ihrer Produkte, so können sie daraus wichtige Schlussfolgerungen bezüglich der abgesetzten Menge ihrer Produkte ziehen, wenn Anbieter von Konkurrenz- oder Komplementärprodukten ihre Preise ändern.

Von Interesse kann für Anbieter auch noch die **Einkommenselastizität der Nachfrage** sein. Sie gibt an, wie die Nachfrager mit einer prozentualen Änderung ihrer Nachfrage nach einem bestimmten Gut auf eine prozentuale Änderung ihres Einkommens reagieren. Normalerweise dürften die Nachfrageänderung und die Einkommensänderung in die gleiche Richtung verlaufen, d. h., mit steigendem Einkommen wird mehr und mit sinkendem Einkommen weniger nachgefragt. Die Einkommenselastizität der Nachfrage ist in diesem Fall positiv. Die entsprechenden Güter werden **superiore Güter** genannt. Reagieren die Nachfrager dagegen anormal, d. h., mit steigendem (sinkendem) Einkommen sinkt (steigt) die Nachfrage, so handelt es sich bei den betreffenden Gütern um **inferiore Güter**. Sie haben demnach eine negative Einkommenselastizität der Nachfrage. Güter mit einem geringen Einkommensstatus („Nun können wir uns Butter statt Margarine leisten") würden z. B. unter diese Kategorie fallen. Für Anbieter ist also auch wichtig zu wissen, welcher Einkommensgruppe ihre Kunden zuzurechnen sind und wie sie bei Einkommensänderungen mit ihrer Nachfrage nach den angebotenen Produkten reagieren.

Die marktwirtschaftliche Koordination zwischen Anbietern und Nachfragern funktioniert überall dort am besten, wo es über den Preismechanismus zu einem möglichst schnellen Ausgleich von Angebot und Nachfrage kommt. Das gilt z. B. für die Aktien- und Devisenmärkte an den Börsen oder auch für Auktionen. Es ist bei der Beurteilung der Funktionsfähigkeit aber wiederum zu bedenken, dass es nicht nur um rein ökonomische, sondern auch um gesellschaftliche Funktionen geht, d. h., eine ökonomisch funktionierende Marktwirtschaft kann außerhalb des Güterversorgungsbereichs zu gesellschaftlich unerwünschten (unsozialen) Ergebnissen führen, wie auch gesellschaftlich erwünschte Ergebnisse von vornherein eine marktwirtschaftliche Koordination überflüssig und eine planwirtschaftliche Koordination durch den Staat erforderlich machen können.

Zur Verdeutlichung, wie die marktwirtschaftliche Koordination in der Wirklichkeit z. B. an einer standortgebundenen **Aktienbörse** („Parketthandel", im Gegensatz zum immer bedeutenderen Telefon- oder auch Computerhandel) funktioniert und zu einem Ausgleich von Angebot und Nachfrage führt, soll das folgende Beispiel dienen:

Es wird angenommen, dass die Verkäufer (= Anbieter) und Käufer (= Nachfrager) einer bestimmten Aktie ihre Aufträge zum Verkauf bzw. Kauf einer bestimmten Menge dieser Aktie mit einem bestimmten Kurs (Limit) versehen, d. h., sie sind nur bereit, bei einem bestimmten Preis (= Kurs) der Aktie zu verkaufen bzw. zu kaufen. Wird das Limit unter- bzw. überschritten, so ist der jeweilige Auftrag hinfällig. Wird jeder Kurs akzeptiert, so wird „bestens" bzw. „billigst" verkauft bzw. gekauft. Die folgende Tabelle und das anschließende Diagramm zeigen dies:

Kurs (EUR)	Angebot (Stck.)	Summe Angebot	Nachfrage (Stck.)	Summe Nachfrage	Umsatz (Stck.)
bestens	50	50	30	620	50
220	30	80	100	590	80
225	60	140	70	490	140
230	80	220	70	420	220
235	70	290	30	350	290
240	**30**	**320**	**70**	**320**	**320**
245	80	400	60	250	250
250	40	440	70	190	190
255	30	470	50	120	120
260	30	500	40	70	70
billigst	50	550	30	30	30

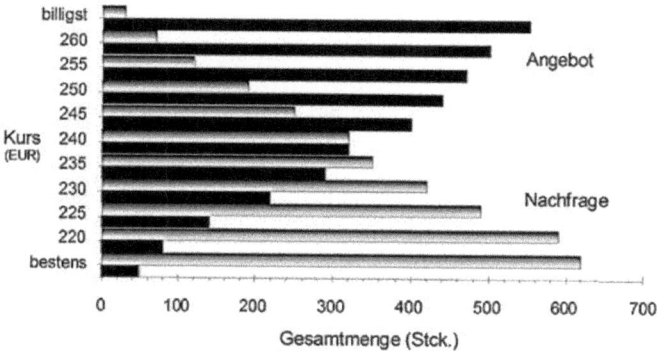

Die Tabelle und auch das Diagramm machen deutlich, dass die Börse aufgrund der vorliegenden Verkaufsaufträge (= Angebot) und Kaufaufträge (= Nachfrage) zum Kurs von 240 EUR eröffnet, denn bei diesem Kurs würde es zu der größten gehandelten Menge, nämlich 320 Stck., kommen, d. h., es muss bei diesem Kurs ein Marktgleichgewicht vorliegen. Während der Börsenzeit ergeben sich ständig Änderungen der Angebots- und Nachfragesituation, wenn Anleger ihre Aufträge eingeben. Diese Änderungen der Ausgangssituation führen entsprechend den Angebots- und Nachfrageverhältnissen zu immer neuen Marktgleichgewichten (variable Kurse). Etwa zur Hälfte der Börsenzeit wird der sog. Kassakurs ermittelt, der als Signal für den neuen Börsentermin gilt.

Auch eine **Auktion** zeigt, wie der Markt- und Preismechanismus im Kern funktioniert. Die Funktionsweise lässt sich wiederum mit einem **Schaubild** verdeutlichen:

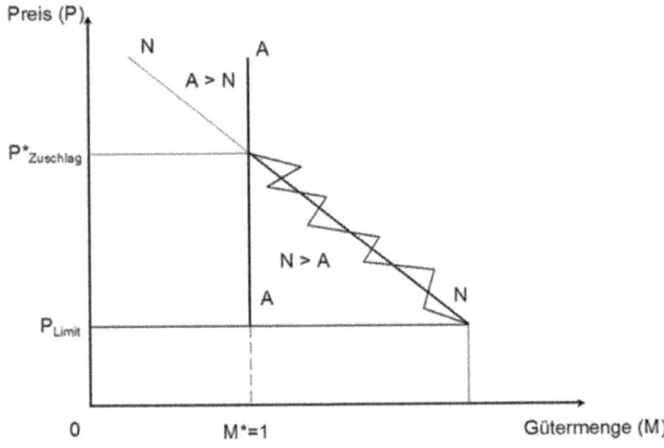

Gegenüber der Börse und auch gegenüber dem Normalfall ergibt sich insofern eine Abweichung, als die Angebotskurve (AA) in den meisten Fällen geradlinig vertikal nach oben zeigen dürfte. Dies ist dann der Fall, wenn es sich bei dem zu versteigernden Gut um ein Unikat handelt, das nur in einer Mengeneinheit (M) vorhanden ist, eine häufig anzutreffende Situation. Außerdem dürfte der Anbieter in vielen Fällen nicht bereit sein, das Gut zu einem Preis (P) von Null anzubieten, und vielmehr ein Verkaufslimit (P_{Limit}) setzen. Daraus folgt, dass die Angebotsgerade erst im positiven Teil der Preisachse beginnt. Unter dem Verkaufslimit existiert demnach kein Angebot (gestrichelte Linie). Die gezackte Nachfragelinie (NN) soll andeuten, dass der Abbau der Übernachfrage (N > A) über Preiserhöhungen in der Praxis keineswegs geradlinig verlaufen muss, sondern in Sprüngen erfolgen kann, die nur im Trend einen gleichmäßigen Verlauf aufweisen. Es ist z. B. die Aufgabe eines Auktionators als Vermittler (Makler) zwischen Angebot und Nachfrage, diesen Preisanpassungsprozess in Gang zu setzen und dann im Marktgleichgewicht das angebotene Gut dem einzig verbliebenen Nachfrager zuzuschlagen ($P^*_{Zuschlag}$). Natürlich kann dies auch maschinell erfolgen, wie wir es z. B. aus Internetauktionen kennen.

Das Schaubild macht auch deutlich, dass bei einer Auktion keineswegs nur mit einem sehr niedrigen Preis begonnen werden muss, um dann im Preis aufsteigend die Übernachfrage (N > A) abzubauen (Englische Auktion). Es wäre durchaus auch möglich, zu Beginn der Auktion mit einem relativ hohen Preis zu beginnen, der dann zunächst auf ein Überangebot (A > N) treffen dürfte. Im Preis absteigend ist es dann abgebaut, wenn der erste Nachfrager erscheint und diesem das Gut zu dem dann geltenden Preis zugeschlagen wird.

Eine weitere Auktionsvariante könnte darin bestehen, dass eine normal verlaufende Angebotskurve auf eine geradlinig vertikal nach oben verlaufende Nachfragekurve trifft, d. h., ein einzelner Nachfrager kann unter mehreren Anbietern auswählen und könnte dem Anbieter mit dem niedrigsten Preis den Zuschlag geben (Reverse Auction). Alle Auktionsvarianten aber zeigen, wie praxisnah der zunächst nur theoretisch abgeleitete Markt- und Preismechanismus sein kann.

4.5.2 Die Sozialbindung der Sozialen Marktwirtschaft – die Rolle des Staates

Sozialbindung der marktwirtschaftlichen Koordination bedeutet, marktwirtschaftliche Ergebnisse zu dulden und auch zu fordern, solange sie mit den gesellschaftlichen (sozialen) Endzielen wie Freiheit, Gerechtigkeit, Wohlfahrt, Sicherheit und Frieden (vgl. Abschnitt 7.1.2) in Einklang stehen. Unsoziale Marktergebnisse sind dagegen durch planwirtschaftliche (d. h., staatliche) Koordination zu verhindern oder zu beseitigen. Planwirtschaft bedeutet also nicht „Kommunismus", sondern ist überall dort anzutreffen, wo die „sichtbare Hand" des Staates im positiven wie auch im negativen Sinne für Ordnung sorgt.

Als **Beispiele für unsoziale Marktergebnisse** sind zu nennen: Ungerechtigkeiten durch zu hohe Preissteigerungen (Inflation) mit Gewinnern und Verlierern; Unfreiheiten und Unsicherheiten durch allgemeine Arbeitslosigkeit oder Arbeitslosigkeit in wichtigen Teilbereichen; Übernutzung oder Unterversorgung bei öffentlichen Gütern (z. B. Umweltverschmutzung bzw. zu geringe Verkehrsinfrastruktur); Ungerechtigkeiten bei der Versorgung mit lebenswichtigen Gütern (Gesundheitsleistung, Grundnahrungsmittel, Wohnung, Bildung etc.); Ungerechtigkeiten durch mangelhafte Versorgung bei denjenigen, die noch nicht (Auszubildende), unverschuldet nicht (z. B. Kranke) oder nicht mehr (Pensionäre) im Produktionsprozess tätig sind; Schlechterstellung und damit ungerechte Behandlung derjenigen, die durch eine genügend große Kinderzahl zum Fortbestehen einer Gesellschaft beitragen.

Höchst- und Mindestpreise sind Beispiele für die Sozialbindung einer marktwirtschaftlichen Ordnung. Sie sind nämlich nichts Anderes als staatliche (planwirtschaftliche) Eingriffe in den marktwirtschaftlichen Koordinationsmechanismus, von denen wir nach dem bisher Gesagten wissen, dass sie der Verhinderung oder Korrektur unsozialer Marktergebnisse dienen sollen. Bei Höchst- und Mindestpreisen handelt es sich demnach im Kern um staatlich fixierte Preise außerhalb der marktwirtschaftlichen Gleichgewichtspreise (Marktpreise), die den betroffenen Nachfragern und Anbietern aus sozialen Gründen nicht zugemutet werden sollen.

Staatlich fixierte **Höchstpreise** können ihre Wirkung nur entfalten, wenn sie unter den Marktpreisen liegen.

Höchstpreise stellen Maximalpreise dar, die nicht überschritten werden sollen, auch wenn dies marktwirtschaftlich geschehen würde. Daraus folgt bereits, dass Höchstpreise dem **Schutz der Nachfrager** dienen sollen. Die eigentlich höheren Marktpreise würden zu einem Rückgang der Nachfrage führen, weil einzelne Nachfrager sich diese Preise aufgrund ihrer Einkommenssituation nicht mehr leisten können, daher aus dem Markt ausscheiden müssen und damit ihr Güterversorgungsproblem nicht gelöst bekommen. Dies wäre zwar rein marktwirtschaftlich gesehen kein beklagenswerter, sondern ein ganz normaler, ja sogar notwendiger Vorgang, würde uns aber unter sozialem Blickwinkel möglicherweise zu einer anderen Bewertung zwingen. Wenn wir z. B. daran denken, dass manche Güter (wie z. B. Gesundheitsleistungen) nicht nur gut, sondern besser sind, weil

sie lebensnotwendig sind, dann dürfte bei diesen Gütern schnell
Einigkeit darüber zu erzielen sein, dass die Nachfrager (in unserem Beispiel die Kranken) ihr Güterversorgungsproblem –
zumindest hinsichtlich einer Grundversorgung – gelöst bekommen müssen. Sofern der Marktpreis dies nicht gewährleis-
tet, ist eine staatliche Intervention in Gestalt eines Höchstprei-
ses erforderlich. Dazu sind verschiedene Interventionsinstru-
mente denkbar, wie z. B. die Unterstützung der Nachfrager in
Höhe der Differenz aus angebotsnotwendigem und nachfrage-
möglichem Preis oder die staatliche Ausdehnung des Angebots.
In jedem Fall aber sind Höchstpreise zunächst mit einem Nach-
frageüberhang verbunden, der nun staatlich abgebaut werden
muss. Wird er es nicht, so besteht die Gefahr von „Schwarz-
märkten", auf denen Preise dann doch ihre marktwirtschaftliche
Auslesefunktion wahrnehmen, was aus sozialen Gründen aber
gerade verhindert werden sollte.

Analog zu Höchstpreisen müssen staatlich fixierte **Mindestpreise** über den Marktpreisen liegen, wenn sie wirkungsvoll sein sollen.

Mindestpreise sollen dem **Schutz der Anbieter** vor marktwirtschaftlich sinkenden Preisen dienen. Sinkende Preise würden
eine Reihe von Anbietern aufgrund ihrer Kostensituation zu
Produktionseinschränkungen oder gar -einstellungen zwingen,
marktwirtschaftlich wiederum eine ganz normale Situation. Ist
dies aus sozialen Gründen unerwünscht, weil sich dadurch z. B.
das Problem der Arbeitslosigkeit verschärft oder die Produktion
mit erhaltenswerten positiven, wenngleich marktwirtschaftlich
nicht honorierten Nebeneffekten (externen Effekten) verbunden ist (z. B. eine Landschaftserhaltung im Zuge der landwirtschaftlichen Produktion), so ist den Anbietern staatlicherseits
ein bestimmter Preis, eben der Mindestpreis, zu garantieren.
Dies könnte z. B. dadurch geschehen, dass der Marktpreis nach
oben subventioniert wird, d. h., die Anbieter würden eine Unterstützung in Höhe der Differenz aus notwendigem Angebots-
preis und Marktpreis erhalten. Soll erreicht werden, dass die

Nachfrager die angebotene Produktion vollständig aufnehmen, so müsste sogar eine Unterstützung in Höhe der Differenz aus Angebots- und Nachfragepreis gewährt werden. Gelingt es nicht, die Nachfrager über die künstliche Preisreduktion für das gesamte Angebot zu begeistern, so ist z. B. an eine staatliche Abnahmegarantie mit entsprechenden Lagerhaltungskosten oder an eine Unterstützungszahlung ohne Produktionsanbindung zu denken. Probleme ergeben sich also auch bei Mindestpreisen.

Höchst- und Mindestpreise stellen demnach eine Gratwanderung zwischen den Vor- und Nachteilen einer marktwirtschaftlichen Koordination und ihrer sozialen Bindung dar. Letztlich lässt sich über die Richtung nur politisch entscheiden.

Der Gedanke und die Wirkungsweise von Höchst- und Mindestpreisen lassen sich auch mit dem in Abschnitt 4.5.1 dargestellten **Schaubild** zum Markt- und Preismechanismus auf dem Gütermarkt verdeutlichen:

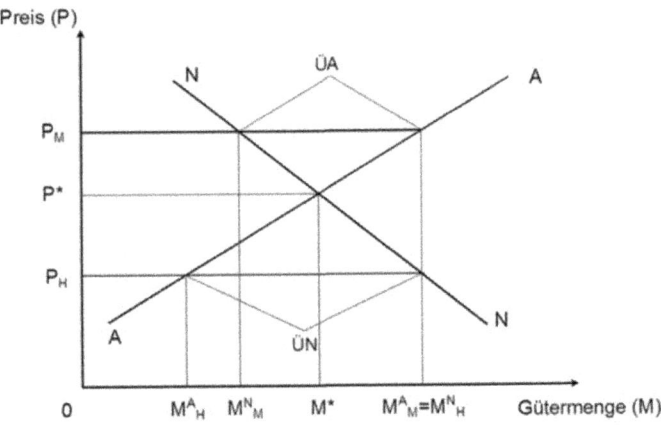

Der Höchstpreis P_H und der Mindestpreis P_M werden staatlich daran gehindert, über den marktwirtschaftlichen Konkurrenz- und Ausgleichsmechanismus auf den Marktpreis P^* zu steigen bzw. zu sinken, allerdings mit der Konsequenz, sich man sich dann Gedanken machen zu muss, was mit der Übernachfrage ($\text{ÜN} = M^N{}_H - M^A{}_H$) beim Höchstpreis bzw. mit dem Überangebot ($\text{ÜA} = M^A{}_M - M^N{}_M$) beim Mindestpreis geschehen soll.

Das Gegenstück zum Mindestpreis auf dem Gütermarkt ist der **Mindestlohn auf dem Arbeitsmarkt**. Der Lohn ist nämlich auch ein Preis, der Preis des Produktionsfaktors Arbeit. Auf dem Arbeitsmarkt treffen sich die Arbeitnehmer als Anbieter von Arbeitskraft und die Arbeitgeber als Nachfrager nach Arbeitskraft. Das Arbeitsangebot geht dabei von den privaten Haushalten aus, denn sie sind die Eigentümer von Arbeitskraft (vgl. Abschnitt 3.2). Sie gestatten den Produzenten als Nachfragern (private Unternehmen und Staat) die Nutzung ihrer Arbeitskraft (z. B. gemessen in Arbeitsstunden) durch Vertrag und vereinbaren mit ihnen einen Nominallohn (bei Arbeitsstunden einen Stundenlohn) als Nutzungsentgelt. Der Lohn ist dabei das Gegenstück zum Güterpreis, also allgemein die Anzahl der Geldeinheiten (z. B. EUR) pro Arbeitseinheit (z. B. Arbeitsstunde).

Beim **Arbeitsangebot** wird in der ökonomischen Theorie unterstellt, dass sich die Arbeitsuchenden bei ihrer Entscheidung, wie viel sie arbeiten wollen, am Lohn orientieren. Es wird aber auch angenommen, dass sie **frei von Geldillusion** sind, d.h. sich in ihrem Angebotsverhalten nicht am Nominallohn (L), sondern am **Reallohn** (L/P) orientieren. Er sagt ihnen nämlich unter Berücksichtigung des Güterpreises (P), welche Gütermenge sie für ihr Lohneinkommen und damit für die Nutzung ihrer Arbeitskraft letztlich bekommen. So bedeutet z. B. eine Steigerung des Nominallohnes um 4 % bei einer gleichzeitigen Preissteigerung von 3 %, dass sich die Güterversorgung der betreffenden Arbeitnehmer durch ihren Arbeitseinsatz nur um 1 % verbessert hat. Weiterhin wird unterstellt, dass die Arbeitnehmer mit einem steigenden (sinkenden) Reallohn normalerweise ihr Arbeitsangebot ausdehnen (einschränken). Allerdings gibt es vermutlich einen oberen Reallohn (L/P^O), bei dessen Überschreiten das Arbeitsangebot eher zurückgeht, weil nun die

Arbeitnehmer das hohe Lohneinkommen genießen wollen und daher mehr Freizeit, also Nicht-Arbeitszeit, wünschen. Auf der entgegengesetzten Ebene lässt sich argumentieren, dass es einen extrem niedrigen Reallohn (L/P^U) geben kann, der gerade noch die materielle Existenz absichert und bei dessen Unterschreiten die Arbeitnehmer zur Sicherung ihrer Existenz gezwungen sind, mehr zu arbeiten.

Für die **Arbeitsnachfrage** wird in der ökonomischen Theorie unterstellt, dass sich die Arbeitgeber bei ihrer Entscheidung, wie viel Arbeitnehmer sie einstellen wollen bzw. wie viel Arbeitszeit sie benötigen, ebenfalls am Reallohn orientieren. Er ist für sie ein wichtiger Kostenfaktor und daher eher unangenehm, denn er gibt letztlich die Gütermenge an, die aus der Produktionsmenge abgezweigt werden muss und demnach den Produzenten selbst in Form des Gewinns nicht mehr zur Verfügung steht. Das Unangenehme der Lohnzahlung zeigt sich darin, dass die Arbeitgeber bei steigendem (sinkendem) Reallohn normalerweise weniger (mehr) Arbeit nachfragen dürften.

Ähnlich wie für den Gütermarkt lässt sich auch das angenommene Verhalten der Arbeitsanbieter und -nachfrager in einem Schaubild übersichtlich durch eine Arbeitsangebotskurve (AA) bzw. Arbeitsnachfragekurve (NN) darstellen. Das Schaubild macht aber auch deutlich, welcher rein marktwirtschaftliche Lohnanpassungsprozess sich ergeben dürfte, wenn Arbeitsanbieter und -nachfrager im Wettbewerb aufeinander treffen. Ein Ungleichgewicht in Gestalt eines Überangebots an Arbeitskraft würde durch einen sinkenden Reallohn, eine Übernachfrage durch einen steigenden Reallohn beseitigt. Im Gleichgewicht herrscht bei dem dann bestehenden Reallohn (L/P^V) Vollbeschäftigung (AK^V), weil das Arbeitsangebot voll von der Nachfrage aufgenommen wird.

Welche Bedeutung und Auswirkung ein Mindestlohn (L/P_M) hat, lässt sich anhand des Schaubildes ebenfalls erkennen. Er muss über dem Vollbeschäftigungslohn (L/P^V) liegen und dient dem Schutz der Arbeitnehmer, weil der geringere Vollbeschäftigungslohn unter sozialen Gesichtspunkten z. B. einen bestimmten Minimalstandard der Lebenshaltung nicht abdecken würde.

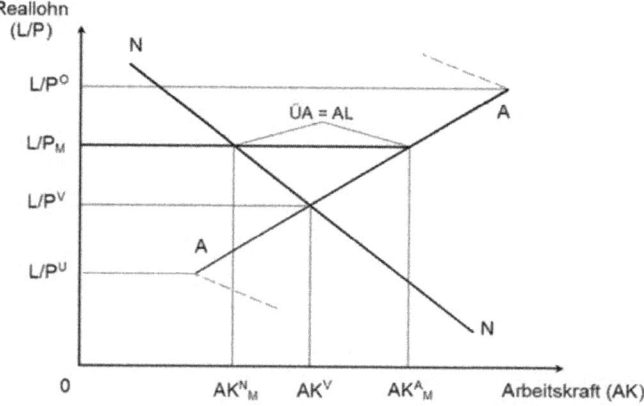

Die Konsequenz würde dann aber bei den unterstellten Verhaltensweisen am Arbeitsmarkt sein, dass die Arbeitsnachfrage (AK^N_M) geringer ist als das Arbeitsangebot (AK^A_M) und sich demnach das Überangebot (ÜA) in Arbeitslosigkeit (AL) äußert. Da ein Mindestlohn sich üblicherweise auf den Nominallohn bezieht, entspricht er nur dann in seiner Wirkung dem Reallohn, wenn das Preisniveau konstant bleibt. Ändert sich also das Preisniveau, so kann ein Mindestlohn nur dann seine beabsichtigte Wirkung, nämlich den Schutz der Arbeitnehmer, im Zeitablauf behalten, wenn er an mögliche Preisänderungen angepasst wird, allerdings wieder mit der Konsequenz einer fortdauernden Arbeitslosigkeit. Deren Bekämpfung würde weitere staatliche Maßnahmen (z. B. zur Belebung der Arbeitsnachfrage) erfordern.

4.5.3   Probleme einer Sozialen Marktwirtschaft

Die Gefahren, denen die Sozialbindung einer marktwirtschaftlichen Ordnung ausgesetzt ist, ergeben sich aus zwei Fragen:

Wer entscheidet wie darüber, ob ein marktwirtschaftliches Ergebnis als sozial oder als unsozial eingestuft wird? Und: Welchen Umfang sollte die Sozialbindung einnehmen?

Nach dem bisher Gesagten ist klar, dass die Entscheidung darüber, ob ein marktwirtschaftliches Ergebnis als sozial bzw. unsozial anzusehen ist, eine **staatliche Entscheidung** sein muss, die aus der gesellschaftlichen Verantwortung des Staates heraus getroffen wird. In einem demokratischen Staat sind es letztlich parlamentarische Entscheidungen bzw. Beschlüsse der Entscheidungsträger (vgl. Abschnitt 5.3), die eine Bewertung vornehmen und z. B. einem Unternehmen oder einer ganzen Branche die staatliche Unterstützung in Form einer Subventionierung zusagen, wenn ihre Existenz marktwirtschaftlich (z. B. wegen mangelnder Konkurrenzfähigkeit am Weltmarkt) nicht gesichert ist, sie aber dennoch wichtige gesellschaftliche Funktionen (z. B. die Sicherung der Versorgung mit lebensnotwendigen Gütern oder die Sicherung von Arbeitsplätzen) erfüllen. Insbesondere das marktwirtschaftliche Scheitern eines Großunternehmens macht häufig eine staatliche Stützungsaktion unter dem Sozialaspekt notwendig, weil der Verlust einer großen Zahl von Arbeitsplätzen mit entsprechender Arbeitslosigkeit droht oder weil das Unternehmen von großer gesamtwirtschaftlicher Bedeutung ist. Das Unternehmen ist dann zu groß zum Sterben (engl.: too big to fail). **Systemrelevanz** ist eine ähnliche Rettungsformel. Sie war z. B. auch immer wieder bei der Diskussion um eine staatliche Bankenrettung im Zuge der letzten Finanz- und Eurokrise zu hören. Problematisch daran ist, dass „systemrelevante" Unternehmen dazu neigen können, bewusst risikoreiche Spekulationsgeschäfte zu tätigen, weil das Verlustrisiko vom Steuerzahler getragen wird. Das Ergebnis wäre dann, dass **Gewinne privatisiert, Verluste aber sozialisiert** werden.

Eine Gefahr ist darin zu sehen, dass es Einzelnen oder Gruppen gelingt, ihr Einzel- oder Gruppeninteresse zu einem **Sozialinteresse** „aufzupolieren" und dadurch die Marktrisiken von staatlicher Seite abgenommen zu bekommen, obwohl es bei nüchterner Betrachtung schwerfällt, ihre gesamtgesellschaftliche Bedeutung zu erkennen. Die vielfältigen, häufig finanziell („Spendenkonto") oder mit Wählerstimmen gestützten Möglichkeiten der politischen Einflussnahme können im Widerspruch zur Verfolgung gesellschaftlicher Endziele stehen. Aber auch reine Mehrheitsentscheidungen im Parlament darüber, welches Marktergebnis als sozial und welches als unsozial zu bewerten ist, birgt die Gefahr in sich, dass Minderheiten sich kein Gehör verschaffen und ihre Probleme damit nicht zu Sozialproblemen werden können. Es zählt zu den wichtigsten Aufgaben jeder Demokratie, diesen Gefahren entgegenzuwirken.

Eine Gefahr geht in diesem Zusammenhang auch von der fortschreitenden **Globalisierung** aus. Die Öffnung von Grenzen durch eine marktwirtschaftliche Liberalisierung verringert nämlich den hoheitlichen Einfluss von Nationalstaaten und beeinträchtigt damit auch ihre Möglichkeit, unter dem Sozialgedanken durch gesetzliche Regelungen für den Schutz der jeweiligen Gesellschaft zu sorgen. Nur die Internationalisierung des Konzepts einer Sozialen Marktwirtschaft könnte dem vorbeugen. Letztlich stellt sich aber grundsätzlich die Frage, auf welche Gesellschaft sich der Sozialgedanke bei zunehmender Globalisierung beziehen soll. Es müsste eigentlich in letzter Konsequenz die Weltgemeinschaft sein, deren Finalziele die Basis und die Ausrichtung des Sozialgedankens bestimmen. Angesichts großer nationaler, auch kulturell bestimmter Interessenunterschiede bestehen Zweifel, ob ein globalisierter Sozialgedanke realitätsnah ist.

Das **Soziale Netz** kann zu einer gesellschaftlichen Belastung und damit eigentlich wiederum unsozial werden, wenn es zu engmaschig ist und Einzelne verstärkt dazu animiert, es als „Hängematte" zu missbrauchen. So können z. B. private Güter, die staatlicherseits zur Vermeidung einer Unterversorgung zu öffentlichen Gütern gemacht wurden (meritorische Güter), dann andererseits der Gefahr der Übernutzung unterliegen, weil sich einzelne Nutzer angesichts einer scheinbar kostenlosen Nutzung als „Trittbrettfahrer" aufführen („free-rider-Verhalten"). Privat- bzw. Eigeninitiative und Leistungsbereitschaft können dadurch gelähmt und Selbsthilfe und -vorsorge vom Vordergrund in den Hintergrund gerückt werden. Auch hier kann niemand sagen, wo genau die Grenze zwischen Eng- und Weitmaschigkeit des sozialen Netzes liegt. Letztlich muss auch dies politisch entschieden werden, womit wir wiederum beim oben genannten Gefahrenkomplex landen.

4.6   Kontrollfragen zu Kapitel 4

1. Warum benötigt jede Gesellschaft eine Wirtschaftsordnung?

2. Worin besteht der Unterschied zwischen den Begriffen „Wirtschaftsordnung" und „Wirtschaftssystem"?

3. Welche Grundelemente muss jede Wirtschaftsordnung enthalten, um ihre Koordinationsaufgabe erfüllen zu können?

4. Welche Bedeutung hat die Gesellschaftsordnung für die Wirtschaftsordnung?

5. Welche gesellschaftlichen Oberziele (Finalziele) sind für die Gesellschaftsordnung der Bundesrepublik Deutschland kennzeichnend?

6. Nach welchem Prinzip werden in einer Marktwirtschaft Angebot und Nachfrage aufeinander abgestimmt?

7. Auf welcher Annahme über die Natur des Menschen beruht das marktwirtschaftliche System?

8. Wie wird im marktwirtschaftlichen System die Informations- und die Sanktionsfunktion erfüllt?

9. Wie wird im planwirtschaftlichen System die Informations- und die Sanktionsfunktion erfüllt?

10. Welche Beispiele hierarchischer Koordinierung wirtschaftlichen Handelns lassen sich auch in marktwirtschaftlichen Systemen feststellen?

11. Welche Zusammenhänge bestehen zwischen dem Wirtschaftssystem und dem Eigentum an Produktionsfaktoren?

12. Worin liegen die zentralen Probleme des sozialistisch-planwirtschaftlichen Systems?

13. Worin liegen die zentralen Probleme eines kapitalistisch-marktwirtschaftlichen Systems?

14. Wie lässt sich die Aussage begründen, dass der Preisme-
    chanismus für einen Ausgleich der Interessen von Anbie-
    tern und Nachfragern sorgt?

15. Worin liegen die Vorteile einer Koordination von Angebot
    und Nachfrage durch den Preismechanismus?

16. Zeigen Sie anhand eines Schaubilds, welche Auswirkungen
    an einem Markt mit normalem Verlauf der Angebots- und
    Nachfragekurve eine Erhöhung der Lohnnebenkosten, eine
    steigende Wertschätzung für das betreffende Gut und eine
    Erhöhung der Zahl der Anbieter auf das Marktergebnis
    haben.

17. Aus welchen Gründen muss eine größere Nachfrage nach
    einem bestimmten Produkt unter Berücksichtigung aller
    dadurch ausgelösten Anpassungsreaktionen nicht zwangs-
    läufig zu einem höheren Marktpreis für dieses Produkt füh-
    ren?

18. Welche „Grundidee" liegt der Wirtschaftsordnung der
    Bundesrepublik Deutschland zugrunde?

19. Worin liegen mögliche Gefahren der Sozialbindung der
    „Sozialen Marktwirtschaft"?

5 Wirtschaftspolitik in der Sozialen Marktwirtschaft

5.1 Der Begriff der Wirtschaftspolitik und die Notwendigkeit von Wirtschaftspolitik

Wirtschaftspolitische Maßnahmen sind zum Beispiel Steueränderungen zur Beeinflussung der Konsum- und Investitionsentscheidungen, staatliche Aufträge zur Wirtschaftsbelebung, Subventionierung der Landwirtschaft, Zinsänderungen durch die Zentralbank, Verbot von Unternehmenszusammenschlüssen, Förderung mittelständischer Unternehmen, Export- oder Importbeschränkungen.

Bei allen Beispielen handelt es sich um **staatliche Maßnahmen**, die aufgrund gesetzlicher Regelungen durch Anweisungen (d. h., nach dem hierarchischen Prinzip und damit im Rahmen einer planwirtschaftlichen Koordination) erfolgen. Wir können daher unter **Wirtschaftspolitik** allgemein alle zielgerichteten Maßnahmen staatlicher, d.h. mit hoheitlichen Befugnissen ausgestatteter Institutionen zur Beeinflussung der Gesamtwirtschaft oder von Teilbereichen der Gesamtwirtschaft verstehen.

Eine wirtschaftspolitische Steuerung ist notwendig, weil die freie und egoistisch ausgerichtete Entscheidung und das entsprechende Verhalten der Wirtschaftssubjekte, das wir im 4. Kapitel als marktwirtschaftliches Verhalten kennen gelernt haben, zu Ergebnissen führen kann, die unter gesamtgesellschaftlichem Blickwinkel als negativ (unsozial) zu beurteilen sind und daher staatliche Eingriffe zu ihrer Verhinderung oder Korrektur erfordern, so wie es dem Grundgedanken der Sozialen Marktwirtschaft entspricht. Die Notwendigkeit einer wirtschaftspolitischen Steuerung folgt daher eigentlich bereits aus der **Sozialbindung einer marktwirtschaftlichen Ordnung**.

> Alle staatlichen Maßnahmen wie z. B. die Wirtschaftspolitik werden letztlich aufgrund der **gesellschaftlichen Verantwortung des Staates** ergriffen, d. h. sie sind darauf gerichtet, eine Gesellschaft in ihrem gegenwärtigen und zukünftigen Bestand zu sichern.

Was unter gesellschaftlicher Bestandssicherung zu verstehen ist, wird durch die Verfassung, in Deutschland durch das Grundgesetz, festgelegt. In ihr werden als gesellschaftliche Endziele z. B. Freiheit, Sicherheit, Gerechtigkeit, Wohlfahrt und Frieden genannt. Sie können einen materiellen (d.h., auf Güter bezogenen) und einen immateriellen Inhalt haben. Für die Bedeutung wirtschaftspolitischer Ziele folgt daraus, dass sie zunächst Fehlentwicklungen bei der materiellen Güterversorgung verhindern sollen. Sie können damit nur Unterziele (**Modalziele**) und Instrumente auf dem Wege zur Verwirklichung der gesellschaftlichen Endziele (**Finalziele**) sein. Ihre Berechtigung erhalten sie erst aus diesen Finalzielen. Inwieweit sie den Finalzielen dienen, ist ständig – letztlich durch ein Verfassungsgericht wie z. B. das Bundesverfassungsgericht – zu überprüfen, da Konflikte mit immateriellen Werten auftreten können. Die Umweltdiskussion ist dafür ein Beispiel.

5.2   Bereiche der Wirtschaftspolitik

Welchen Aufgaben die Wirtschaftspolitik zu dienen hat und welche **Aufgabenbereiche** dabei zu unterscheiden sind, lässt sich mit einem **Übersichtsschema** verdeutlichen:

Das Schema zeigt, dass die **Wirtschaftspolitik nur ein Teilbereich der Gesellschaftspolitik** ist, die sämtliche Maßnahmen umfasst, die ein Staat aus seiner gesellschaftlichen Verantwortung heraus ergreift und die daher als Sozialpolitik im weitesten Sinne (i. w. S.) bezeichnet werden können. Wenngleich der wirtschaftliche Bereich einer Gesellschaft sicherlich ein wichtiger Bereich ist und wir dazu neigen, von einer Wirtschaftsgesellschaft zu sprechen, so wäre dies doch eine Verengung des Blickwinkels, denn es geht in einer Gesellschaft neben der Lösung von Güterversorgungsproblemen auch z. B. um Versorgungsprobleme im geistig-kulturellen Bereich, die demnach eine Kulturpolitik erfordern. Als weitere Beispiele können die Außen- und die Sicherheitspolitik dienen, die zum Ziel haben, gute nachbarschaftliche Beziehungen zu anderen Gesellschaften zu pflegen bzw. vor Angriffen von außen zu schützen. Natürlich stehen die verschiedenen gesellschaftspolitischen Bereiche nicht isoliert nebeneinander, sondern überlappen sich. So kann z. B. der Bau eines Theaters einerseits eine wirtschaftspolitische Maßnahme sein, weil er Arbeitsplätze schafft, zählt andererseits aber auch zu den kulturpolitischen Maßnahmen.

Als **Ordnungspolitik** gilt derjenige Teilbereich der Wirtschaftspolitik, in dem staatliche Maßnahmen zur Sicherung einer bestimmten Wirtschaftsordnung als Koordinationsmechanismus zur Abstimmung von Anbietern und Nachfragern bei der Güterversorgung ergriffen werden.

Im 4. Kapitel sind wir auf Ordnungsfragen eingegangen und haben als deutsche Wirtschaftsordnung die Soziale Marktwirtschaft kennen gelernt. Sie kann daher als das Hauptziel der deutschen Ordnungspolitik bezeichnet werden. Was die Sozialbindung der deutschen Wirtschaftsordnung betrifft, so wird ihr mit einer Sozialpolitik im engeren Sinne (i.e.S.) Rechnung getragen. Darunter fallen alle staatlichen Maßnahmen, die unsoziale Ergebnisse der marktwirtschaftlichen Koordination verhindern, korrigieren oder beseitigen sollen. Als Beispiele kann an die Sozialversicherungspflicht, die Sozialhilfe, das Verbot der Kinderarbeit, aber auch an so einfache Regelungen wie das Laden-schlussgesetz gedacht werden. Der marktwirtschaftliche Kern der deutschen Wirtschaftsordnung wird staatlich dadurch gesichert, dass das wichtigste Element der marktwirtschaftlichen Koordination, nämlich der Wettbewerb, in seinen Funktionen gesichert und demnach Wettbewerbspolitik betrieben wird. Wir werden uns damit im 6. Kapitel näher befassen.

Die **Prozesspolitik** (auch Ablaufpolitik genannt) hat allgemein zum Ziel, Ungleichgewichte im gesamtwirtschaftlichen Güterversorgungsprozess zu beseitigen.

Ungleichgewichte können sich z. B. in einer Inflation, Arbeitslosigkeit oder einem zu geringen Wirtschaftswachstum äußern. Wie die prozesspolitischen Ziele konkret lauten und was sich hinter ihnen verbirgt, werden wir in den Abschnitten 7.1.2 und 7.2.4 untersuchen. Je nach ihrem Zeithorizont wird die Prozesspolitik in die kurz- und mittelfristige Konjunkturpolitik und in die langfristige Wachstumspolitik unterteilt. Ziel der Konjunkturpolitik ist die Dämpfung oder Glättung der konjunkturellen Zyklen, die zumindest in ihren extremen Ausprägungen als Boom bzw. Depression unangenehm sein können. Die Konjunkturpolitik wird daher auch als Stabilisierungspolitik bezeichnet und umfasst z. B. die schon erwähnte staatliche Bekämpfung von Inflation und Arbeitslosigkeit. Als besonders wichtige und aktuelle Bereiche der Konjunkturpolitik gelten die antizyklische Fiskalpolitik und die Geld- und Kreditpolitik. Mit ihnen werden wir uns im 7. Kapitel intensiv beschäftigen. Die Wachstumspolitik werden wir dagegen nur streifen. Sie dient der Sicherung der gesellschaftlichen Güterversorgung in der weiteren Zukunft und beinhaltet z. B. die Forschungs- und Technologiepolitik oder die Bildungspolitik.

Die **Strukturpolitik** zielt auf Teilbereiche der Gesamtwirtschaft (Wirtschaftsstruktur).

Wenn diese Teilbereiche bestimmte Regionen (z. B. Bayerischer Wald, Alpenregion, Küstenregion) sind, so wird von **regionaler Strukturpolitik** gesprochen. Eine staatliche Förderung von Sektoren wie z. B. die Subventionierung der Landwirtschaft (Agrarpolitik), des Berg-, Schiff- und Wohnungsbaus wird **sektorale Strukturpolitik** genannt. Die Strukturpolitik werden wir im 8. Kapitel näher kennenlernen.

5.3 Träger der Wirtschaftspolitik

Bei den Trägern oder Akteuren der Wirtschaftspolitik lassen sich Entscheidungs- und Einflussträger unterscheiden.

Entscheidungsträger (offizielle Akteure) der Wirtschaftspolitik treffen aufgrund ihrer hoheitlichen Befugnisse Entscheidungen über wirtschaftspolitische Maßnahmen.

Wirtschaftspolitische Entscheidungsträger sind die staatlichen Institutionen, die – in einer parlamentarischen Demokratie durch die Wähler – dazu legitimiert sind, aus Verantwortung für die Gesellschaft und dabei für den wirtschaftlichen Bereich Macht auszuüben (Gewaltmonopol des Staates) und z. B. anhand von Gesetzen, Verordnungen und Anweisungen die privaten Gesellschaftsmitglieder in ihrem ökonomischen Verhalten zu beeinflussen.

In **Deutschland als föderalem Bundesstaat** finden wir die wirtschaftspolitischen Entscheidungsträger auf der Bundes-, Landes- und Kommunalebene und bei den Sozialversicherungsträgern in Gestalt der jeweiligen Parlamente, Regierungen und Behörden. Bis zum 1. 1. 1999 war auch die Deutsche Bundesbank als oberste deutsche Währungsbehörde (Zentralbank) eine wirtschaftspolitische Entscheidungsträgerin. Der fortschreitende politische Einigungsprozess in Europa hat jedoch auch im ökonomischen Bereich durch die Bildung der Europäischen Wirtschafts- und Währungsunion (EWWU) dazu geführt, dass nationale Kompetenzen an supranationale europäische Entscheidungsträger abgetreten wurden oder noch abgetreten werden. Die Deutsche Bundesbank hat jedenfalls zu dem genannten Zeitpunkt ihre Kompetenzen in der Geld- und Kreditpolitik an die Europäische Zentralbank (EZB) abgetreten, die nun als wirtschaftspolitische Entscheidungsträgerin auf dem Gebiet der Geld- und Kreditpolitik gilt und auch für Deutschland zuständig ist. Wir werden im Abschnitt 7.2 darauf näher eingehen. Auch in anderen wirtschaftspolitischen Bereichen, wie z. B. der Wettbewerbspolitik, sind Entscheidungsträger zunehmend auf der europäischen Ebene angesiedelt.

Einflussträger (inoffizielle Akteure) der Wirtschaftspolitik üben Einfluss auf die Entscheidungsträger aus, indem sie diese davon zu überzeugen versuchen, Entscheidungen in ihrem Interesse bzw. zu ihren Gunsten zu treffen.

In der politischen Einflussnahme ist grundsätzlich nichts Verwerfliches, sondern in einer parlamentarischen Demokratie etwas ganz Normales und sogar Notwendiges zu erkennen, denn jeder politische Entscheidungsträger benötigt als Entscheidungsgrundlage Informationen, um abwägen und eine sachgerechte Entscheidung treffen zu können. Schon im alten Griechenland als Geburtsland der Demokratie hatte man nichts gegen Interessenvertreter, die sich im Vorraum des Parlaments (Lobby) aufhielten und die Parlamentarier auf ihrem Wege zur parlamentarischen Entscheidung beiseite nahmen und sie mit Argumenten noch zu ihren Gunsten zu beeinflussen versuchten. Andererseits liegen in diesem Vorgang aber auch Gefahren, weil nicht alle gesellschaftlichen Gruppen in der Lage sind, ihre Interessen wirksam vorzutragen. Jedenfalls handelt es sich bei Einflussträgern immer um Interessenvertreter, die häufig in Interessengruppen organisiert sind, um durch Bündelung der jeweiligen Interessen über einen größeren Einfluss bzw. ein größeres Durchsetzungsvermögen gegenüber den Entscheidungsträgern zu verfügen.

Als **deutsche Einflussträger** der Wirtschaftspolitik gelten
zunächst die großen Verbände wie z. B. die Arbeitnehmerver-
bände (Gewerkschaften wie z. B. der DGB als Dachverband
und die IG Metall als Einzelgewerkschaft nach dem deutschen
Industrieverbandsprinzip, im Gegensatz zum Berufsverbands-
prinzip z. B. in Großbritannien) und die Arbeitgeberverbände
(z. B. der Bundesverband der Deutschen Industrie (BDI) und
die Bundesvereinigung der Arbeitgeberverbände (BdA)), aber
auch Einzelverbände wie z. B. der Deutsche Bauernverband. Zu
den Einflussträgern zählen außerdem z. B. die Kammern wie die
Handwerkskammern (HWK) mit dem Deutschen Handwerks-
kammertag (DHKT) als Dachverband und die Industrie- und
Handelskammern (IHK) mit dem Deutschen Industrie- und
Handelstag (DIHT) als Dachverband. Diese Einflussträger
haben zudem noch dadurch ein besonderes Gewicht, dass ihnen
von den staatlichen Entscheidungsträgern Entscheidungskom-
petenzen (z. B. das Prüfungsrecht für bestimmte Berufsqualifi-
kationen wie z. B. zur Vergabe des geschützten Titels „Be-
triebswirt(in) nach der Handwerksordnung (HwO)" oder „In-
dustriekaufmann(frau)") übertragen worden sind und sie insoweit hoheitliche Befugnisse haben, die sie als Körperschaften
des öffentlichen Rechts ausüben. Als gewichtige Einflussträger
gelten letztlich auch die wissenschaftlichen Institutionen, die
allein aufgrund ihres Sachverstandes wirtschaftspolitische Entscheidungen beeinflussen können und auch sollen, indem sie
häufig um gutachterliche Stellungnahmen gebeten werden oder
gar gesetzlich dazu verpflichtet worden sind. Als bekanntes
Beispiel ist der bereits 1963 gesetzlich gebildete und daher wohl
schon als halboffizieller Akteur geltende „Sachverständigenrat
zur Begutachtung der gesamtwirtschaftlichen Entwicklung"
(kurz: „Sachverständigenrat" oder im Volksmund: „Fünf Weise") zu nennen, der im November eines jeden Jahres mit einem
Gutachten die gesamtwirtschaftliche Situation beurteilt und eine
wichtige wirtschaftspolitische Beratungsfunktion wahrnimmt.

5.4 Instrumente der Wirtschaftspolitik

Wirtschaftspolitische Instrumente sind – nach dem bisher Gesagten – staatliche Maßnahmen, mit denen hoheitliche Befugnisse ausgeübt werden und die demnach in die privaten, freien Entscheidungen der Wirtschaftssubjekte eingreifen, demnach als eine Form planwirtschaftlicher Koordination Zwang auf sie ausüben und dadurch ihr Verhalten steuern, wie schon der Begriff „Steuern" („Zwangsabgaben") als spezifisches wirtschaftspolitisches Instrument andeutet. Der grundsätzliche „Steuerkurs" ist die Verwirklichung bestimmter wirtschaftspolitischer Ziele wie z. B. das Ziel der Preisniveaustabilität oder der Vollbeschäftigung, von denen wir nun wissen, dass sie als Modalziele der Verwirklichung gesellschaftlicher Finalziele dienen und damit den Bestand der Gesellschaft sichern sollen.

Der **Ansatzpunkt** des wirtschaftspolitischen Instrumenteneinsatzes liegt grundsätzlich bei den konkreten Einflussfaktoren, die auch ohne staatliche Einflussnahme die Entscheidungen und das Verhalten der privaten Wirtschaftssubjekte beeinflussen (Verhaltensparameter). Es sind dies die institutionellen Rahmenbedingungen des Verhaltens (z. B. das Rechtssystem), sowie die verschiedenen ökonomischen Verhaltensparameter (z. B. Einkommen und Preise). Staatlich beeinflusst werden die Wirtschaftssubjekte als Spezialisten im Güterversorgungsprozess, d. h. als Anbieter und Nachfrager.

Die beabsichtigte **Wirkung** des wirtschaftspolitischen Instrumenteneinsatzes ist also grundsätzlich auf das Angebots- oder/und Nachfrageverhalten der Wirtschaftssubjekte gerichtet. Wir können uns das an einem einfachen Beispiel und schon im Vorgriff auf die genauere Behandlung der verschiedenen Wirtschaftspolitiken und ihre Wirkungsweise in den folgenden Kapiteln deutlich machen: Aus dem 4. Kapitel wissen wir, dass Preissteigerungen rein marktwirtschaftlich darauf zurückzuführen sind, dass die Nachfrage größer als das Angebot ist. Für eine Wirtschaftspolitik, die sich zum Ziel gesetzt hat, für Preisniveaustabilität zu sorgen, ergibt sich aus dieser Erkenntnis angesichts inflationärer Gefahren und im Vertrauen auf die Wirkungsmechanismen der marktwirtschaftlichen Koordination die Schlussfolgerung, Instrumente einzusetzen, die entweder die Nachfrage drosseln oder/und das Angebot ausdehnen. Wir stehen damit vor einer sehr grundsätzlichen Auseinandersetzung in der Beurteilung der Wirkung wirtschaftspolitischer Instrumente und des geeigneten Instrumenteneinsatzes, nämlich vor der

Auseinandersetzung zwischen **nachfrageorientierter** und **angebotsorientierter** Wirtschaftspolitik.

Es handelt sich um den Streit zwischen zwei Glaubensrichtungen, der sich wie ein roter Faden durch die gesamte Volkswirtschaftslehre und dementsprechend auch durch die Wirtschaftspolitik als angewandter Volkswirtschaftslehre zieht und dem unvoreingenommenen Beobachter gelegentlich wie der „Streit um die Henne und das Ei" vorkommt. Es ist jedoch richtig, dass wir sicher nur eines wissen: An einem wirtschaftlichen Ergebnis gleich welcher Art müssen in einer arbeitsteiligen, auf Spezialisierung beruhenden Wirtschaft marktsymmetrisch Nachfrager und Anbieter gemeinsam beteiligt gewesen sein. Es wird immer strittig bleiben, welcher Seite die größere Bedeutung zukommt. Allerdings dürfte es so sein, dass Änderungen der Nachfrage vor allem kurz- und mittelfristig auftreten, während Änderungen des Angebots, die häufig erst Änderungen der Produktionskapazität erfordern, eher eine langfristige Erscheinung sind.

Eine **Unterteilung** der wirtschaftspolitischen Instrumente lässt sich danach vornehmen, wie stark sie in die privaten, freien Entscheidungen der Wirtschaftssubjekte eingreifen. Von **marktorientierten Instrumenten** wird in der Literatur gelegentlich dann gesprochen, wenn der staatliche Eingriff relativ sanft erfolgt, d. h., die freie Entscheidung der Wirtschaftssubjekte bleibt erhalten, allerdings unter veränderten Rahmenbedingungen. So gilt z. B. die Erhebung einer Steuer als marktorientiert, da sie den Betroffenen die Wahl lässt, entweder die Steuer zu zahlen und ihr bisheriges Verhalten beizubehalten oder ihr Verhalten zu ändern und dadurch die Steuer zu sparen. Anders verhält es sich mit denjenigen Instrumenten, die den Betroffenen keine Wahl lassen wie z. B. Auflagen in Form von Verboten. Sie werden daher zu den **marktkonträren Instrumenten** gezählt. Kritisch lässt sich zu dieser Unterteilung sagen, dass sie recht schwammig und auch künstlich erscheint, denn unter dem Blickwinkel ihrer Wirksamkeit dürfte es dem zielorientierten, an einem konkreten Ergebnis interessierten Betrachter ziemlich egal sein, ob ein Instrument als marktkonform oder marktkonträr bezeichnet wird, Hauptsache, das angestrebte Ziel wird erreicht und das Instrument gerät auch nicht in Konflikt zu anderen, höherwertigeren Zielen wie z. B. Verfassungszielen. Wie wir wissen, spielt sich wirtschaftspolitisch alles auf der Modalzielebene ab und Unterscheidungen sollten daher nicht zu einem Selbstzweck und zur Finalzielebene hochstilisiert werden.

5.5 Das Konzept der rationalen Wirtschaftspolitik und Probleme der Umsetzung des Konzepts

Unter **rationaler Wirtschaftspolitik** wird im Sinne des Ökonomen Herbert Giersch (1921 – 2010) ein wirtschaftspolitisches Handeln des Staates verstanden, das planmäßig auf die Verwirklichung eines umfassenden, wohldurchdachten und in sich ausgewogenen Zielsystems gerichtet ist und dabei den höchstmöglichen Erfolgsgrad anstrebt, der unter den jeweiligen Umständen möglich ist. Ein solches planmäßiges, auf bestmögliche Erreichung der wirtschaftspolitischen Ziele ausgerichtetes staatliches Handeln setzt voraus, dass die jeweilige wirtschaftliche Ausgangslage zunächst zutreffend beschrieben und erklärt wird (**Diagnose**), dass eine **Prognose** erstellt wird, die Aussagen darüber liefert, wie sich die wirtschaftliche Situation voraussichtlich weiterentwickeln wird, dass die angestrebten wirtschaftspolitischen **Ziele** im Hinblick auf Zielbeziehungen – z.B. mögliche Zielkonflikte – geprüft werden, wirtschaftspolitische **Instrumente** entwickelt werden, die geeignet sind, die bestehende

Ausgangslage den angestrebten Zielen anzunähern, und untersucht wird, ob die staatlichen Institutionen (**Träger**) – Bund Länder, Gemeinden – in der Lage sind, die Instrumente in geeigneter Weise einzusetzen.

Die Realität zeigt allerdings, dass einer in diesem Sinne rationalen, auf größtmögliche Effizienz ausgerichteten Wirtschaftspolitik zahlreiche Hindernisse im Weg stehen.

Wirtschaftspolitische Maßnahmen unterliegen zunächst dem Problem der **Diagnose und Prognose**, d. h., eine wirksame wirtschaftspolitische Steuerung setzt eigentlich voraus, dass die Ursachen gegenwärtiger oder vergangener Fehlentwicklungen (z. B. Arbeitslosigkeit) bekannt sind und auch mögliche Fehlentwicklungen in der Zukunft rechtzeitig erkannt werden. Beide Voraussetzungen sind in der Praxis nicht voll erfüllt und werden wohl auch nicht voll erfüllt werden können, da es sich bei möglichen Fehlentwicklungen letztlich um menschliches Fehlverhalten handelt, das erklärt und prognostiziert werden müsste.

Ein weiteres Problem liegt im **politischen Entscheidungsprozess** selbst begründet, denn allen wirtschaftspolitischen Maßnahmen geht eine politische Entscheidung voraus, die eigenen Regeln folgen kann. So muss z. B. nicht sicher sein, dass eine als richtig erkannte Maßnahme auch tatsächlich ergriffen wird, wenn ihr z. B. Gruppeninteressen entgegenstehen. Darüber hinaus ist zu bedenken, dass es bei der Entscheidungsfindung und -durchführung, wie aber auch bei der erhofften Wirkung, zu zeitlichen Verzögerungen kommen kann, die im Extremfall eine an sich richtige Maßnahme in ihr Gegenteil verkehren können.

Die mit den wirtschaftspolitischen Maßnahmen verfolgten Ziele können insofern Probleme aufwerfen, als zwischen den Zielen möglicherweise Beziehungen bestehen, die die Gefahr von **Zielkonflikten** in sich bergen. So könnte z. B. die Verfolgung des Vollbeschäftigungszieles über eine Ankurbelung der Nachfrage in Konflikt zum Ziel der Preisniveaustabilität geraten und eine Zielgewichtung erforderlich machen.

Probleme sind letztlich auch mit dem **föderalistischen Aufbau** (Bund, Länder und Gemeinden) der Bundesrepublik Deutschland verbunden, weil die Gefahr gegenläufiger wirtschaftspolitischer Maßnahmen auf den verschiedenen staatlichen Ebenen besteht. Diese Gefahr ist allein schon deswegen gegeben, weil es den Ländern und insbesondere den Gemeinden schwerfallen dürfte, die gesamtwirtschaftliche Bedeutung ihrer ökonomischen Entscheidungen zu erkennen und damit ihrer gesamtwirtschaftlichen Verantwortung gerecht zu werden. Ähnliche Probleme ergeben sich auf der Ebene der Europäischen Wirtschafts- und Währungsunion (EWWU) durch ihre föderale Struktur und durch die möglicherweise unterschiedlichen nationalen Wirtschaftspolitiken.

5.6 Kontrollfragen zu Kapitel 5

1. Was wird unter dem Begriff „Wirtschaftspolitik" verstanden?

2. Aus welchen Gründen wird Wirtschaftspolitik betrieben?

3. Welche Aufgaben sind Bestandteil der Wirtschaftspolitik und welche grundsätzlichen Probleme sind mit diesen Aufgaben verbunden?

4. Was versteht man unter Ordnungspolitik, Prozesspolitik und Strukturpolitik?

5. Was versteht man unter den „Trägern" der Wirtschaftspolitik?

6. Was versteht man unter „wirtschaftspolitischen Instrumenten"?

7. Was bedeutet die Unterscheidung zwischen marktorientierten und marktkonträren Instrumenten?

8. Was versteht man unter „rationaler" Wirtschaftspolitik? Welche Probleme stehen ihrer Verwirklichung entgegen?

6 Wettbewerbspolitik als Teil-
bereich der Ordnungspolitik

Aus Abschnitt 4.1 wissen wir: **Ordnungspolitik** ist auf die staatliche Sicherung einer bestimmten Wirtschaftsordnung als Koordinationsmechanismus zur Abstimmung von Anbietern und Nachfragern als Spezialisten gerichtet. Als ordnungspolitisches Ziel gilt dabei in Deutschland die Wirtschaftsordnung der Sozialen Marktwirtschaft. Daraus folgt: Sofern unsoziale Marktergebnisse nicht zu befürchten sind, besteht die ordnungspolitische Aufgabe des Staates darin, die Funktionsfähigkeit des marktwirtschaftlichen Koordinationsmechanismus zu sichern.

Wie wir im Abschnitt 4.5.1 schon gesehen haben, ist der **Preiswettbewerb** der Anbieter und Nachfrager untereinander die Voraussetzung dafür, dass Ungleichgewichte (Überangebot oder Übernachfrage) marktwirtschaftlich beseitigt werden und es über Preisanpassungen (Preissenkungen bei einem Überangebot und Preiserhöhungen bei einer Übernachfrage) zu einem Ausgleich der Interessen und damit zu einem Marktgleichgewicht kommt. Daraus folgt:

> Ordnungspolitik zur Sicherung des marktwirtschaftlichen Fundaments der Sozialen Marktwirtschaft muss **Wettbewerbspolitik** sein.

6.1 Begriff und Funktionen des Wettbewerbs

Von **Wettbewerb** oder Konkurrenz in einer marktwirtschaftlichen Ordnung sprechen wir dann, wenn eine Rivalitätsbeziehung der Anbieter und Nachfrager untereinander um die bessere, kostengünstigere Produktionstechnik bzw. um die höhere Kaufkraft, d. h., **im Parallelprozess**, oder untereinander um die jeweilige Marktgegenseite, d. h., **im Austauschprozess**, besteht. Die Rivalität ist letztlich darauf zurückzuführen, dass alle Beteiligten Güterversorgungsprobleme haben und egoistisch versuchen, möglichst leicht an die knappen Güter zu kommen, dabei aber erkennen müssen, dass sie gleichsam von Egoisten umringt sind, die alle die gleiche Absicht haben.

Die **Wettbewerbsfunktionen** sind zum einen darauf gerichtet, den marktwirtschaftlichen Koordinationsmechanismus zu stützen und zu sichern. Sie sind diesbezüglich auf Modalziele wie eine bestmögliche Güterversorgung (z. B. Wirtschaftswachstum) oder die Vermeidung oder Beseitigung von Ungleichgewichten (z. B. Arbeitslosigkeit) gerichtet. Wir wissen zum anderen jedoch, dass Modalziele nur Unterziele auf dem Wege zur Verwirklichung von Finalzielen sind, d. h., auch die Wettbewerbsfunktionen müssen letztlich auch diesen Finalzielen dienen. Was nun die konkreten Wettbewerbsfunktionen betrifft, so lassen sich mehrere Funktionen unterscheiden, die aber nicht isoliert nebeneinanderstehen, sondern sich häufig überlappen.

Zuerst ist die **Freiheitsfunktion** zu nennen, bei der noch am ehesten der Bezug zu Finalzielen erkennbar ist. Sie bedeutet, dass Wettbewerb die Zahl der Alternativen auf der Marktgegenseite vergrößert und z. B. der Konsument als Nachfrager sich zwischen mehreren Anbietern und ihren Produkten entscheiden kann und dadurch sein Entscheidungsspielraum und seine Verhandlungsmöglichkeiten ausgeweitet werden. Auf der gleichen Marktseite schafft Wettbewerb z. B. zwischen Anbietern die Freiheit zu eigenem, kreativem Handeln, um sich von den Mitbewerbern abzuheben.

Die **Kontrollfunktion** des Wettbewerbs besteht darin, dass Anbieter und Nachfrager sich im Austauschprozess gegenseitig kontrollieren und z. B. überzogene Preisforderungen zurückweisen oder dass Anbieter und Nachfrager sich untereinander im Parallelprozess kontrollieren und z. B. auf überzogene Preisunterbietungen der Mitbewerber mit entsprechenden Gegenmaßnahmen antworten.

Die **Koordinations- und Anpassungsfunktion** des Wettbewerbs sorgen dafür, dass es zu einem möglichst schnellen Ausgleich der Interessen zwischen Anbietern und Nachfragern in Richtung auf ein Marktgleichgewicht kommt und z. B. die Anbieter sich am Bedarf der Nachfrager orientieren, aber auch im Zeitablauf dynamisch reagieren und sich an Bedarfsänderungen schnell anpassen, um konkurrenzfähig zu bleiben.

Die **Allokations- und Verteilungsfunktion** bewirken, dass im Wettbewerb stehende Anbieter und Nachfrager versuchen werden, den Einsatz der Produktionsfaktoren möglichst kostenminimierend bzw. einkommensmaximierend einzusetzen, und dass die sich daraus ergebende Einkommensverteilung leistungsgerecht ist.

Leistungsbezogen sind letztlich auch die **Anreiz- und Auslesefunktion** des Wettbewerbs, da sie die Wettbewerber dazu ermahnen, ständig ihre Leistungsfähigkeit zu überprüfen und sie zu steigern, um nicht Gefahr zu laufen, durch Einkommensverlust ausgesondert (selektiert) zu werden, ihre Güterversorgungsprobleme damit nicht mehr marktwirtschaftlich gelöst zu bekommen und auf die soziale Hilfestellung des Staates angewiesen zu sein.

6.2 Marktformen und Wettbewerbsverhalten

Die einfachste Messgröße zur Ermittlung der Wettbewerbsintensität ist die grobe **Zahl der Wettbewerber** auf beiden Marktseiten, nämlich einer, wenige und viele Anbieter bzw. Nachfrager. Es ergeben sich demnach neun Kombinationsmöglichkeiten, die – begrifflich dem Griechischen entlehnt – zu folgenden **Wettbewerbsformen** führen:

Anbieter / Nachfrager	einer	wenige	viele
einer	zweiseitiges Monopol	beschränktes Monopson	Monopson
wenige	beschränktes Monopol	zweiseitiges Oligopol	Oligopson
viele	Monopol	Oligopol	zweiseitiges Polypol

Natürlich kann die Zahl der Wettbewerber nur ein erster Anhaltspunkt für die Wettbewerbssituation auf einem Markt sein. Entscheidender dürfte das **Verhalten** dieser Wettbewerber sein, denn es bestimmt das Marktergebnis und lässt erst dann eine Bewertung zu. Wenn wir beispielhaft nur die Angebotsseite betrachten, haben wir zu fragen, wodurch sich polypolistisches, oligopolistisches und monopolistisches Marktverhalten voneinander unterscheiden.

Polypolistisches Marktverhalten liegt vor, wenn der einzelne Anbieter in der Masse seiner vielen Mitkonkurrenten so klein ist, dass er das Marktergebnis, d. h., den Preis, allein nicht beeinflussen kann. Er hat sich an den vorgegebenen Marktpreis mit seiner produzierten und angebotenen Menge entsprechend seinen Produktionskosten so anzupassen, dass ihm im Idealfall ein möglichst hoher Gewinn (Gewinnmaximum) winkt.

Oligopolistisches Marktverhalten wird dagegen zu beobachten sein, wenn der einzelne Anbieter gegenüber seinen wenigen, großen Mitkonkurrenten selbst so groß ist, dass er das Marktergebnis zwar beeinflussen kann, aber mit Reaktionen seiner Mitkonkurrenten rechnen muss (spieltheoretische Situation). Bei einer **defensiven Strategie** versucht jeder Anbieter – möglicherweise durch Absprache mit seinen Konkurrenten – seinen Marktanteil zu halten, d. h., der Wettbewerb wird eingeschränkt. Bei einer **offensiven Strategie** versucht ein Anbieter, seinen Marktanteil auszudehnen, provoziert dadurch jedoch heftige Reaktionen seiner Mitkonkurrenten, über die (z. B. bei Preiskämpfen) die Nachfrager nur erfreut sein können.

Monopolistisches Marktverhalten tritt letztlich auf, wenn der einzige Anbieter Preisfixierer ist, d. h., er kann den Marktpreis bestimmen, auf den die Nachfrager allerdings mit einer bestimmten Nachfragemenge reagieren, im Normalfall – wie wir aus Abschnitt 4.5.1 wissen – bei einem höheren Preis mit einer geringeren, bei einem niedrigeren Preis mit einer höheren Nachfrage. Der Monopolist wird den Marktpreis so setzen, dass er zu diesem Preis eine Menge absetzt, die ihm unter Berücksichtigung der Produktionskosten im Idealfall ein Gewinnmaximum beschert.

6.3 Leitbild der deutschen Wettbewerbspolitik

Für die deutsche Wettbewerbspolitik, die an dem ordnungspolitischen Ziel der Sozialen Marktwirtschaft ausgerichtet ist, stellt sich zur Sicherung der marktwirtschaftlichen Koordination die Frage, welche Wettbewerbsintensität bzw. welche Wettbewerbsform marktwirtschaftlich als erstrebenswert und in diesem Sinne als Leitbild gilt, das staatlich zu verwirklichen ist.

Einigkeit dürfte zunächst darüber bestehen, dass eine **monopolistische Marktstruktur unerwünscht** ist, zumindest wenn sie auf Dauer auftritt, auch unabhängig von der Tatsache, dass sie vielleicht in bestimmten Situationen gar nicht zu vermeiden und gleichsam natürlich ist, wie wir noch sehen werden. Dem Monopolist wird bereits bei vordergründigem Wissen unterstellt, dass er seine mächtige Position gegenüber den Nachfragern sicherlich zu seinem Vorteil ausnutzen dürfte und daher zur Ausbeutung neigt. In der Tat lässt sich auch theoretisch unter bestimmten Annahmen zeigen, dass ein Monopolist als Gewinnmaximierer die Nachfrager mit einer geringeren Gütermenge zu einem höheren Preis versorgen wird als Anbieter in einer polypolistischen Marktstruktur, Letztere also vorzuziehen ist.

Leitbild der deutschen Wettbewerbspolitik war in der Nachkriegszeit tatsächlich eine polypolistische Marktstruktur, die auch als vollständige Konkurrenz bezeichnet wird. Das **Leitbild der vollständigen Konkurrenz** beherrschte auch zunächst das 1957 verabschiedete Gesetz gegen Wettbewerbsbeschränkungen (GWB), auf das wir noch eingehen werden. Es faszinierte der Gedanke, dass bei vollständiger Konkurrenz der Markt- und Preismechanismus seine Kräfte voll entfalten und zu einem möglichst schnellen Ausgleich der Interessen von Anbietern und Nachfragern führen kann. Wie dies funktioniert, haben wir im 4. Kapitel gesehen. Allerdings haben wir auch bereits kritisch angemerkt, dass bestimmte Funktionsbedingungen gegeben sein müssen, die in der Wirklichkeit aber möglicherweise nicht gegeben sind. Entsprechende Zweifel wurden auch in der deutschen Wettbewerbspolitik zu Anfang der 1970er-Jahre immer lauter.

Bezweifelt wurde vor allem, dass die vielen kleinen Anbieter im Polypol in der Lage sein könnten, für technischen Fortschritt zu sorgen, der häufig nur unter Einsatz großer finanzieller Mittel (z. B. in einer Forschungsabteilung) vorangetrieben werden kann. Kleine und auch mittlere Unternehmen geraten hier schnell an die Grenze ihrer Möglichkeiten. Es wurde daher etwas abfällig von „Schlafmützenkonkurrenz" gesprochen. Kritisiert wurde also eine mangelhafte Dynamik in dieser Konkurrenzsituation.

Gefordert wurde das **Leitbild eines dynamischen, funktionsfähigen Wettbewerbs**, das dem Fortschrittsgedanken besser Rechnung tragen und berücksichtigen sollte, dass ein wirkungsvoller Wettbewerb aus einem Prozess ständiger Aktion und Reaktion der Konkurrenten untereinander besteht. Der Gedanke war keineswegs neu, sondern wurde schon in den 1930er-Jahren in England theoretisch unter dem Begriff „workable competition" entwickelt. In Deutschland wurde er 1973 in eine der Neufassungen (Novellierungen) des GWB aufgenommen, löste dadurch das Leitbild der vollständigen Konkurrenz ab und wurde zum neuen – auch heute noch gültigen – Leitbild der Wettbewerbspolitik.

Grundsätzlich wird unter dem Leitbild eines dynamischen, funktionsfähigen Wettbewerbs jede Form eines Wettbewerbs gutgeheißen, die klar beschriebenen Funktionen dient, unter denen die dynamische Fortschrittsfunktion eine besondere Rolle spielt.

Konkret wird unter dem Leitbild eines dynamischen, funktionsfähigen Wettbewerbs – in Anlehnung an die Überlegungen des Nationalökonomen Joseph Alois Schumpeter (1883-1950) – von der These ausgegangen, dass am Anfang des technischen Fortschritts eine Erfindung (Invention) steht, die von einem **Pionierunternehmer** selbst stammt oder zumindest von ihm aufgegriffen wird und in seinem Produktionsprozess als Neuerung (Innovation) zuerst angewendet wird. Da er zunächst als Einziger diese Innovation durchführt, ist er als Monopolist anzusehen, der auch einen entsprechenden **Monopolgewinn** macht und dadurch eine Belohnung für seine Leistungs- bzw. Innovationsfähigkeit erhält. Es wäre eher kontraproduktiv, diesen Gewinn von vornherein zu verurteilen und z. B. durch eine bewusst herbeigeführte vollständige Konkurrenzsituation zunichte zu machen. Nachteilig wäre nur eine dauerhafte Monopolstellung, die ihrerseits ebenfalls einen dynamischen Prozess verhindern würde. Entscheidend ist demnach, ob angesichts des Monopolgewinns potenzielle Mitkonkurrenten auftreten und – wenn ja – wie sie reagieren. Ihre Reaktion kann entweder in einer schlichten Imitation oder – noch besser – in einer neuen, eigenständigen Innovation bestehen. Jedenfalls würde durch ihre Reaktion der Monopolgewinn beseitigt und es würde ein neuer Fortschrittsprozess in Gang gesetzt. Keine oder unwirksame Reaktionen würden dagegen die ursprüngliche Monopolsituation verfestigen und wären aus den genannten Gründen unerwünscht.

Als konkrete Konkurrenzsituation, die dem Leitbild des dynamischen, funktionsfähigen Wettbewerbs am nächsten kommt, kann an ein **weites Oligopol** gedacht werden, d. h. an wenige große Wettbewerber, die eine offensive Wettbewerbsstrategie verfolgen und potenziellen Mitkonkurrenten den Marktzutritt nicht verwehren.

Zusammenfassend und im **Überblick** lässt sich das Leitbild eines dynamischen, funktionsfähigen Wettbewerbs wie folgt darstellen:

Wettbewerbspolitisches Leitbild:
Dynamischer, funktionsfähiger Wettbewerb

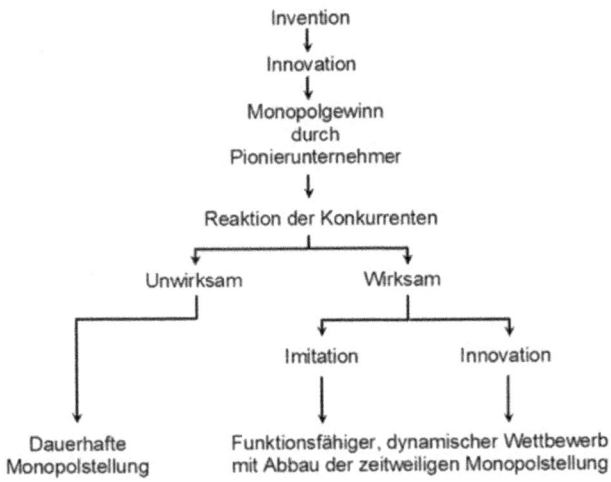

6.4 Gesetzliche Grundlagen der deutschen Wettbewerbspolitik

Die deutsche Wettbewerbspolitik hat die Aufgabe, einen „normalen", d. h., an einem Leitbild orientierten Wettbewerb zu sichern, und geht dementsprechend gesetzlich gegen zwei extreme Wettbewerbssituationen vor: einen zu hohen Wettbewerb und einen zu geringen Wettbewerb.

Ein **zu hoher Wettbewerb** liegt vor, wenn moralische Grenzen, die sich eine Gesellschaft gesetzt hat, überschritten werden und insofern ein „unlauterer" Wettbewerb vorliegt. Das würde z. B. dann zutreffen, wenn mit Betrug (z. B. in Form von Mogelpackungen) gearbeitet und dies als Wettbewerb ausgegeben wird, nach dem Motto: Schlauheit setzt voraus, dass es marktsymmetrisch auf der Gegenseite Dummheit gibt. Die menschliche und gesellschaftliche Vernunft hat solche Verhaltensweisen als unmoralisch qualifiziert, weil sie für das Gemeinwesen nicht förderlich sind, und verbietet sie entsprechend durch staatliche Gesetze. Das entsprechende Gesetz der Wettbewerbspolitik ist das **Gesetz gegen unlauteren Wettbewerb (UWG)**. Es stammt bereits aus den 1920er-Jahren und ist damit das älteste Wettbewerbsgesetz. Als Tatbestandsmerkmale für unlauteren Wettbewerb beinhaltet es z. B. die schon genannten betrügerischen Verkaufspraktiken, aber auch versteckte Rabatte, fehlende Preisauszeichnungen oder ruinöse Wettbewerbspraktiken. Zuständig für die Einhaltung des Gesetzes sind die Gerichte, die allerdings nicht auf die Klage von Einzelpersonen, sondern nur von Interessenverbänden (z. B. Verbraucherorganisationen) hin tätig werden.

Ein **zu niedriger Wettbewerb** liegt vor, wenn es zu Wettbewerbsbeschränkungen kommt, weil z. B. ein Wettbewerber einen Mitkonkurrenten aufkauft und dadurch eine marktbeherrschende Position erlangt oder mit anderen Wettbewerbern zu Lasten der Nachfrager „gemeinsame Sache macht" und z. B. Preisabsprachen trifft. Die gesetzliche Grundlage, mit der wettbewerbspolitisch solchen und anderen Wettbewerbsbeschränkungen begegnet werden soll, ist das **Gesetz gegen Wettbewerbsbeschränkungen (GWB)**, das 1957 verabschiedet und seitdem mehrfach durch Novellierungen geändert und ergänzt wurde, um es an veränderte Leitbilder (wie z. B. das beschriebene Leitbild des dynamischen, funktionsfähigen Wettbewerbs) und veränderte Wettbewerbssituationen (wie z. B. die zunehmende Bedeutung von Nachfragemacht) wie auch an den „Erfindungsreichtum" der Wettbewerber anzupassen.

Das Gesetz gegen Wettbewerbsbeschränkungen (GWB) unterscheidet grundsätzlich drei Tatbestände von Wettbewerbsbeschränkungen: Kooperation, Konzentration und Missbrauch einer marktbeherrschenden Stellung.

Kooperation (im GWB „Vereinbarung" genannt) zum Zwecke der Wettbewerbsbeschränkung bedeutet, dass Wettbewerber zusammenarbeiten, um den ihnen hinderlich erscheinenden, weil kräftezehrenden Wettbewerb zu beschränken. Wichtig ist, dass die kooperierenden Wettbewerber ihre **rechtliche und wirtschaftliche Selbstständigkeit nicht aufgeben**.

Eine wettbewerbsbeschränkende Kooperation kann z. B. darin bestehen, Vereinbarungen über Preise zu treffen, die den Nachfragern vorgesetzt werden, oder Regionen abzugrenzen, in denen einzelne Wettbewerber allein tätig sein können und dadurch eine Monopolstellung einnehmen. Werden die entsprechenden Vereinbarungen **vertraglich** verankert, so wird von **Kartellen** gesprochen, in den genannten Beispielen also von Preis- bzw. Regionalkartellen. Das GWB verbietet grundsätzlich jede Form eines Kartells, es sei denn, es wird anhand bestimmter Kriterien von den Wettbewerbsbehörden eine sog. Freistellung ausgesprochen. Verzichten die Wettbewerber auf vertragliche Vereinbarungen, um das Kartellverbot zu umgehen, so wird von **abgestimmtem Verhalten** gesprochen. Der Volksmund hat diese Form der **formlosen** Wettbewerbsbeschränkung treffend als „Frühstückskartell" bezeichnet. Der Gesetzgeber hat den Tatbestand erst später in das GWB aufgenommen, als das Ausweichverhalten der Wettbewerber offensichtlich wurde, ohne dass der Zweck sich änderte.

Während Kartelle und abgestimmte Verhaltensweisen zwischen Wettbewerbern auf der gleichen Produktionsstufe (horizontal) auftreten, kann eine Wettbewerbsbeschränkung aber auch auf nachgelagerten Produktionsstufen (vertikal) beabsichtigt sein. Die sog. **Preisbindung der zweiten Hand** war eine solche Form der vertikalen Wettbewerbsbeschränkung. Anbieter bestimmter Endprodukte wurden von ihren Lieferanten **vertraglich** unter Androhung von Vertragsstrafen oder Lieferbeschränkungen verpflichtet, einen ganz bestimmten Preis von den Nachfragern zu verlangen. Preiswettbewerb wurde so zum Nachteil der Nachfrager verhindert und Gewinnspannen festgeschrieben. Das GWB verbot dann – bis auf wenige Ausnahmen wie z. B. bei Verlagserzeugnissen – die Preisbindung der zweiten Hand, mit der Konsequenz, dass sie häufig durch „unverbindliche Preisempfehlungen" ersetzt wurde, die ihrerseits aber wiederum der Gefahr von „Mondpreisen" ausgesetzt sind.

Konzentration (im GWB „Zusammenschluss" genannt) zum Zwecke der Wettbewerbsbeschränkung liegt vor, wenn ein Wettbewerber einen Mitkonkurrenten aufkauft oder sich zumindest entscheidend an ihm beteiligt, um ihn auf diese Weise als Konkurrent aus dem Markt zu nehmen und selbst eine marktbeherrschende Position einzunehmen. Im Gegensatz zur Kooperation geht also bei der Konzentration die **rechtliche und wirtschaftliche Selbstständigkeit** der ausgeschalteten Konkurrenten **ganz oder teilweise verloren**.

Der Zusammenschluss konkurrierender Unternehmen wird auch als **Fusion** bezeichnet. Das GWB begegnet dieser Form einer Wettbewerbsbeschränkung durch eine **vorbeugende Fusionskontrolle**. Sie bedeutet, dass eine beabsichtigte Fusion bei der für die Umsetzung des GWB zuständigen obersten Bundesbehörde des Bundeswirtschaftsministeriums, nämlich dem **Bundeskartellamt**, angemeldet werden muss. Das Bundeskartellamt hat zu prüfen, ob durch die Fusion eine marktbeherrschende Position erlangt wird, wobei zunächst der relevante Markt abzugrenzen und festzulegen ist, was „Beherrschung" bedeutet. Das GWB enthält dazu klare Vorgaben als Aufgreifkriterien, die sich z. B. an der Größe des aufkaufenden Unternehmens und an seinem zu erwartenden Marktanteil orientieren. Grundsätzlich gilt, dass die Aufgreifkriterien erst bei relativ großen Unternehmen mit z. B. Umsätzen im zweistelligen Mio. EUR-Bereich relevant werden und die Beherrschung des gesamten deutschen Marktes in Frage steht, so dass kleine und mittlere Unternehmen als Bagatellfälle ohnehin ausgeklammert sind. Stellt das Bundeskartellamt nun fest, dass durch die geplante Fusion eine marktbeherrschende Position entsteht, so wird die Fusion untersagt. Das letzte Wort hat jedoch der Bundeswirtschaftsminister, der unter Abwägung aller Interessen – wie z. B. unter dem Blickwinkel der internationalen Konkurrenzfähigkeit – mit seiner sog. **Ministererlaubnis** die Anordnung des Bundeskartellamtes rückgängig machen kann. Als Beispiel aus der Vergangenheit kann die nachträglich genehmigte Fusion zwischen Daimler-Benz und MBB genannt werden, bei der die internationale Konkurrenzfähigkeit der deutschen Luftfahrzeugindustrie („Airbus") eine Rolle spielte.

Missbrauch einer marktbeherrschenden Stellung als dritter Tatbestand des GWB könnte bei vordergründiger Betrachtung als gesetzlich nicht relevant erscheinen, da doch das Entstehen einer marktbeherrschenden Position gerade durch die vorbeugende Fusionskontrolle verhindert werden soll. Dabei würde jedoch übersehen, dass es auch zu einer **marktbeherrschenden Position ohne vorherige Fusion** kommen kann.

Zunächst ist daran zu denken, dass Unternehmen aus eigener Leistungskraft immer besser und dadurch auch immer größer werden können (**internes Wachstum**), so dass sie eines Tages den Markt allein beherrschen, weil Konkurrenten nicht mithalten konnten. Es wäre absurd, dieses Verhalten von vornherein zu unterbinden. Es müsste eigentlich eher gefördert werden. Zu unterbinden ist jedoch, dass die marktbeherrschende Position missbräuchlich, weil zum Schaden der Marktgegenseite wie z. B. der Nachfrager, genutzt wird. Ähnlich verhält es sich mit den sog. **natürlichen Monopolen**. Bei ihnen handelt es sich um Unternehmen, die aufgrund der produktionstechnischen Notwendigkeiten zwangsläufig nur allein am Markt operieren können. Dazu zählen z. B. die leitungsgebundenen Energieversorger, deren Leitungsnetz so hohe Fixkosten verursacht, dass ein zweites Unternehmen mit einem eigenen Leitungsnetz ökonomisch unsinnig wäre. Es wird also nicht die Existenz solcher Monopole in Frage gestellt, sondern „nur" der Missbrauch ihrer marktbeherrschenden Position verhindert, indem ihnen z.B. auferlegt wird, potenziellen Mitkonkurrenten die Nutzung ihres Leitungsnetzes gegen Preiszahlung zu gestatten. Als scheinbar nebensächliches Beispiel können auch die Autobahntankstellen erwähnt werden, die auf dem betreffenden Autobahnabschnitt gleichsam ein natürliches Monopol besitzen und daher auch der Gefahr des Missbrauchs unterliegen. Einer Missbrauchsaufsicht unterliegen letztlich auch die vom Wettbewerb beschränkenden Tatbestand der Kooperation und Konzentration (siehe oben) ausgenommenen **Ausnahmebereiche des GWB** wie z. B. Banken und Versicherungen, Unternehmen der Verkehrswirtschaft, Versorgungsunternehmen und die Landwirtschaft, die z. T. zu den natürlichen Monopolen zählen.

Als Missbrauchstatbestand wird zwischen Ausbeutungsmissbrauch und Behinderungsmissbrauch unterschieden. **Ausbeutungsmissbrauch** liegt vor allem vor, wenn die marktbeherrschende Position dazu benutzt wird, überhöhte Preise zu verlangen und durchzusetzen, die in einer Konkurrenzsituation so nicht durchgesetzt werden könnten. Als Beispiel kann die erwähnte Autobahntankstelle dienen. Von einem **Behinderungsmissbrauch** wird gesprochen, wenn potenzielle Konkurrenten durch den Inhaber der marktbeherrschenden Position daran gehindert werden, am Markt aufzutreten. Als klassisches Beispiel ist in die Literatur der Fall des Produzenten eines Preisauszeichnungsgerätes eingegangen, der seine Erfindung und die dadurch erlangte marktbeherrschende Position dazu nutzen wollte, den Abnehmern des Gerätes auch gleich die – von anderen Konkurrenten leicht zu produzierenden – Etiketten zu verkaufen und ihnen bei Weigerung androhte, ihnen dann auch nicht das betreffende Gerät zu liefern.

In einem **Übersichtsschema** lassen sich die Tatbestandsmerkmale von Wettbewerbsbeschränkungen und die wettbewerbspolitischen Maßnahmen zu ihrer Verhinderung im GWB noch einmal zusammengefasst darstellen:

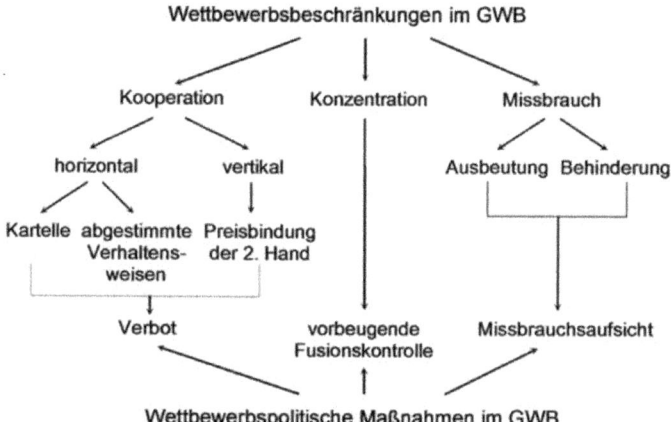

6.5 Probleme der Wettbewerbspolitik

Schwierigkeiten bei der Durchsetzung des GWB treten grundsätzlich zunächst dort auf, wo es um die **gerichtliche Durchsetzung** (Justiziabilität) geht, denn bei allen Anordnungen des Bundeskartellamtes oder der Landeskartellämter handelt es sich um Verwaltungsakte, gegen die sich die Betroffenen gerichtlich wehren können. Einer endgültigen richterlichen Entscheidung muss aber noch einmal eine genaue Tatsachenfeststellung vorausgehen, d. h., das Kartellamt hat seine Entscheidungsgrundlagen offenzulegen und zu beweisen. Das kann z. B. beim Vorwurf abgestimmter Verhaltensweisen schwierig oder nicht eindeutig sein, da im Gegensatz zum Kartell keine schriftlichen Verträge vorliegen und daher Vermutungstatbestände (z. B. gleiche Benzinpreiserhöhungen) als Ersatz dienen müssen. Auch die klare Abgrenzung des relevanten Marktes, der angeblich beherrscht werden soll oder des Vergleichsmarktes, der das Normalmaß zur Feststellung überhöhter Preise festlegt, kann zu Schwierigkeiten führen und einer richterlichen Überprüfung möglicherweise nicht standhalten. Da das Bundeskartellamt als Bundesbehörde mit hoheitlichen Befugnissen seinen Anordnungen nur bis zu den hoheitlichen Grenzen Geltung verschaffen kann und daher nur der nationale Markt relevant ist, sind **international tätige Großunternehmen** außerdem häufig nicht oder nur durch supranationale Kartellbehörden, wie z. B. auf der europäischen Ebene, zu belangen. Einer Verwässerung des GWB können letztlich auch die zahlreichen **Ausnahmeregelungen** einschließlich der bereits erwähnten Ministererlaubnis Vorschub leisten.

6.6 Kontrollfragen zu Kapitel 6

1. Was versteht man unter Wettbewerb?

2. Welche Funktionen soll der Wettbewerb in einer marktwirtschaftlichen Ordnung erfüllen?

3. Welche Marktformen lassen sich anhand der Zahl der Wettbewerber auf beiden Marktseiten unterscheiden und welches Marktverhalten ist bei diesen Marktformen zu erwarten?

4. Worin liegen die Unterschiede zwischen dem wettbewerbspolitischen Leitbild der vollständigen Konkurrenz und dem Leitbild des dynamischen, funktionsfähigen Wettbewerbs?

5. Was versteht man unter „unlauterem" Wettbewerb?

6. Was sind Beispiele für „unlauteren Wettbewerb"?

7. Welche Verhaltensweisen von Wettbewerbern können dazu führen, dass der Wettbewerb eingeschränkt wird?

8. Worin liegt der Unterschied zwischen horizontalen und vertikalen Wettbewerbsbeschränkungen?

9. Verdeutlichen Sie, wie die Wettbewerbspolitik in der Bundesrepublik Deutschland gesetzlich gegen ein zu geringes Maß an Wettbewerb vorgeht.

10. Worin liegen Schwierigkeiten bei der Anwendung der Wettbewerbsgesetze?

7 Fiskal- und Geldpolitik als Teilbereiche der Prozess-politik

7.1 Antizyklische Fiskalpolitik

Fiskalpolitik (auch **Finanzpolitik** genannt) betrifft die geplante Ausgestaltung und Veränderung der **staatlichen Einnahmen und Ausgaben**, die in den Staatshaushalten (Staatsbudgets) buchhalterisch erfasst werden. Es wird daher auch von **Haushalts- oder Budgetpolitik** gesprochen. Dabei wird zwischen ordentlichen Einnahmen (z. B. Steuern) und außerordentlichen Einnahmen (z. B. Krediteinnahmen) unterschieden. Als Staat und damit als **Träger der Fiskalpolitik** gelten im föderalen Bundesstaat der Bundesrepublik Deutschland der Bund, die Länder, die Gemeinden und die Sozialversicherungsträger. Die Zentralbank als oberste Währungsbehörde ist eine eigenständige staatliche Institution. Sie ist keine Trägerin der Fiskalpolitik, sondern der Geld- und Kreditpolitik, der wir uns im Abschnitt 7.2 widmen wollen. Die strikte Trennung von Fiskalpolitik und Geld- und Kreditpolitik ist also sehr wichtig.

Die Fiskalpolitik hat drei Aufgaben oder Funktionen zu erfüllen: die Allokations-, Distributions- und die Stabilisierungsfunktion.

Die **Allokationsfunktion** der Fiskalpolitik kann als **klassische Aufgabe** bezeichnet werden, da sie zu den ursprünglichen Aufgaben des Staates zählt, die er aufgrund seiner gesellschaftlichen Verantwortung zu erfüllen und schon immer erfüllt hat.

Bei der Allokationsfunktion geht es um die **Versorgung mit öffentlichen Gütern,** die marktwirtschaftlich nicht produziert würden oder werden sollten, deren Nutzung aber für alle Gesellschaftsmitglieder wichtig ist und die daher nicht dem Ausschlussprinzip unterliegen sollten. Die staatliche Produktion der öffentlichen Güter verursacht Ausgaben, die durch entsprechende Einnahmen zu finanzieren sind. Wir können uns die Allokationsfunktion (abgeleitet von dem Lateinischen „allocare": an den Ort bringen) der Fiskalpolitik an einem einfachen

Beispiel klarmachen, indem wir fragen, wozu z. B. eine Steuer als staatliche Einnahme verwendet wird. Vor dem Hintergrund der Allokationsfunktion wird sie z. B. dazu verwendet, mit ihr eine Straße als staatliche Investition bauen zu lassen, mit der dann als öffentliches Gut die Dienstleistung „Nutzung eines Transportweges" produziert wird. Es werden also Ressourcen aus dem privaten Sektor an einen neuen Standort im staatlichen Sektor umgeleitet.

Die **Distributionsfunktion** (eigentlich besser: Redistributionsfunktion) der Fiskalpolitik zählt schon zu den **neueren Aufgaben** der Fiskalpolitik, die etwa ab Mitte des 19. Jahrhunderts in den staatlichen Aufgabenbereich aufgenommen wurden.

Distributions- bzw. Redistributionsaufgaben der Fiskalpolitik ergaben sich aus einer stärkeren Betonung des Sozialgedankens und sollten der **Beseitigung von Ungerechtigkeiten** dienen. Konkret geht es bei der Distributions- bzw. Redistributionsfunktion (aus dem Lateinischen „distribuere" bzw. „redistribuere": verteilen bzw. umverteilen) darum, durch Einnahmen und Ausgaben eine Umschichtung in der Güterversorgung der Gesellschaftsmitglieder vorzunehmen. Wir können uns diesen Vorgang wieder an dem einfachen Beispiel einer Steuer verdeutlichen, die dort, wo sie als staatliche Einnahme erhoben wird (z. B. bei einem Alleinstehenden) einen Kaufkraftentzug bedeutet, aber dort, wohin sie als staatliche Ausgabe geleitet wird (z. B. als Kindergeld in eine Familie) als Kaufkraftzuwachs wirkt und dadurch z. B. dem Ziel der Bedarfsgerechtigkeit dient.

Die **Stabilisierungsfunktion** der Fiskalpolitik kann zu den **modernsten Aufgaben** der Fiskalpolitik gezählt werden, da sie erst in den 30er-Jahren theoretisch untersucht wurde und erst in der Nachkriegszeit in die praktische Wirtschaftspolitik Eingang gefunden hat.

Die fiskalpolitische Stabilisierungsfunktion wird uns in diesem Abschnitt besonders interessieren. Die Anhänger dieser Funktion werden auch als **Fiskalisten** oder **Keynesianer** bzw. **Neokeynesianer** bezeichnet. Ihr geistiger Vater ist der große Nationalökonom John Maynard Keynes (1883–1946). Er versuchte 1936 im Anschluss an die Weltwirtschaftskrise 1929/30 mit seinem bahnbrechenden Werk einer „Allgemeinen Theorie der Beschäftigung, des Zinses und des Geldes" den Nachweis zu führen, dass ein marktwirtschaftlicher Koordinationsmechanismus zu Ungleichgewichten (Instabilitäten) wie z. B. zu hohen Preissteigerungen (Inflation) oder Arbeitslosigkeit neigt, aus denen er sich selbst – im Gegensatz zur Meinung der **Klassiker** bzw. **Neoklassiker** als Anhänger von Adam Smith – nicht mehr befreien kann. Sie erfordern daher eine staatliche, also planwirtschaftliche Intervention, weil sie als unsozial empfunden werden. Wieder anhand des einfachen Beispiels einer Steuer verdeutlicht, bedeutet die Stabilisierungsfunktion der Fiskalpolitik, dass z. B. zu einer Steuererhöhung als fiskalpolitischer Maßnahme mit zunehmenden Staatseinnahmen gegriffen werden kann, um bei den Nachfragern Kaufkraft abzuschöpfen und ihre Nachfrage zu dämpfen und dadurch einem inflationären Prozess entgegen zu wirken.

7.1.1 Begriff und gesetzliche Grundlage der antizyklischen Fiskalpolitik

Eine **antizyklische Fiskalpolitik** ist nach dem bisher Gesagten eine Fiskalpolitik, die ihrer Stabilisierungsfunktion nachkommt. Sie kann daher auch als **Stabilisierungspolitik** bezeichnet werden. Das Adjektiv „antizyklisch" besagt, dass sie gegen die konjunkturellen Wellenbewegungen (Konjunkturzyklen) gerichtet ist und sie glätten soll. Zumindest sollen extreme Ausschläge (Boomphasen bzw. Depressionsphasen) verhindert werden, denn sie schaffen Probleme wie z. B. das schon erwähnte Inflations- bzw. Arbeitslosigkeitsproblem.

Das Konzept einer antizyklischen Fiskalpolitik wurde erstmalig in der Bundesrepublik Deutschland im Jahr 1967 in der praktischen Wirtschaftspolitik eingesetzt. Es herrschte damals nach den Jahren des „Wirtschaftswunders" die erste große Nachkriegskrise in Deutschland, mit einer – aus damaliger Sicht – relativ hohen Arbeitslosigkeit, die als gesellschaftliches Problem nach einer staatlichen Intervention verlangte und mit dem Übergang zu einer großen Koalition auch eine politische Wende brachte. Eine der ersten Amtshandlungen des neuen Wirtschaftsministers Karl Schiller, Sozialdemokrat und Keynesianer, war der Entwurf eines Gesetzes, das die Stabilisierungsfunktion der Fiskalpolitik stärker als bisher herausstellen und gleichzeitig mit einer klaren Zielvorgabe und einem entsprechenden Instrumentarium die Möglichkeit bieten sollte, möglichst schnell, nämlich juristisch auf dem einfachen Verordnungswege, die aktuelle wirtschaftliche Krise und künftige Krisen zu überwinden.

Das Gesetz wurde im Parlament verabschiedet, trat am 8. Juni 1967 in Kraft und trug tatsächlich wesentlich zur Überwindung der damaligen Wirtschaftskrise bei. Es trägt den Namen: „Gesetz zur Förderung der Stabilität und des Wachstums der Wirtschaft", auch kurz: **Stabilitäts- und Wachstumsgesetz (StWG)** genannt. Es gilt als gesetzliche Verankerung des Konzepts einer antizyklischen Fiskalpolitik.

7.1.2   Träger und Ziele der antizyklischen Fiskalpolitik

Bereits der Name des StWG deutet an, dass die Stabilisierungsfunktion der Fiskalpolitik allgemeiner gesehen wird. Denn neben der Stabilisierung im engeren Sinne, die auf den kurz- und mittelfristigen Konjunkturverlauf gerichtet ist, wird auch ausdrücklich auf das langfristig angelegte Wirtschaftswachstum Bezug genommen. Bei genauerem Hinsehen stellt sich allerdings heraus, dass zwar das Wachstumsziel genannt, aber auf entsprechende wachstumspolitische Instrumente im Gesetz selbst verzichtet wird.

Die **Träger und Ziele der antizyklischen Fiskalpolitik** werden in § 1 des StWG genannt. Es heißt dort wörtlich:

„Bund und Länder haben bei ihren wirtschafts- und finanzpolitischen Maßnahmen die Erfordernisse des gesamtwirtschaftlichen Gleichgewichts zu beachten. Die Maßnahmen sind so zu treffen, dass sie im Rahmen der marktwirtschaftlichen Ordnung gleichzeitig zur Stabilität des Preisniveaus, zu einem hohen Beschäftigungsgrad und außenwirtschaftlichen Gleichgewicht bei stetigem und angemessenem Wirtschaftswachstum beitragen".

Wir entnehmen dem Gesetzestext zunächst, dass als **Träger der Fiskalpolitik** der Bund und die Länder angesprochen werden. Die Gemeinden werden nicht etwa übergangen, sondern in einem der späteren §§ über die Länder in die Pflicht genommen. Der erste Satz ist gleichlautend mit einem Satz, der gleichzeitig als Art. 109 Abs. 2 in das Grundgesetz aufgenommen wurde und demnach die Verbindung zur Finalzielebene darstellt. „Gesamtwirtschaftliches Gleichgewicht" ist eine allgemeine Formulierung (ein „unbestimmter Verfassungsbegriff") und bedeutet anders ausgedrückt „Stabilität". Ein Ungleichgewicht gilt als marktwirtschaftliche Instabilität, die mit fiskalpolitischen Maßnahmen bescitigt werden soll, ohne aber die marktwirtschaftliche Hauptorientierung der Ordnungspolitik, nämlich die Soziale Marktwirtschaft (vgl. das 4. Kapitel), zu verlassen. Daher findet sich zu Beginn des zweiten Satzes die Aufforderung, dass die Maßnahmen „im Rahmen der marktwirtschaftlichen Ordnung" zu treffen seien. Die Ziele selbst und damit die inhaltliche Auffüllung des „gesamtwirtschaftlichen Gleichgewichts" folgen anschließend. Es werden vier Ziele genannt: **Stabilität des Preisniveaus** (kurz: Preisniveaustabilität), **hoher Beschäftigungsstand** (kurz: Vollbeschäftigung), **außenwirtschaftliches Gleichgewicht** und **stetiges, angemessenes Wirtschaftswachstum** (kurz: Wirtschaftswachstum). Diese vier Ziele sollen gleichzeitig erreicht werden, ein hoher – vielleicht zu hoher – Anspruch, wie wir noch sehen werden.

Bei der Antwort auf die Frage, **warum** diese Ziele formuliert worden sind, müssen wir uns an Finalziele unserer Gesellschaft wie Freiheit, Gerechtigkeit, Wohlfahrt, Sicherheit und Frieden erinnern. Die Ziele Preisniveaustabilität, Vollbeschäftigung, außenwirtschaftliches Gleichgewicht und Wachstum sind demnach nicht deswegen erstrebenswert, weil die begrifflichen Zusätze „Stabilität", „Voll", „ Gleichgewicht" und „Wachstum" etwas Positives ausstrahlen und z. B. ein Gefühl von Harmonie, Solidität oder Fortschritt vermitteln, sondern es handelt sich zunächst um einfache Modalziele, die ihre Bedeutung erst aus den gesellschaftlichen Finalzielen erhalten, denen sie gleichsam als Instrumente dienen sollen. Wir müssen uns also zur Begründung der Ziele der antizyklischen Fiskalpolitik Gedanken um deren Finalziele machen.

Das Modalziel der **Preisniveaustabilität** erhält seine Bedeutung z. B. aus dem Finalziel der Gerechtigkeit. Inflation (d. h., eine zu hohe Steigerung des Preisniveaus) führt zu Ungerechtigkeiten, da die einzelnen Wirtschaftssubjekte von den Preissteigerungen in der Regel unterschiedlich getroffen werden. Das Inflationsproblem ist nämlich ein Verteilungsproblem. So führt z. B. das sog. **Nominalwertprinzip**, nach dem der Gläubiger nur Anspruch auf Erfüllung der ursprünglichen Geldforderung (Nominalforderung) durch den Schuldner hat, nicht aber eine Anpassung der Forderung an die inflationäre Entwicklung durch Wertsicherungsklauseln (auch „Indexklauseln" genannt) vornehmen kann, zu einer ungerechten Behandlung des Gläubigers. Eine entsprechende Klausel müsste durch die Zentralbank genehmigt werden, wenn sie rechtswirksam sein soll, wird aber von ihr in der Regel – zu den Ausnahmen zählen z. B. sehr langfristige Mietverträge – nicht genehmigt. Ohne diese Klausel nimmt die gütermäßige Kaufkraft der Nominalforderung des Gläubigers durch die inflationäre Entwicklung aber ab, während der Schuldner einen geringeren Güterbetrag zurückzuzahlen hat und daher im Vorteil ist. Unter diesem Blickwinkel kann eine **Inflation als stille Enteignung des Gläubigers** angesehen werden. Das trifft vor allem auf den „kleinen" Sparer mit Sparbuch zu, der sich nicht durch relativ hoch verzinste Anlageformen zumindest teilweise zu schützen weiß.

Finalziele der **Vollbeschäftigung** können z. B. Freiheit, Sicherheit und wiederum Gerechtigkeit sein. Arbeitslosigkeit (also die Nichtverwirklichung des Zieles Vollbeschäftigung) stellt eine besondere Gefahr für den Zusammenhalt einer Gesellschaft

dar, wie auch ein Blick in die Geschichte (Industrielle Revolution des 19. Jahrhunderts, Weltwirtschaftskrise 1929/30 etc.)
zeigt. Wie wir aus Abschnitt 3.2 wissen, ist der Produktionsfaktor Arbeitskraft untrennbar mit dem einzelnen Menschen verbunden. **Ein arbeitsloser Mensch „rostet"**, da er im Produktionsprozess nicht mehr benötigt wird. Eine rostende Maschine
als Produktionsfaktor Sachkapital oder ein brachliegender Produktionsfaktor Boden sind aber etwas ganz Anderes. Die Freiheit des Arbeitslosen ist stark eingeschränkt. Eine freie Arbeits-
platz- und Berufswahl sind für ihn nicht gegeben und seine
Güterversorgung ist nicht sichergestellt. Er fühlt sich vielleicht
auch ungerecht behandelt und an den Rand einer sog. Leis-
tungsgesellschaft versetzt, die den Einzelnen oft nur nach seiner
erbrachten materiellen Leistung bzw. nach seinem Einkommen
bewertet. Verlust von Selbstwertgefühl und sozialen Kontakten
ist die Folge. Arbeitslosigkeit bedeutet außerdem – wie bei allen
anderen Produktionsfaktoren auch – ungenutzte Produktionskapazitäten und damit Einbußen bei der Ausweitung der materiellen Freiheitsspielräume (Wirtschaftswachstum) einer Gesellschaft. Vor allem aber die Anhäufung der psychischen Belastung bei den einzelnen Arbeitslosen dürfte eine besondere Ge-
fahrenquelle für eine Gesellschaft darstellen. Es ist daher verständlich, dass Vollbeschäftigung immer als vorrangiges wirtschaftspolitisches Ziel angesehen wurde. Jede Regierung – unabhängig von ihrer politischen „Farbe" – weiß, dass über kurz
oder lang ihr „Überleben" davon abhängig sein wird, inwieweit
es ihr gelingt, das Arbeitslosigkeitsproblem zu lösen. Das war in
Deutschland z. B. in der ersten großen Nachkriegskrise 1966/67
der Fall und wird auch in Zukunft der Fall sein.

Das Finalziel, das hinter dem Modalziel des **außenwirtschaftlichen Gleichgewichts** steht, ist zunächst nur schwer zu erkennen. Bei genauerem Hinsehen wird aber deutlich, dass es letztlich um die internationalen Beziehungen von Gesellschaften
bzw. Nationen zueinander geht. Wiederum sagt uns ein Blick in
die Geschichte, dass Handelskriege häufig Auslöser größerer
kriegerischer Auseinandersetzungen waren. Auch wenn heute
dank internationaler Schlichtungsgremien, wie z. B. der UNO,
die Gefahr kriegerischer Auseinandersetzungen auch in den

Handelsbeziehungen minimiert ist, so ist doch das Grundproblem geblieben. Es geht nämlich darum, dass der häufig zu hörende Ruf nach möglichst viel Export und möglichst wenig Import oder – in einer etwas feineren Version – der Ruf nach einer Spitzenposition im internationalen Wettbewerb („Exportweltmeister") nicht von Sachverstand, sondern eher von Oberflächlichkeit zeugt. Die schlichte Frage lautet nämlich, was denn wohl die Konsequenz aus den Geschäftsverbindungen zweier Handelspartner wäre, wenn der eine dem anderen ständig mehr verkauft als von ihm kauft. Die Konsequenz wäre das **Entstehen einer Gläubiger- und auf der Gegenseite einer Schuldnerposition**.

Abgesehen davon, dass Gläubiger- bzw. Schuldnerpositionen prinzipiell immer den Keim von Zwistigkeiten in sich bergen, da sie schon begrifflich etwas mit Stärke und Schwäche und moralischen Werten zu tun haben („der Schuldner ist schuldig"), können sie langfristig nur auf drei Wegen bereinigt werden: Die erste Möglichkeit besteht darin, dass langfristig der zunächst relativ starke Verkäufer auch Phasen der Schwäche zeigt, d. h., von seinem Handelspartner mehr kauft als an ihn verkauft und sich demnach durch Verrechnung ein Ausgleich und damit auch ein Abbau der Gläubiger- und Schuldnerpositionen im Zeitablauf ergeben. Eine zweite Möglichkeit besteht darin, Handelsströme in Geldkapitalströme umzumünzen, d. h., die durch Handelsbeziehungen aufgebaute Gläubigerposition des einen Handelspartners kann dadurch bereinigt werden, dass dieser zum Ausgleich einen Teil der Vermögenstitel des Schuldners erhält und z. B. Teilhaber an dem entsprechenden Unternehmen wird. Im Übrigen ist diese zweite Möglichkeit auch der Weg, der zwangsweise von einem Konkursrichter als Erstes beschritten wird. Scheiden diese beiden Möglichkeiten aus welchen Gründen auch immer aus, so ist als letzte Möglichkeit nur noch der Schuldenerlass denkbar, der aber nichts anderes als ein Geschenk ist.

Wer die drei genannten Möglichkeiten der Bereinigung von Gläubiger- bzw. Schuldnerpositionen bedenkt, erkennt schnell, dass darin auch das Problem eines außenwirtschaftlichen Ungleichgewichts liegt, bei dem über den Export mehr oder weniger verkauft als über den Import gekauft wurde. Verlassen wir die einzelwirtschaftliche Ebene, so tauchen international noch zusätzliche praktische Fragen auf wie z. B.: Wo ist der internationale Konkursrichter? Bedeutet die Überschuldung eines Landes, dass dieses Land liquidiert wird und auch als Nation aufhört zu existieren, weil es unter den Gläubigern aufgeteilt wird? Wie sind die speziellen Außenwirtschaftsbeziehungen zwischen den notorisch schwachen unterentwickelten Ländern und den notorisch starken entwickelten Ländern zu beurteilen? Letztlich geht es auf der Finalzielebene also um die Frage, wie Gesellschaften bzw. Nationen miteinander umgehen. Mit einem außenwirtschaftlichen Gleichgewicht soll jedenfalls zu möglichst konfliktfreien internationalen Beziehungen beigetragen werden. Etwas euphorisch ausgedrückt: Ein außenwirtschaftliches Gleichgewicht kann als **Beitrag zur internationalen Friedenssicherung** gesehen werden.

Das Modalziel des **Wirtschaftswachstums** soll den gesellschaftlichen Finalzielen Freiheit, Sicherheit und Gerechtigkeit dienen. Gelegentlich wird es auch als „Wohlfahrt" bezeichnet, so dass wir häufig in die Versuchung geraten und durch die aktuelle politische Diskussion auch darin bestärkt werden, im Wachstum schon selbst ein Finalziel zu sehen. Wirtschaftswachstum scheint der Konfliktlöser schlechthin und die erste und letzte Stufe zum „Glück" zu sein. Die Überlegungen, die wir gleich zu Beginn in Kapitel 1 zur materiellen und immateriellen Bedürfnisbefriedigung angestellt haben, sollten uns jedoch vorsichtig machen und zu einer nüchternen Betrachtung zwingen. Sicherlich ist unstrittig, dass eine größere Güterversorgung – und das wird im täglichen Sprachgebrauch mit Wirtschaftswachstum verbunden – eine **Ausdehnung materieller Freiheitsspielräume** bedeutet. Mehr Güter befreien uns von den Zwängen der materiellen Existenzsicherung und schaffen auch größere, den speziellen Konsumwünschen angepasste Wahlmöglichkeiten. Unstrittig ist auch, dass mit Wirtschaftswachstum eine **Umverteilung der Einkommen und Vermögen** unter dem Gerechtigkeitspostulat leichter vorgenommen werden kann, da im Zuge des Umverteilungsprozesses alle mehr, wenngleich unterschiedlich mehr, bekommen können und daher Begünstigte und Belastete nicht so offensichtlich sind. Unstrittig ist letztlich auch, dass bei einer größeren Güterversorgung die Möglichkeiten zunehmen, durch Sparen etwas beiseite zu legen, **Risikovorsorge** zu betreiben und sich dadurch sicherer zu fühlen. Strittig ist bei alledem „nur", ob die angesprochenen Finalziele durch Wachstum in ihrer Ganzheit, d. h., in ihrem materiellen und immateriellen Inhalt positiv beeinflusst werden. Die z. B. schon angesprochene Umweltproblematik lässt in diesem Punkt bereits Zweifel aufkommen.

Neben der Frage, welche Ziele im Rahmen der antizyklischen Fiskalpolitik angestrebt werden, stellt sich auch die Frage, wann Ziele als erreicht oder als verletzt gelten. Ein Fiskalpolitiker, von dem über § 1 StWG gesetzlich verlangt wird, z. B. für Preisniveaustabilität zu sorgen, dürfte zunächst ratlos sein. Ratlos ist er nicht deswegen, weil er sich zuerst fragen wird, welche Instrumente geeignet erscheinen, sondern weil der Begriff der Preisniveaustabilität ihm vorab unklar erscheinen muss und er z. B. fragen wird: Welche Preise sollen stabil bleiben und wann sind sie stabil? Der erste Schritt zur Verwirklichung der Ziele des StWG besteht also darin, die Ziele inhaltlich so aufzufüllen, dass mit ihnen gearbeitet (operiert) werden kann. Die **Zieloperationalisierung** steht also am Beginn der Zielverwirklichung und bedeutet, dass Messgrößen entwickelt und kritische Messwerte (Grenzwerte) bestimmt werden müssen. Das StWG beinhaltet die Zieloperationalisierung allerdings nicht. Sie wäre dort auch unsinnig, weil ein Gesetz auf Dauer gelten soll, die Zieloperationalisierung aber eine politische Entscheidung ist, die immer wieder neu getroffen werden muss, um veränderten Situationen und dem „Machbaren" Rechnung tragen zu können. Der Gesetzgeber hat das Problem der Zieloperationalisierung dadurch elegant gelöst, dass er mit § 2 StWG die Bundesregierung gezwungen hat, jedes Jahr im Januar einen **Jahreswirtschaftsbericht** vorzulegen, der den Charakter eines Rechenschaftsberichtes hat und auch offenlegen soll, was die Bundesregierung zu tun gedenkt, um die Ziele des § 1 StWG künftig zu verwirklichen. Dieser Pflicht kann sie aber zwangsläufig nur genügen, wenn sie vorab die Ziele inhaltlich klar bestimmt, über die sie berichten soll. Der Jahreswirtschaftsbericht enthält also die Zieloperationalisierung.

Als **Messgröße für Preisniveaustabilität** gilt gegenwärtig der **Preisindex der privaten Lebenshaltung**, auch „Lebenshaltungskostenindex" oder „Verbraucherpreisindex" (VPI) genannt. Damit ist klar, dass nicht die Preise sämtlicher Güter des deutschen Bruttoinlandsprodukts (BIP) relevant sind, sondern nur die Preise der privaten Konsumgüter (vgl. die Begriffsabgrenzungen in den Abschnitten 3.1 und 3.5). Zur Ermittlung des Preisindex der privaten Lebenshaltung wird für ein Basisjahr anhand einer Verbrauchsstichprobe ein „Warenkorb" gebildet, der die (gegenwärtig ca. 750) verschiedenen Sachgüter und Dienstleistungen des privaten Konsums je nach ihrer Bedeutung in der Nachfrage der privaten Haushalte enthält und der in den Folgejahren bis zur nächsten Verbrauchsstichprobe (etwa alle 5 bis 6 Jahre) in seiner mengenmäßigen Zusammensetzung konstant gehalten wird. Es wird dann die jährliche Wertänderung des Warenkorbes gemessen, die bei konstanten Mengen nur auf Preisänderungen beruhen kann, d. h., die Wertänderung spiegelt die durchschnittliche Preisänderung (Inflationsrate) wider. Der Index wird gebildet, indem der Wert des Warenkorbes im Basisjahr die Ziffer 100 erhält. Die Werte der Folgejahre erhalten entsprechende Ziffern. Die Ziffernfolge ist die Indexreihe. Ein Preisindex mit der Ziffer 110 würde z. B. bedeuten, dass die Preise in dem betreffenden Jahr um durchschnittlich 10 % gegenüber dem Basisjahr gestiegen sind.

Als **kritischer Grenzwert** gilt gegenwärtig eine Preissteigerungsrate von 2 % pro Jahr. Wie sich die Preissteigerungsrate in den zurückliegenden Jahrzehnten entwickelt hat, zeigt das folgende Schaubild:

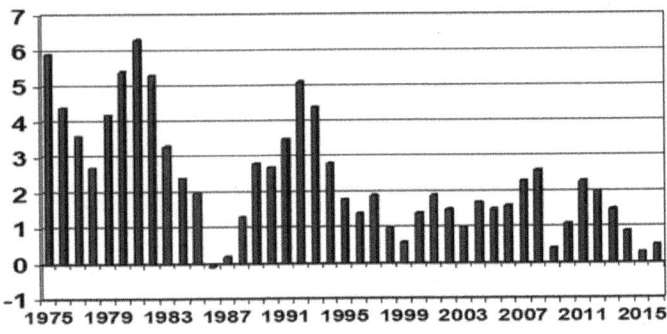

Preissteigerungsrate in Deutschland 1975 – 2016,
in % (bis 1990: Westdeutschland)

Quelle: Statistisches Bundesamt

Was die **Aussagekraft der Messgröße** betrifft, so ist zunächst daran zu erinnern, dass in sie sämtliche privaten Konsumgüter eingehen, also Luxusgüter ebenso wie lebensnotwendige Güter und seltener erworbene, langlebige Güter ebenso wie häufiger erworbene Güter des Alltagsbedarfs. Ein **Unterschied zwischen tatsächlicher und gefühlter Inflation** kann die Folge sein. Außerdem wird die spezielle Situation der privaten Haushalte (z. B. Ein- oder Mehrpersonen-Haushalte, geringes oder mittleres Einkommen) nur insoweit berücksichtigt, als sie Teil der Gesamtsituation aller privaten Haushalte ist. Wenngleich dieser Einwand für jede gewichtete Durchschnittsgröße gilt, so wird durch die Vergröberung doch die Aussagekraft geschmälert. Es kommt hinzu, dass – bedingt durch die Methodik der Indexermittlung – für einige Jahre die Konsumgewohnheiten als konstant unterstellt werden müssen, was so nicht zutreffen muss und ebenfalls die Aussagekraft beeinträchtigen kann. Und letztlich können Preisänderungen Qualitätsänderungen verdecken. So dürfte z. B. eine Preiserhöhung ohne Qualitätsverbesserung wohl anders zu bewerten sein als eine Preiserhöhung mit Qualitätsverbesserung. Mit sog. **hedonischen Preisindizes** wird daher versucht, bei bestimmten Gütern (z. B. Computern, Autos) eine Qualitätsbereinigung vorzunehmen.

Die **Messgröße für Vollbeschäftigung** ist die **Arbeitslosenquote**. Wie jede Quote ist sie mathematisch gesehen ein Bruch,
der im Zähler die registrierten Arbeitslosen und im Nenner die
Zahl der zivilen Erwerbspersonen misst. Die Arbeitslosenquote
gibt also an, wie viel Prozent der zivilen Erwerbspersonen registriert arbeitslos sind. „Registriert" heißt, dass die Arbeitslosen
als Arbeitssuchende bei der Arbeitsagentur gemeldet sind.
„Zivile Erwerbspersonen" sind zum einen die Eigentümer des
Produktionsfaktors Arbeit, die als „unselbständige Erwerbspersonen" per Arbeitsvertrag den Produzenten außerhalb des
militärischen Bereichs die Nutzung ihres Produktionsfaktors
gestattet haben oder gestatten könnten, zum anderen aber auch
die Eigentümer von Boden und Kapital, die als „selbständige
Erwerbspersonen" (einschließlich der mithelfenden Familienangehörigen) ihren Produktionsfaktor selbst in der Produktion
nutzen. Die Erwerbspersonen umfassen demnach die Erwerbs-
tätigen und auch die registrierten Arbeitslosen, denn die Arbeitslosen sind erwerbsfähig, wenn auch nicht erwerbstätig. Die
Entwicklung der Arbeitslosenquote in den zurückliegenden
Jahrzehnten zeigt die folgende Abbildung:

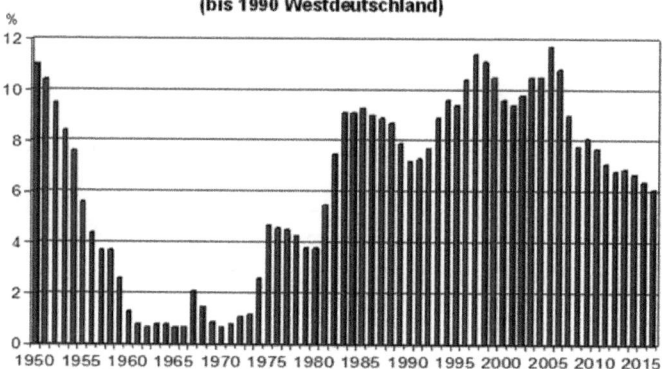

**Entwicklung der Arbeitslosenquote aller zivilen Erwerbspersonen
in der Bundesrepublik Deutschland 1950 – 2016
(bis 1990 Westdeutschland)**

Quelle: Bundesagentur für Arbeit

Die Frage nach dem **kritischen Grenzwert** ist nicht einfach zu beantworten, stellt sich aber andererseits gegenwärtig nicht, denn es herrscht über alle Parteigrenzen hinweg Einigkeit darüber, dass die gegenwärtige Arbeitslosenquote in Höhe von ca. 6 % mit ca. 2,5 Mio. registrierten Arbeitslosen noch vom Vollbeschäftigungsziel entfernt ist, egal welcher Zielwert letztlich gewählt wird. Jedem ist lediglich klar, dass der Zielwert der „goldenen" 1960er-Jahre des deutschen Wirtschaftswunders mit einem Wert von 0,8 – 1 % der unwiederbringlichen Vergangenheit angehört. Die Diskussion (z. B. zwischen den Wirtschaftsforschungsinstituten), ob ein realistischer Zielwert bei einer Arbeitslosenquote von z. B. 4 oder 5 % liegen könnte, erscheint gegenwärtig überflüssig und dürfte erst dann auch politisch interessant werden, wenn eine merkliche Annäherung an diese Werte eingetreten ist.

Die **Aussagekraft der Messgröße** ist besonders kritisch, denn allgemein ist unstrittig, dass die Arbeitslosenquote die tatsächliche Beschäftigungssituation in einem zu günstigen Licht erscheinen lässt, weil eine große Zahl von Betroffenen nicht erfasst wird. Das gilt zunächst einmal für die Kurzarbeiter, die in der Quote nicht auftauchen. Auch diejenigen, die aufgrund einer ungünstigen Beschäftigungssituation nach ihrer Ausbildung nicht in das Berufsleben eintreten können oder frühzeitig aus dem Berufsleben ausscheiden müssen, werden nicht erfasst. Das Gleiche gilt für diejenigen, die ohne Einschaltung der Arbeitsagentur einen Arbeitsplatz suchen oder zwar ihren Arbeitsplatz behalten, aber mit einer Tätigkeit vorlieb nehmen müssen, die nicht ihrer Ausbildung entspricht. Auch sog. Ein-Euro-Jobber fallen aus der Arbeitslosenstatistik heraus. In diesen und ähnlichen Fällen kann von einer **versteckten Arbeitslosigkeit** gesprochen werden, die in der Arbeitslosenquote nicht sichtbar wird. Die internationale Aussagekraft der Arbeitslosenquote wird außerdem dadurch beeinträchtigt, dass in anderen Ländern z. T. nicht die gleichen begrifflichen Abgrenzungen verwendet werden und dadurch internationale Beschäftigungsvergleiche erschwert oder gar unmöglich gemacht werden.

Als **Messgröße des außenwirtschaftlichen Gleichgewichts** wird der **Außenbeitrag** einer Volkswirtschaft herangezogen. Er kann ebenfalls als Quote interpretiert werden und misst dann den Anteil der Differenz aus Güterexporten und –importen am Bruttoinlandsprodukt (BIP). Häufig wird auch die reine Differenz aus Güterexporten und -importen schon als Außenbeitrag bezeichnet. Als Quote gibt der deutsche Außenbeitrag an, wie viel Prozent der gesamten jährlichen, inländischen Güterproduktion netto an das Ausland verkauft worden ist. Die folgende Abbildung zeigt die Entwicklung des Außenbeitrags in Prozent des Bruttoinlandsprodukts im Verlauf der zurückliegenden Jahrzehnte:

Außenbeitrag der Bundesrepublik Deutschland in Prozent des Bruttoinlandsprodukts 1980- 2016 (bis 1990 Westdeutschland)

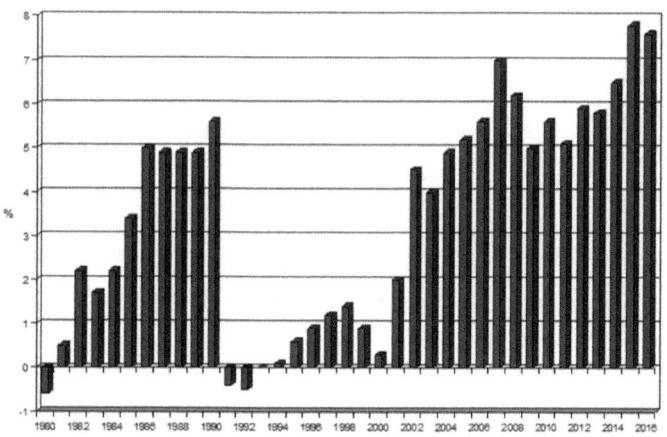

Quelle: Statistisches Bundesamt

Bei der Bestimmung des **kritischen Grenzwertes** sollten wir uns an das erinnern, was wir zur Begründung dieses Ziels gesagt haben. Eigentlich sollte nämlich ein außenwirtschaftliches „Gleichgewicht" zumindest im Zeitablauf dann vorliegen, wenn Verkäufe und Käufe international gehandelter Güter sich die Waage halten und demnach keine langfristigen Gläubiger- und Schuldnerpositionen entstehen können. Es gibt theoretisch nur zwei Gründe, die für den Aufbau einer langfristigen Gläubigerposition sprechen: **internationale Geschenke** (Übertragungen) oder/und **Kapitalbeteiligungen**.

Wenn wir z. B. allein schon aus dem Gebot der Menschlichkeit heraus der Meinung sind, dass entwickelte Volkswirtschaften ca. 1 % ihres relativen „Reichtums" gemessen am BIP an ärmere, unterentwickelte Volkswirtschaften (z. B. in Form der Entwicklungshilfe) verschenken sollten, und wenn wir weiterhin daran denken, dass auch Beiträge zu internationalen Organisationen wie z. B. der Nettobeitrag zum EU-Haushalt sowie die Zahlungen der „Gastarbeiter" mit Hauptwohnsitz im Inland (= Inländer) an ihre Familienangehörigen im Heimatland und auch Schuldenerlasse als Geschenke zu interpretieren sind und wir diesen Gesamtbetrag mit ebenfalls ca. 1 % des BIP ansetzen, dann folgt daraus ein kritischer Grenzwert von insgesamt ca. 2 %.

Bei den internationalen Kapitalbeteiligungen, die auch durch einen Exportüberschuss finanziert werden könnten, wird langfristig von einem erwünschten Ausgleich ausgegangen, da der kapitalmäßige „Ausverkauf" eines Landes wohl nicht als ernst zu nehmendes Ziel angesehen werden kann. Zur Bestimmung des kritischen Grenzwertes beim Außenbeitrag werden sie daher nicht herangezogen. Der kritische Grenzwert von ca. 2 % wurde vom „Exportweltmeister" Deutschland in den letzten Jahren weit überschritten. Selbst der im Rahmen des Europäischen Stabilitäts- und Wachstumspaktes vereinbarte, weit höhere Grenzwert von 6 % wurde meist übertroffen. Dies wurde im Innenverhältnis vor dem Hintergrund der Binnenkonjunktur und dabei vor allem der Arbeitsplatzsicherung zwar begrüßt, rief jedoch im Außenverhältnis z. B. vor dem Hintergrund der Schuldenkrise in der Euro-Zone aus den genannten Gründen Kritik hervor. Grob gerechnet baute nämlich die Bundesrepublik Deutschland in den letzten zehn Jahren durch hohe Exportüberschüsse bei Waren und Dienstleistungen eine Gläubigerposition in Höhe von ca. 1300 Mrd. EUR auf. Davon wurden ca. 300 Mrd. EUR (z. B. in Form von Entwicklungshilfe, Beiträgen zu internationalen Organisationen etc.) verschenkt. Der Rest, nämlich ca. 1000 Mrd. (= 1 Billion) EUR, wurde angelegt (z. B. in Staatsanleihen, Unternehmensbeteiligungen, Währungsreserven etc.). Er spiegelt die gegenwärtig starke internationale Gläu-

bigerposition Deutschlands wider, der allerdings die Schuldner-
länder gegenüberstehen, mit den bekannten Problemen.

Kritik an der **Aussagekraft der Messgröße** ist nur selten zu
hören. Wenn überhaupt, so betrifft sie wieder die internationale
Vergleichbarkeit und z. B. die Frage, was genau der Güterexport
und -import enthält bzw. nicht enthält und mit welchen Preisen
bewertet wird. Wir werden darauf im 9. Kapitel näher eingehen.

Als Messgröße für ein stetiges und angemessenes wirtschaftliches
Wachstum dient die jährliche Wachstumsrate des realen Bruttoinlandsprodukts (BIP) (vgl. Abschnitt 3.5). Wachstum wird also
auf die jährliche, inländische Gesamtproduktion der deutschen
Volkswirtschaft bezogen und es wird gefragt, wie sie sich von
Jahr zu Jahr verändert hat. Mit dem Zusatz „stetig" bei der Ziel-
nennung wird gefordert, dass die Wachstumsrate im Zeitablauf
möglichst nicht schwanken soll, so dass sich eine gleichmäßige
Zunahme in der Güterversorgung ergibt. Wie sich die reale
Wachstumsrate des Bruttoinlandsprodukts in den zurückliegenden Jahrzehnten entwickelt hat, zeigt das folgende Schaubild:

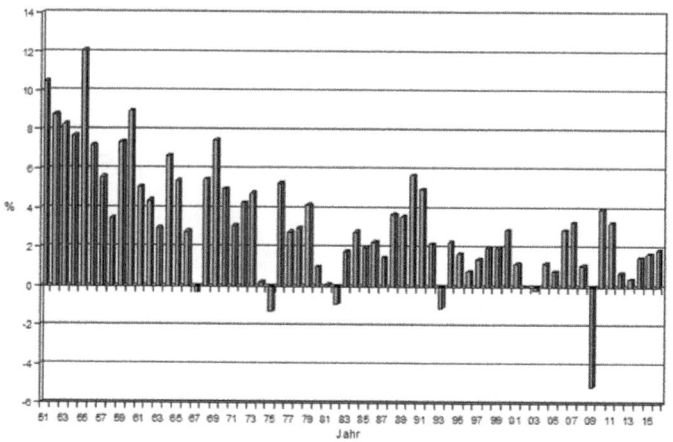

**Wachstumsrate des realen Bruttoinlandsprodukts
der Bundesrepublik Deutschland 1951- 2016
(bis 1990 Westdeutschland)**

Quelle: Statistisches Bundesamt

Mit dem **kritischen Grenzwert** wird bestimmt, was als „angemessen" erscheint. Gegenwärtig gilt eine jährliche Wachstumsrate in Höhe von 1 − 2 % als angemessen. Der kritische Grenzwert für das Wirtschaftswachstum ist im Laufe der Jahrzehnte in Deutschland wie auch in allen anderen Industrieländern tendenziell immer weiter nach unten hin korrigiert worden. Das sollte eigentlich nicht erstaunen, denn ein Wachstum auf einem relativ niedrigen Niveau ist bekanntlich leichter zu bewerkstelligen als ein Wachstum auf einem relativ hohen Niveau, auf dem „die Luft immer dünner wird". Damit landen wir aber bei den kritischen Fragen nach der Aussagekraft der Messgröße.

Im Vergleich zu den anderen Messgrößen sind die kritischen Fragen zur **Aussagekraft der Messgröße** beim Wirtschaftswachstum weit grundsätzlicher und werden auch immer drängender. Grundsätzlich wird gefragt, ob das reale BIP überhaupt noch bzw. nicht immer weniger eine geeignete Messgröße für das gesellschaftliche Wohlbefinden als statischer Wohlstand oder dynamische Wohlfahrt abgibt und damit der Bezug zur Finalzielebene (vgl. Abschnitt 1.3) nicht immer mehr verloren geht. Da die Wachstumsrate des realen BIP eindeutig zunächst nur die materielle Seite der Wohlfahrt betrifft, ist kritisch zu fragen, ob nicht eine Konfliktbeziehung zwischen der materiellen und immateriellen Seite der Wohlfahrt bestehen kann und ein möglicher materieller Wohlfahrtsgewinn nicht durch einen immateriellen Wohlfahrtsverlust erkauft wird. Im Extremfall könnte sich dadurch „unter dem Strich" sogar ein gesellschaftlicher Wohlfahrtsverlust ergeben, zumindest aber würde die Aussagekraft des Wohlfahrtsmessers BIP erheblich beeinträchtigt. Die gleiche Frage gilt natürlich auch in die Gegenrichtung, d. h., ein materieller Wohlfahrtsverlust könnte mit einem immateriellen Wohlfahrtsgewinn verbunden sein und ebenfalls nach einer Saldierung verlangen. Konkret setzen diese grundsätzlichen Fragen aber an der Konstruktion des BIP im Rahmen des Europäischen Systems der Volkswirtschaftlichen Gesamtrechnungen (ESVG 2010) (vgl. Abschnitt 3.3) an. Es lässt sich nämlich anhand von Beispielen zeigen, dass mit dem BIP die gesellschaftliche Wohlfahrt sowohl unterschätzt wie auch überschätzt wird.

Eine **Unterschätzung der gesellschaftlichen Wohlfahrt** durch das BIP ist darin zu sehen, dass das BIP nur die marktgerichtete Produktion enthält, d. h., mit den produzierten Gütern ist die Absicht verbunden, sie als Tauschobjekte gegen andere Güter einzusetzen. Die in einer Familie erbrachten Leistungen (Hausarbeit, Kindererziehung etc.) oder ehrenamtliche Tätigkeiten werden nicht als Tauschobjekte betrachtet, weil wir in der Familie oder im Ehrenamt keine marktwirtschaftlichen Geschäftsbeziehungen sehen. Sie werden daher auch nicht im BIP erfasst und sind dementsprechend auch nicht wohlfahrtssteigernd, sondern eher schädlich. Das „Heiraten der Haushälterin" verringert das BIP und setzt den Ehemann eher dem Vorwurf aus, ein „Wachstumsmuffel" zu sein. Im Umkehrschluss müssten Ehescheidungen als wachstumsfördernd bezeichnet werden. Sinkt bzw. steigt aber dadurch die gesellschaftliche Wohlfahrt? Zweifel sind angebracht.

Zweifel sind auch in denjenigen Fällen angebracht, in denen das BIP eine **Überschätzung der gesellschaftlichen Wohlfahrt** vornimmt. So steigert z. B. jeder Verkehrsunfall das BIP über die Dienstleistungen des Reparaturbetriebes bis hin zu den möglichen Dienstleistungen des Leichenbestatters. Das Gleiche gilt für zunehmende Gesundheitsleistungen zur Bekämpfung von Krankheiten. Der Lungenkrebs des Kettenrauchers ist wachstumsfördernd. Wachstumsfördernd sind grundsätzlich alle gesellschaftlichen Probleme (z. B. auch das Umweltproblem), deren Beseitigung eine Mehrproduktion (z. B. durch eine Entsorgungsindustrie) erfordert. Außerdem ist kritisch zu fragen, wie sich ein Wachstum des BIP auf dessen Verteilung auswirkt. So ist z. B. nicht auszuschließen und eher wahrscheinlich, dass sich im Wachstumsprozess die Schere zwischen Arm und Reich weiter öffnet. Lässt sich aber in diesen Fällen ernstlich von einem Wohlfahrtsgewinn sprechen? Die kritischen Fragen werden immer drängender. Die Forschung hat sich dieses Themas schon vor geraumer Zeit angenommen und versucht gegenwärtig mit Hochdruck, z. B. **Sozialindikatoren** zu entwickeln, mit denen die Güter des BIP oder in ihm nicht erfasste Güter eine gesellschaftliche Qualitätsbewertung und nicht mehr nur eine reine Marktbewertung erfahren, mit dem Ziel, eine aussagekräftigere Messgröße für Wachstum als gesellschaftliche Wohlfahrt zu gewinnen. Ein negatives Wachstum im traditionellen Sinne, also ein sinkendes BIP, dürfte dann seinen Schrecken verlieren und sich vielleicht sogar in einem positiven Licht präsentieren.

7.1.3 Das Grundkonzept der antizyklischen Fiskalpolitik

Die **antizyklische Fiskalpolitik** setzt bei den konjunkturellen Wellenbewegungen (**Konjunkturzyklen**) an und versucht diese Zyklen gegenläufig zu glätten, denn sie schaffen in ihren Auswüchsen Probleme, weil die beschriebenen Ziele nicht erreicht werden und dadurch auch gesellschaftliche Probleme entstehen können. Aus dem Zielkatalog des StWG sind die Ziele Preisniveaustabilität und Vollbeschäftigung von besonderer Bedeutung. Wir haben schon angemerkt, dass das langfristige Wachstumsziel zwar Mitnamensgeber des Gesetzes ist und ausdrücklich in den Zielkatalog aufgenommen wurde, aber von den im StWG verankerten Instrumenten völlig übergangen wird. Ähnliches gilt für das Ziel des außenwirtschaftlichen Gleichgewichts, bei dem hinzukommt, dass im Zuge einer verstärkten Liberalisierung der internationalen Wirtschaftsbeziehungen (vgl. 9. Kapitel) staatliche Eingriffe in diese Beziehungen (Protektionismus) verpönt sind und wieder stärker dem marktwirtschaftlichen Ausgleichsmechanismus vertraut wird.

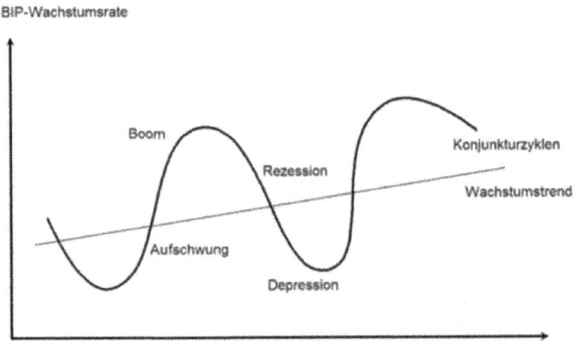

Konjunkturentwicklung

Konjunkturzyklen spiegeln das Auf und Ab in den wirtschaftlichen Tätigkeiten (z. B. gemessen an den jährlichen Wachstumsraten des realen BIP) wider und bestehen demnach aus zwei Grundphasen: einer **Aufschwungphase** mit dem Boom als Höhepunkt und einer **Abschwungphase** (Rezession) mit der Depression als Tiefpunkt. Schon früh in der Geschichte der Volkswirtschaftslehre wurde nach den Ursachen der Konjunkturzyklen geforscht. Die Theorien der Konjunkturerklärung reichen von der „Sonnenfleckentheorie" über psychologische Theorien der Verstärkereffekte bis hin zu Konjunkturtheorien, die den Investitionsentscheidungen eine zentrale Rolle zuweisen. Wir wollen diese unterschiedlichen, z. T. auch hoch mathematisch formulierten Erklärungsansätze nicht weiter betrachten, sondern uns auf das konzentrieren, was unstrittig und leicht verständlich ist, wenn wir uns wieder an die Grundlagen im 1. Kapitel und an die Ordnungsfrage im 4. Kapitel erinnern. Unstrittig ist nämlich, dass Konjunkturzyklen das Ergebnis der Tauschoperationen von Anbietern und Nachfragern als Spezialisten sind. In der kurzen und mittleren Frist dürften vor allem die sich ändernden Wünsche der Nachfrager Konjunkturzyklen auslösen, da das Angebot durch den Produktionsprozess bedingt weit schwerfälliger reagiert. Eine Aufschwungphase ist daher durch eine – im Vergleich zum Angebot – relativ hohe Nachfrage geprägt, vor allem im Boom verbunden mit der Gefahr einer Inflation. In der Abschwungphase tritt das Gegenteil ein, d. h., die Nachfrage ist im Verhältnis zum Angebot zu gering und führt insbesondere in der Depression zum Problem der konjunkturellen Arbeitslosigkeit.

7.1.4 Antizyklische Fiskalpolitik vs. Parallelpolitik

Werden wir gefragt, welches fiskalpolitische Verhalten wir vom Staat in einer konjunkturellen Auf- bzw. Abschwungphase erwarten, so neigen wir wohl alle dazu, staatliches Verhalten an unserem eigenen Verhalten zu messen und die gleichen Verhaltensprinzipien einzufordern, nach dem Motto: „Wenn ich selbst solide bin oder zumindest sein will, kann ich das auch von meinem Staat verlangen". Als Zeichen wirtschaftlicher Solidität gilt immer noch, dass nur dann mehr gekauft wird, wenn auch mehr finanzielle Mittel vorhanden sind, und dann Zurückhaltung geübt wird, wenn die Mittel fehlen. Das Gegenteil zu fordern, würde jedenfalls Kopfschütteln verursachen. Übertragen wir diese Gedanken jedoch auf das staatliche Verhalten im Rahmen einer antizyklischen Fiskalpolitik, so gelangen wir zu einem völlig anderen Ergebnis. Die reine Logik hält uns dieses Ergebnis bereits vor Augen und ein **logischer Widerspruch** wird sichtbar:

> Von staatlichem Verhalten die Korrektur eines fehlgeleiteten, privaten Verhaltens zu erwarten, schließt aus, staatliches Verhalten den gleichen Prinzipien zu unterwerfen wie das zu korrigierende private Verhalten.

Ein logischer Widerspruch wird auch in der Praxis sichtbar, wenn wir einmal nach den Konsequenzen fragen, die sich aus der Gleichheit von staatlichen und privaten Verhaltensprinzipien im Konjunkturverlauf ergeben würden. Im Konjunkturaufschwung steigen die staatlichen Einnahmen an, da der Staat an allen wirtschaftlichen Aktivitäten (Umsätze, Einkommen etc.) mit den Steuern beteiligt ist. Vermutlich steigen die Staatseinnahmen sogar überproportional, wenn an die progressive Einkommensteuer gedacht wird. Würden nun angesichts gestiegener finanzieller Mittel parallel auch die Staatsausgaben erhöht, so würde der Konjunkturaufschwung verschärft, denn Staatsausgaben (Konsum- oder/und Investitionsausgaben) bedeuten Nachfrage, die die ohnehin schon hohe private Nachfrage noch verstärken würde. Das Gleiche gilt mit umgekehrtem Vorzeichen für den Konjunkturabschwung, in dem die Staatseinnahmen zurückgehen. Würden daraufhin auch die Staatsausgaben zurückgefahren, so würde die ohnehin schon geringe private Nachfrage durch den staatlichen Nachfrageausfall noch verstärkt und der Konjunkturabschwung würde sich verschärfen.

Eine Fiskalpolitik, die die Staatsausgaben den Staatseinnahmen im Konjunkturverlauf anpasst und damit einen in Einnahmen und Ausgaben ausgeglichenen Staatshaushalt (Budget) anstrebt, wird als **Parallelpolitik** bezeichnet. Wir haben gesehen, dass sie

prozyklisch wirken würde, d. h., die Konjunkturzyklen würden verstärkt und nicht gedämpft, wie wir es von einer antizyklischen Fiskalpolitik verlangen. Eine **wirksame antizyklische Fiskalpolitik** als Stabilisierungspolitik müsste nach Verhaltensprinzipien erfolgen, die den privaten, einzelwirtschaftlichen Verhaltensprinzipien diametral entgegengesetzt sind. Konkret bedeutet dies, dass im Konjunkturaufschwung bei steigenden Staatseinnahmen die Staatausgaben sinken müssten oder zumindest nicht in gleichem Maße steigen dürften. Die Folge wäre eine **Überschussbildung** (engl.: surplus saving) im Staatshaushalt. Im Konjunkturabschwung dagegen bei sinkenden Staatseinnahmen müssten die Staatsausgaben steigen oder dürften zumindest nicht in gleichem Maße sinken. Die Folge wäre ein **Defizit** (engl.: deficit spending) im Staatshaushalt. Im Idealfall könnte der im Konjunkturaufschwung gebildete Überschuss als Konjunkturausgleichsrücklage dazu verwendet werden, das Defizit im Konjunkturabschwung zu finanzieren. Reicht der Überschuss nicht aus, ist eine zunehmende Staatsverschuldung unabdingbar.

7.1.5 Die Instrumente der antizyklischen Fiskalpolitik

Die Gefahr einer **Inflation** tritt vor allem bei einer konjunkturellen „Überhitzung", d. h. in einer Boomphase auf, in der die Nachfrage stärker steigt als das Angebot. Aus Abschnitt 7.1.4 wissen wir, dass das Konzept einer antizyklischen Fiskalpolitik in einer solchen Situation letztlich nach einem staatlichen **Budgetüberschuss** (surplus saving) verlangt. Das StWG nennt dementsprechend konkrete Instrumente, die der Inflationsbekämpfung (im Juristendeutsch: „im Falle einer die volkswirtschaftliche Leistungsfähigkeit übersteigenden Nachfrageausweitung") dienen sollen und von der Bundesregierung auf dem einfachen Verordnungswege (bei Berührung von Länderinteressen allerdings nur mit Zustimmung des Bundesrates) eingesetzt werden können.

Staatliche Einnahmen sind für den privaten Sektor der Haushalte und Unternehmen insofern mit einem Entzugseffekt verbunden, als ihnen z. B. durch Steuerzahlung Kaufkraft entzogen und dadurch ihre Nachfrage gedämpft wird. Dieser Effekt tritt bereits ein, ohne dass es dazu spezieller Instrumente im Rahmen der antizyklischen Fiskalpolitik bedarf. Das bestehende Steuersystem und insbesondere dabei die Steuerprogression beinhalten bereits einen solchen Entzugseffekt im Konjunkturaufschwung. Es wird daher auch von **automatischen Stabilisatoren** (engl.: built-in flexibility) gesprochen. Sie reichen allerdings nicht aus und müssen durch eine aktive antizyklische Fiskalpolitik verstärkt werden. Bezüglich der Staatseinnahmen bedeutet dies, dass sie noch zusätzlich durch Steuererhöhungen gesteigert werden müssen. Das StWG lässt jedenfalls solche Steuererhöhungen bei der Lohn-, Einkommen- und Körperschaftssteuer zum Zwecke der Konjunkturstabilisierung ausdrücklich zu. In die gleiche Richtung wirken aber auch der Abbau von bisherigen Steuervergünstigungen (z. B. als Möglichkeit der degressiven Abschreibung) oder Erschwernisse im Steuererhebungsverfahren (z. B. bei der Bestimmung der Steuervorauszahlungsbeträge). Wie auch immer: Instrumente zur **Erhöhung der Staatseinnahmen** sind zur Inflationsbekämpfung als Erstes gefragt.

Staatliche Ausgaben für Konsum- und Investitionsgüter (vgl. Abschnitt 3.1) sind Nachfrage und müssen daher zur Inflationsbekämpfung **reduziert** werden. Auf keinen Fall dürfen die erhöhten Staatseinnahmen zur Finanzierung zusätzlicher Ausgaben verwendet werden. Das wäre prozyklische Parallelpolitik. Die Reduzierung von Staatsausgaben ist allerdings ein schwieriges Unterfangen, wenn daran gedacht wird, dass der größte Teil der Ausgaben gebunden ist, weil vertragliche Vereinbarungen (Kaufverträge, Arbeitsverträge etc.) hinter ihnen stehen, die nicht einfach wegen einer bestimmten konjunkturellen Situation verletzt werden können. Rechtssicherheit geht hier vor. Instrumente einer Ausgabenreduktion setzen daher eher bei geplanten Ausgaben an, die z. B. bereits in den staatlichen Haushaltsplan eingebracht und beschlossen worden sind und demnach auch getätigt werden könnten, aber nun zur Konjunkturstabilisierung zurückgestellt werden. Die „Brücke in der Landschaft ohne Anschluss" konnte also durchaus als sichtbares Zeichen einer aktiven antizyklischen Fiskalpolitik gedeutet werden. Ob sie mit den anderen Funktionen der Fiskalpolitik (vgl. Abschnitt 7.1) in Einklang steht, ist eine andere Frage. Wir werden uns mit ihr noch kritisch befassen.

Zusätzliche Staatseinnahmen bei reduzierten Staatsausgaben führen zwangsläufig zu einem **Budgetüberschuss** (surplus saving). Das StWG fordert, dass ein solcher Überschuss einer **Konjunkturausgleichsrücklage** zugeführt oder zur vorzeitigen Schuldentilgung verwendet werden soll. Der Begriff „Konjunkturausgleichsrücklage" macht schon deutlich, dass der im Konjunkturaufschwung gebildete Budgetüberschuss gleichzeitig als Rücklage für „schlechte Zeiten" gedacht ist und dazu verwendet werden soll, das Budgetdefizit im Konjunkturabschwung zu finanzieren. Die eigentliche Frage ist nur, wo Überschüsse gebildet bzw. wo überschüssige finanzielle Mittel hinterlegt werden sollen. „Bei der Bank natürlich" könnte die plausible Antwort lauten. Sie wäre einzelwirtschaftlich zwar verständlich, gesamtwirtschaftlich aber vordergründig. Sie würde nämlich außer Acht lassen, dass alle Instrumente der antizyklischen Fiskalpolitik nur dann ihre volle Wirksamkeit entfalten können, wenn sie nicht zu Reaktionen im privaten Bereich führen, die die gegenteilige Wirkung haben. Genau dieses Problem könnte aber auftreten, wenn Überschüsse im Geschäftsbankensektor hinterlegt oder auch zur vorzeitigen Schuldentilgung eingesetzt werden, denn sie würden dort zu einer Geldmengenausweitung führen, die ihrerseits das Zinsniveau nach unten drücken und dadurch wiederum z. B. die private Investitionsgüternachfrage und in deren Folge auch Preiserhöhungen anregen könnte. Die Anlage der Überschüsse im Geschäftsbankensektor würde also die fiskalpolitisch beabsichtigte Bremswirkung schmälern. Ein sicherer Ort, an dem die Überschüsse oder die vorzeitige Schuldentilgung keine Gegeneffekte entwickeln könnten, wäre dagegen die Zentralbank, denn Geld in Händen der Zentralbank ist lediglich „bedrucktes Papier", dem Wirtschaftsprozess entzogen und damit auch „unschädlich". Das StWG hat diesen Zusammenhängen Rechnung getragen, indem es fordert, die Konjunkturausgleichsrücklage bzw. die vorzeitige Schuldentilgung bei der Deutschen Bundesbank zu bilden bzw. zu leisten. Den Geldsektor werden wir in Abschnitt 7.2 genauer betrachten.

Bei der Antwort auf die Frage, mit welchen Instrumenten im Rahmen einer antizyklischen Fiskalpolitik im Konjunkturabschwung vorgegangen werden sollte, um der in dieser Phase auftretenden **konjunkturellen Arbeitslosigkeit** und der **Abschwächung des Wirtschaftswachstums** entgegenzuwirken, können wir uns sehr kurz fassen, denn gegenüber der Inflationsbekämpfung sind meist nur die Vorzeichen zu ändern. Es beginnt damit, dass die konjunkturelle Abschwächung des Wachstums und die konjunkturelle Arbeitslosigkeit nicht auf einer (im Vergleich zum Angebot) zu großen, sondern zu geringen Nachfrage beruhen. Dementsprechend sollen die Instrumente der antizyklischen Fiskalpolitik darauf hinwirken, die private und die staatliche Nachfrage zu steigern, um die Nachfragelücke zu schließen und dadurch Produktion und Beschäftigung zu fördern. Die private Nachfrage kann durch eine **Senkung der Staatseinnahmen** (z. B. durch Steuersenkungen bei der Lohn-, Einkommen- und Körperschaftssteuer), die staatliche Nachfrage durch eine **Erhöhung der Staatsausgaben** (z. B. durch zusätzliche Staatsaufträge oder vorgezogene Projekte) gesteigert werden. Unterstützend wirken auch dabei wiederum **automatische Stabilisatoren** (built-in flexibility), nun in Gestalt der sozialen Sicherungssysteme, die im Konjunkturabschwung durch zunehmende Sozialleistungen (Transferzahlungen) an die privaten Haushalte (z. B. durch Arbeitslosengeld) zur Stabilisierung des Einkommens, damit der Kaufkraft und letztlich der Nachfrage beitragen.

Einnahmensenkung und Ausgabenerhöhung führen zu einem **Budgetdefizit** (deficit spending), das im Idealfall durch die **Auflösung der Konjunkturausgleichsrücklage** bei der Zentralbank zu finanzieren ist, was zu einer Ausdehnung der Geldmenge, dadurch zu einem Druck auf das Zinsniveau nach unten und zu einem zusätzlich belebenden Effekt z. B. bei der privaten Investitionsgüternachfrage führen dürfte (vgl. Abschnitt 7.2). Reichen die Mittel der Konjunkturausgleichsrücklage allerdings nicht aus, so ist das Defizit durch **Kreditaufnahme** (z. B. durch Begebung von Bundesanleihen) im Geschäftsbankensektor oder außerhalb dieses Sektors (z. B. bei den privaten Haushalten) zu finanzieren. Dies könnte jedoch wiederum zur Ge-

fahr von Gegeneffekten führen, denn eine staatliche Kreditnachfrage würde in Konkurrenz zur privaten Kreditnachfrage
treten (engl.: crowding-out effect; vgl. Abschnitt 7.1.6) und
dadurch das Zinsniveau nach oben ziehen, was sich negativ auf
die private Nachfrage, vor allem auf die private Investitionsgüternachfrage, und in deren Folge auch negativ auf die Beschäftigungssituation auswirken dürfte.

Zu den Fragen, die im Zusammenhang mit den Maßnahmen
der antizyklischen Fiskalpolitik auftreten, gehört, ob der Staat
im Konjunkturaufschwung bzw. -abschwung eher die **Staatseinnahmen** (Steuern) oder eher die **Staatsausgaben** als Instrument einsetzen sollte.

Mit Blick auf den Staatshaushalt macht es keinen Unterschied,
ob z. B. im Rahmen einer antizyklischen Fiskalpolitik die Staatseinnahmen gesenkt (erhöht) oder die Staatsausgaben erhöht
(gesenkt) werden, um die Konjunktur zu beleben (zu dämpfen).
In jedem Fall entsteht – isoliert gesehen – ein Defizit (Überschuss). Die Frage ist allerdings, ob das Ausmaß der Wirkung
einer Einnahmen- bzw. Ausgabenvariation auf den Konjunkturverlauf (gemessen an der Veränderung des Bruttoinlandsprodukts (BIP)) in beiden Fällen gleich ist. Eine nähere Betrachtung
der Zusammenhänge führt zu dem Ergebnis, dass die Wirkung
unterschiedlich ist.

Staatseinnahmen wirken indirekt und multiplikativ auf das
BIP.

Betrachten wir das Beispiel einer expansiven, konjunkturanre-
genden Fiskalpolitik: Eine Senkung der Staatseinnahmen (z. B.
durch eine Senkung der Lohn-, Einkommen- und Körperschaftssteuer) erhöht das verfügbare Einkommen der Steuerzahler und damit deren Kaufkraft. Diese neu gewonnene Kaufkraft
wird zum Kauf von Konsumgütern verwendet, allerdings nicht
in voller Höhe, weil ein Teil gespart wird. Der Kauf der Konsumgüter erhöht das BIP, wie wir aus dem 3. Kapitel wissen.
Wie hoch dieser belebende Effekt ist, hängt von der Sparnei-

gung ab. Je weniger gespart wird, umso größer ist der Effekt. Zu diesem Effekt kommt aber noch ein zweiter Effekt hinzu. Er besteht darin, dass der Kauf der Konsumgüter zu einem höheren verfügbaren Einkommen in der Konsumgüterindustrie führt, denn Produktion und Einkommensentstehung sind zwei Seiten der gleichen „Medaille", wie wir ebenfalls aus dem 3. Kapitel wissen. Dieses höhere Einkommen wird auch wieder zum Teil in die Konsumnachfrage fließen und über die darauffolgende Konsumgüterproduktion das Einkommen erneut steigen lassen usw. Am Ende dieser Wirkungskette, die nur durch den Entzugseffekt des Sparens zum Stillstand kommt, ergibt sich in der Summe eine Steigerung des BIP, die weit über den belebenden Effekt im ersten Schritt hinausgeht. Dieser Effekt wird **Multiplikatoreffekt** genannt, da es zu einer Vervielfachung des auslösenden Effekts der staatlichen Einnahmensenkung kommt. Da es sich bei einer Veränderung der staatlichen Einnahmen in erster Linie um Steueränderungen handelt, kann auch vom **Steuermultiplikator** gesprochen werden.

Die im Rahmen des Steuermultiplikators immer neu entfachte Konsumgüternachfrage legt die Frage nahe, ob die zur Nachfragedeckung notwendige Ausdehnung der Konsumgüterproduktion nicht irgendwann in der Konsumgüterindustrie an Kapazitätsgrenzen stößt, die nur durch Erweiterungsinvestitionen beseitigt werden können. Eine Erhöhung der Investitionen führt aber selbst wiederum zu einer Produktionssteigerung bzw. zu einer Erhöhung des BIP, dadurch zu einer Einkommenssteigerung, die ihrerseits wieder die Konsumgüternachfrage und -produktion erhöht usw. Der Multiplikator wird also noch verstärkt. Dieser Verstärkereffekt wird **Akzelerator** genannt.

Staatsausgaben wirken direkt und multiplikativ auf das BIP.

Staatliche Konsum- und Investitionsausgaben fließen direkt in das BIP ein, wie wir aus dem 3. Kapitel wissen. Eine Erhöhung dieser Ausgaben zur Konjunkturbelebung führt also bereits im ersten Schritt zu einer Erhöhung des BIP und damit zu einer Erhöhung des verfügbaren Einkommens in der Konsum- und Investitionsgüterindustrie. Die dort neu gewonnene Kaufkraft führt zu einer Erhöhung der Konsumausgaben, die ihrerseits über eine Erhöhung der Konsumgüterproduktion erneut das verfügbare Einkommen steigen lassen usw. Es tritt also die gleiche Wirkungskette wie beim Steuermultiplikator auf, wird aber nun **Staatsausgabenmultiplikator** genannt. Auch dieser Multiplikatoreffekt wird durch den Akzelerator noch weiter verstärkt.

Subventionen und Transferzahlungen sind zwar haushaltstechnisch auch zu den Ausgaben zu zählen, von ihrer Wirkungsweise her sind sie jedoch als negative Steuern bzw. Einnahmen zu interpretieren. Sie wirken damit auch nur indirekt und multiplikativ auf das BIP ein. Einerseits für Steuerentlastungen zu plädieren und andererseits einen Subventionsabbau zu fordern, ist widersprüchlich und zeugt von ökonomischer Unkenntnis derjenigen, die solche Ansinnen aus konjunkturpolitischer Sicht stellen. Subventionen sind nichts Anderes als negative Produktionsabgaben (indirekte Steuern) und umgekehrt, d. h., eine Streichung von Subventionen wirkt auf diejenigen, die mit ihr konfrontiert werden, wie eine Steuererhöhung. **Steuerentlastungen und Subventionsabbau wirken gegenläufig** auf das Verhalten im privaten Sektor ein. Wer Steuerentlastungen bei gleichzeitigem Subventionsabbau fordert, dürfte daher im Kern etwas Anderes im Sinn haben, nämlich eine Strukturverschiebung in der staatlichen Einflussnahme und vor allem eine Reduktion des gesamten staatlichen Haushaltsvolumens. Das wahre politische Ziel dürfte demnach eine Beschneidung des staatlichen Sektors zugunsten des privaten, marktwirtschaftlich organisierten Sektors sein. Das sollte dann allerdings klar gesagt werden.

Wir können aus dem **Vergleich des Staatsausgabenmultiplikators mit dem Steuermultiplikator** den Schluss ziehen, dass der Staatsausgabenmultiplikator wegen der direkten Wirkung der Staatsausgaben auf das BIP größer sein muss als der Steuermultiplikator mit seiner indirekten Wirkung. Bei einer angenommenen, aber durchaus realistischen Sparneigung von 0,2 bzw. 20 %, d. h., 20 % eines gestiegenen verfügbaren Einkommens werden gespart, würde der Staatsausgabenmultiplikator einen Wert von 5, der Steuermultiplikator aber nur einen Wert von 4 haben. Demnach würde z. B. der staatliche Bau einer Autobahn als staatliche Investition mit einem Auftragsvolumen von 100 Mio. EUR – ohne Berücksichtigung des Akzelerators – das BIP letztlich um 500 Mio. EUR steigen lassen, während eine Steuersenkung um den gleichen Betrag das BIP letztlich nur um 400 Mio. EUR erhöhen würde.

Dieses Ergebnis ist fiskalpolitisch von großer Bedeutung, denn bei der Wahl zwischen einer Steuersenkung und einer betragsmäßig und daher auch haushaltsmäßig gleichen Staatsausgabenerhöhung zur Konjunkturankurbelung wäre der Ausgabenerhöhung der Vorzug zu geben, obwohl vielleicht aus wahltaktischen Gründen eine Steuersenkung bevorzugt wird. In beiden Fällen würde es allerdings isoliert gesehen zu einem Haushaltsdefizit in gleicher Höhe kommen. Wäre dies unerwünscht und würde daher die Ausgabenerhöhung mit einer entsprechenden Steuererhöhung finanziert, so würden sich dadurch keineswegs beide Effekte gegenseitig neutralisieren, sondern es würde per Saldo immer noch ein expansiver Effekt auftreten, in unserem Beispiel mit einem Betrag von 100 Mio. EUR. Auch mit einem stets ausgeglichenen Staatshaushalt könnte also allein durch eine Erhöhung des Haushaltsvolumens ein expansiver Effekt erzielt werden. Diese Erkenntnis wird auch als **Haavelmo-Theorem** bezeichnet, benannt nach dem norwegischen Nationalökonomen und Nobelpreisträger Trygve Haavelmo (1911–1999).

7.1.6 Probleme der antizyklischen Fiskalpolitik

Wir haben gesehen, dass im Rahmen einer antizyklischen Fiskalpolitik die **staatliche Kreditaufnahme** zur Finanzierung zusätzlicher Staatsausgaben (deficit spending) im Konjunkturabschwung nicht nur völlig **normal** ist, sondern ausdrücklich gefordert werden muss, sofern die Mittel der im Aufschwung möglicherweise gebildeten Konjunkturausgleichsrücklage nicht ausreichen. Je länger ein Konjunkturabschwung dauert, umso stärker wird demnach auch die Staatsverschuldung ansteigen. Das sollte uns nicht verunsichern und an dem Konzept der antizyklischen Fiskalpolitik zweifeln lassen, denn wir haben schon im Abschnitt 7.1.4 hervorgehoben, dass einzelwirtschaftlich vielleicht richtige Verhaltensweisen keinen Maßstab für gesamtwirtschaftliches Verhalten abgeben, sondern dort eher falsch sind. Diese Aussage gilt generell für den Vergleich von privaten und staatlichen Verhaltensprinzipien, auch im Schuldenverhalten. Immer wieder wird in der politischen Diskussion das Gespenst des „Staatsbankrotts" an die Wand gemalt, besonders gern in Wahlzeiten und besonders gern durch die Opposition, unabhängig von ihrer politischen Farbe. Es werden damit menschliche Urängste, insbesondere im deutschen Sprachraum, angesprochen, die nicht klar zwischen ökonomischer und moralischer Schuld unterscheiden können und jegliche Verschuldung als moralisch verwerflich ansehen. Der „Schuldturm" wartet auf den „Schuldner", weil er sich „schuldig" gemacht hat und demnach büßen muss. Verschuldung erscheint in diesem Licht grundsätzlich als „schuldhaft". Dementsprechend wird der Abbau der Staatsverschuldung euphorisch als Zeichen deutscher Solidität und der betreffenden Regierung gefeiert. Wir haben schon betont, dass weniger Aufgeregtheit bzw. Euphorie und mehr sachliche Nüchternheit angemessener wären. Wir wollen uns daher kurz einer allgemeinen Beurteilung der Staatsverschuldung zuwenden.

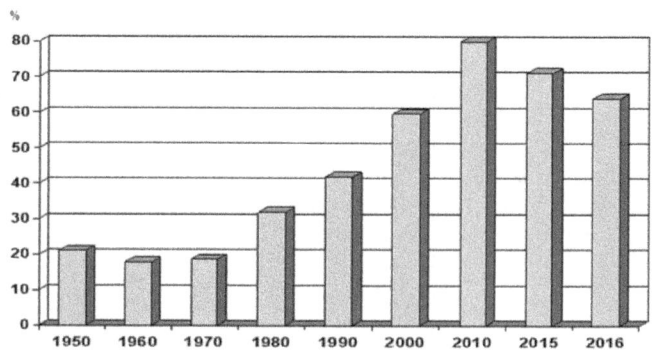

Die Entwicklung der Staatsverschuldung in Deutschland in Prozent des Bruttoinlandsprodukts

Quelle: Statistisches Bundesamt

Ein Blick in die Praxis bestätigt zunächst, dass im Zeitablauf über die Jahrzehnte die deutsche **Staatsverschuldung tendenziell zugenommen** hat, trotz zeitweiliger Versuche der Finanzpolitik, diese Tendenz umzukehren. Betrug der staatliche **Schuldenstand** im Jahr 1950 noch ca. 11 Mrd. EUR, so ist er bis zum Jahr 2016 auf ca. 2.006 Mrd. EUR ($\approx$ 64 % des BIP) angewachsen, davon ca. 1.260 Mrd. EUR beim Bund, ca. 605 Mrd. EUR bei den Ländern, ca. 141 Mrd. EUR bei den Gemeinden und der Rest (mit Überschüssen) bei den Sozialversicherungen und den Sondervermögen des Bundes. Pro Kopf der Bevölkerung stieg der staatliche Schuldenstand im gleichen Zeitraum von ca. 220 EUR auf ca. 24.500 EUR an. Die jährliche Zunahme des Schuldenstandes, die **Neuverschuldung** ($\approx$ Nettokreditaufnahme = Bruttokreditaufnahme minus Tilgung), schwankte stark in der jüngeren Vergangenheit, nämlich zwischen ca. 44 Mrd. EUR ($\approx$ 2,9 % des BIP) im Jahr 1991, in der Spitze ca. 180 Mrd. EUR ($\approx$ 9,8 % des BIP) im Jahr 1995 und immer noch ca. 84 Mrd. EUR ($\approx$ 3,8 % des BIP) im Jahr 2004 in Folge der deutschen Wiedervereinigung, dann sogar einer Reduktion auf einen Haushaltsüberschuss in Hohe von ca. 7 Mrd. EUR im Jahr 2007, dann wieder einem starken Anstieg auf ca. 105 Mrd. EUR ($\approx$ 4,1 % des BIP) im Krisenjahr 2010 und dann einem kontinuierlichen Rückgang bis zu Haushaltsüberschüssen in den Jahren 2015 und 2016. Die zulässigen Grenzwerte (Konvergenzkriterien) von 60 % des BIP für den Schuldenstand bzw. 3 % des BIP für die Neuverschuldung nach dem Maastrichter Vertrag über die Europäische Währungsunion (EWU) (vgl. Abschnitt 7.2.6) wurden damit auch im Jahr 2016 beim Schuldenstand immer noch überschritten. Als Folge der zunehmenden Staatsverschuldung stieg die Zinsquote, d. h. der Anteil der Zinsausgaben an den staatlichen Gesamtausgaben (also neben den staatlichen Konsum- und Investitionsausgaben auch den Transferzahlungen und Subventionen) von ca. 1,8 % im Jahr 1950 auf ca. 3,5 % im Jahr 2015 an.

Diese wenigen Zahlen zeigen, dass die deutsche Staatsverschuldung im Zeitablauf der Nachkriegszeit deutlich zugenommen hat. Sie sind aber auch Ausdruck dafür, dass der Staat am Wirtschaftsgeschehen immer stärker teilgenommen hat, denn der

Anteil der staatlichen Gesamtausgaben am BIP, die **Staatsquote**, stieg von ca. 32 % im Jahr 1950 auf ca. 48 % im Jahr 2009 und schwächte sich dann auf ca. 44 % im Jahr 2015 ab. Vereinfacht lässt sich sagen, dass mittlerweile fast jeder zweite EUR des BIP direkt (über den Staatskonsum und die staatlichen Investitionen) oder indirekt (über die Transferzahlungen und Subventionen) staatlich verwaltet wird. Angesichts dieser Zahlen drängen sich Fragen auf: Wie haben wir die zunehmende Staatsverschuldung zu beurteilen? Müssen wir einen Abbau der Staatsverschuldung verlangen? Müssen „Schwarze Nullen" das Ziel sein? Droht sonst ein „Staatsbankrott"? Gibt es überhaupt eine obere Grenze der Staatsverschuldung?

Zur **Beurteilung der Staatsverschuldung** sollten wir uns zunächst vor Augen halten, was sich hinter einer Verschuldung verbirgt. Sie ist nüchtern betrachtet nichts anderes als eine Umverteilung von Geld bzw. letztlich von Gütern. Es wird an einer Stelle Geld aufgenommen und an eine andere Stelle umgeleitet. Wichtig ist, klar zwischen einer Verschuldung im Innenverhältnis und einer Verschuldung im Außenverhältnis zu unterscheiden. So sind z. B. die Verschuldensvorgänge innerhalb einer Familie als Gemeinwesen (z. B. in Gestalt des Haushaltsgeldes oder des Taschengeldes) eine Sache, aber die Verschuldung dieser Familie im Außenverhältnis (z. B. bei einer Geschäftsbank) eine andere Sache. Letztere kann problematisch werden, wenn Schulden nicht mehr getilgt werden können und der Gerichtsvollzieher droht. Im Innenverhältnis droht schlimmstenfalls ein Familienstreit, aber doch kein „Bankrott", denn das Familieneinkommen hat sich nicht geändert, lediglich seine Verteilung. Ähnlich könnte für die Verschuldung eines Unternehmens im Innen- und Außenverhältnis argumentiert werden. Forderungen und Verbindlichkeiten im Innenverhältnis saldieren sich in der Summe zu Null.

Wenn wir diese Gedanken auf die gesellschaftliche bzw. staatliche Ebene übertragen, so wird uns bewusst, dass auch die jährliche Neuverschuldung des Staates erst einmal eine Umverteilung ist, eine Umverteilung des gesamten, gesellschaftlich verfügbaren Einkommens. Es entspricht in einer geschlossenen

Volkswirtschaft und damit nur im Innenverhältnis dem Netto-inlandsprodukt (NIP) (vgl. Abschnitt 3.5.3). Von staatlicher Seite wird ein Kredit aufgenommen, indem z. B. eine Bundesan-leihe begeben und diese Anleihe z. B. durch deutsche Sparer gezeichnet wird, die dadurch in eine Gläubigerrolle gegenüber ihrem Staat geraten. Die durch die Kreditaufnahme erzielten außerordentlichen Einnahmen des Staates werden von diesem im Rahmen der Fiskalpolitik an eine andere Stelle (z. B. in die Produktion öffentlicher Güter) gelenkt, in der Hoffnung, dass die Mittel dort „besser aufgehoben" sind. Unter diesem Blick-winkel ist die Höhe der staatlichen Neuverschuldung theore-tisch nur durch das gesamte Verteilungsvolumen des NIP be-grenzt. Die Tilgungs- und Zinszahlungen können entweder durch außerordentliche Einnahmen aus neuen Krediten oder durch ordentliche Einnahmen aus der Steuererhebung (auch bei den Anleihezeichnern selbst) geleistet werden. Die Möglichkeit, mit Steuereinnahmen Kreditverpflichtungen zu bedienen, hat nur der Staat. Er ist gegenüber seinen Bürgern der Souverän und hat das Gewaltmonopol, das sich z. B. in seiner Steuerho-heit äußert. Es macht im Kern auch den Unterschied zwischen einer staatlichen und einer privaten Verschuldung aus.

> Eine Überschuldung des Staates mit der Gefahr des Kon-kurses im betriebswirtschaftlichen Sinne ist im Innenver-hältnis gegenüber seinen Bürgern nicht möglich.

Eine Überschuldung des Staates ist nur im Außenverhältnis möglich, d. h., auf der internationalen Ebene gegenüber anderen Staaten und deren Bürgern. Allerdings ist auch dort der „Bank-rott" eines Staates im betriebswirtschaftlichen Sinne mit der Liquidation und damit der Auflösung des Staates selbst nur schwer vorstellbar. Dass er aber durchaus real sein kann, weil ein Staat seinen internationalen Zahlungsverpflichtungen nicht mehr nachkommen kann, hat in der jüngsten Vergangenheit z. B. die Euro-Krise mit kritischen Ländern wie z. B. Griechen-land gezeigt. Ein möglicher Staatsbankrott auf dieser Ebene hat aber nicht nur eine andere Dimension wie z. B. ein Unterneh-

mensbankrott, sondern wird international auch anders beurteilt
und ist dementsprechend auch mit anderen Konsequenzen (z.
B. mit Hilfsprogrammen durch andere Staaten) verbunden. Im
Kern geht es um die Souveränität eines Staates, die mit einem
möglichen Staatsbankrott in Gefahr geraten würde. Unternehmen können wegen Insolvenz von der Bildfläche verschwinden,
Staaten wohl eher nicht.

Das Hauptproblem der Staatsverschuldung ist nach dem bisher
Gesagten vor allem ein **Verteilungsproblem**. Ein Verteilungsproblem der Staatsverschuldung betrifft zum einen die **Ein-
kommens- und Vermögensverteilung**. Sie wird durch eine
zunehmende Staatsverschuldung zugunsten der höheren Ein-
kommens- und Vermögensschichten der Gesellschaft verschoben und wirft damit die Frage der Verteilungsgerechtigkeit auf.
Insbesondere die Bezieher höherer Einkommen sind in der
Lage, Staatsanleihen mit entsprechenden Zinseinkünften zu
erwerben, die in der Folge ihr Geldvermögen noch weiter erhöhen. Die Zinszahlungen gehen dagegen zu Lasten der Steuerzahler, die vor allem den mittleren Einkommensschichten ange-
hören. Ein anderes Verteilungsproblem der Staatsverschuldung
betrifft die **Verteilung zwischen öffentlichem und privatem
Sektor**. Eine zunehmende Staatsverschuldung, die über das
gesamtwirtschaftliche Wachstum hinausgeht, bedeutet nämlich,
dass die Staatsquote steigt und demnach die staatlichen Eingriffe in den privatmarktwirtschaftlichen Bereich an Gewicht gewinnen. Darin könnte die grundsätzliche Gefahr von Ineffizien-
zen bzw. **Wachstums- und Beschäftigungsverlusten** gesehen
werden, wenn das Vertrauen in einen marktwirtschaftlichen
Koordinationsmechanismus zur Verwirklichung des Wachs-
tums- und Beschäftigungszieles größer ist als das Vertrauen in
eine staatlich-zentralverwaltungswirtschaftliche Koordination.

In die gleiche Richtung zielt die Warnung vor dem schon kurz
erwähnten **Crowding-out Effekt**, der von einer durch die
staatliche Kreditnachfrage ausgelösten Zinserhöhung ausgeht,
die zu einer Verdrängung der privaten und möglicherweise
effizienteren Investitionsgüternachfrage führen könnte. Dies
wird insbesondere dann der Fall sein, wenn durch die Kredit-

einnahmen nicht so sehr staatliche Investitionen, sondern vielmehr staatliche Konsumausgaben (z. B. in Gestalt höherer
Personalausgaben) finanziert werden. Die „Väter" des Grundgesetzes (GG) versuchten diesem Problem dadurch vorzubeu-
gen, dass sie in Art. 115 GG die staatliche Kreditaufnahme
grundsätzlich nur zum Zwecke der Finanzierung staatlicher
Investitionen zuließen. Ausnahmen waren lediglich bei einer
Störung des gesamtwirtschaftlichen Gleichgewichts zulässig. Sie
verbanden damit auch die Hoffnung, dass mit staatlichen Investitionen noch am ehesten Wachstumseffekte ausgelöst werden
können, die ihrerseits zu neuen Staatseinnahmen führen und die
Tilgungs- und Zinszahlungen für die aufgenommenen Kredite
gleichsam selbst finanzieren können. Auch die Vorstellung
spielte eine Rolle, dass **Ungerechtigkeiten zwischen den
Generationen** (Intergenerationengerechtigkeit) verhindert werden müssen. Sie können darin gesehen werden, dass Nutznießer
der mit der staatlichen Kreditaufnahme finanzierten Staatsausgaben die gegenwärtige Generation ist, aber die Tilgungs- und
Zinszahlungen von den künftigen Generationen mit ihrer Steuerzahlung zu finanzieren sind.

Allerdings ist festzustellen, dass die Verschuldensgrenze des Art.
115 GG häufig von jeder Regierung überschritten wurde, ohne
dass dies gleich zu einer Klage vor dem Bundesverfassungsgericht geführt hätte. Als Begründung wurde immer die Ausnahmesituation einer Störung des gesamtwirtschaftlichen Gleichgewichts angeführt. So betrug z. B. auch im Krisenjahr 2009 die
Investitionsquote ca. 1,7 % bei einer Neuverschuldensquote
von ca. 3,0 % des nominalen BIP. Im Jahr 2009 wurde dann im
Zuge der Föderalismusreform – vor allem vor dem Hintergrund
der hohen Staatsverschuldung und der Absicht zu deren Reduktion – die alte Verschuldensregel des Art. 115 GG geändert. Als
neue Verschuldensregel und Schuldenbremse wurden mit Art.
109 Abs. 3 und Art. 115 GG eine strukturelle, eine konjunkturelle und eine außergewöhnliche Komponente für die staatliche
Neuverschuldung eingeführt. Die langfristige, **strukturelle
Komponente** verpflichtet zu einer im Zeitablauf gleichsam
„normalen" Neuverschuldung des Bundes von nicht mehr als
0,35 % des nominalen BIP, während die kurz- und mittelfristige,

konjunkturelle Komponente ein Überschreiten des strukturellen Grenzwertes bei einer antizyklischen Fiskalpolitik (vgl. Abschnitt 7.1.4) im konjunkturellen Abschwung zwar zulässt, jedoch die Rückführung des Differenzbetrages im konjunkturellen Aufschwung fordert. Weiterhin ist mit der kurzfristigen, **außergewöhnlichen Komponente** ein Überschreiten der strukturellen Verschuldensgrenze auch in plötzlich auftretenden Notsituationen (z. B. Naturkatastrophen, aber auch Finanzkrisen) zulässig, allerdings nur mit einem klaren Tilgungsplan. Für die Bundesländer wurde die strukturelle Verschuldensgrenze insofern verschärft, als sie auf 0 % vom nominalen BIP festgesetzt wurde. Regelungen bezüglich einer konjunkturellen und außergewöhnlichen Komponente wurden der jeweiligen Landesverfassung überlassen.

Die staatlichen Verschuldensregeln des deutschen Grundgesetzes sind im Kern auch die Regeln, zu deren Einhaltung sich die meisten Länder der Europäischen Wirtschafts- und Währungsunion (EWWU) in einem **Fiskalpakt** verpflichtet haben.

Zum **Problem der Intergenerationengerechtigkeit** ist zu sagen, dass erst einmal grundsätzlich jede Kreditaufnahme zu Einnahmen beim Kreditnehmer führt. Es ist also zu fragen, wie diese Einnahmen verwendet werden. Sie könnten z. B. dazu dienen, der jüngeren Generation mit staatlicher Unterstützung Bildungschancen zu eröffnen und zu finanzieren, die sie ohne diese Unterstützung nie hätte nutzen können und die ihr in der Zukunft ein höheres Einkommen sichern. Was spricht dann dagegen, diese geförderte Generation auch in späteren Jahren am Schuldendienst zu beteiligen? Angesichts einer staatlichen Kreditaufnahme von „Versündigung an künftigen Generationen" zu sprechen, zeugt daher eher von vordergründiger Effekthascherei. Das Problem liegt also in diesem Fall und in ähnlichen Fällen mehr an der Verwendung der Krediteinnahmen als an dem Kredit selbst.

Inflationsgefahren könnten insofern von einer zunehmenden Staatsverschuldung ausgehen, als es mit der staatlichen Kreditaufnahme zu einer Ausweitung der umlaufenden Geldmenge kommt, die nicht auf eine entsprechende Ausweitung der Gütermenge stößt. Eine Ausweitung der Geldmenge ist allerdings nur mit Zustimmung oder zumindest Duldung der Zentralbank möglich. Diese aber ist gesetzlich und vorrangig zur Inflationsbekämpfung verpflichtet und in ihren Handlungen autonom. Eine direkte Kreditvergabe an den Staat ist ihr außerdem untersagt (vgl. Abschnitt 7.2). Zu einer Ausdehnung der Geldmenge durch eine staatliche Kreditaufnahme könnte es auf indirektem Wege nur kommen, wenn die Zentralbank die entsprechend begebenen Staatsanleihen von den Anleihezeichnern (Geschäftsbanken, Unternehmen etc.) am Kapitalmarkt ankaufen oder sie zumindest als Sicherheit bei einer zusätzlichen Bargeldversorgung der Geschäftsbanken akzeptieren würde. Dies aber würde – wie gesagt – voraussetzen, dass die Zentralbank entweder keine Inflationsgefahren sieht oder diese gesetzeswidrig für nebensächlich hält. In Abschnitt 7.2 werden wir uns mit dieser Sachlage näher beschäftigen.

Ein letztes Argument gegen eine zunehmende Staatsverschuldung setzt bei den vertraglichen Zinszahlungen an und verweist darauf, dass mit steigenden Zinszahlungen die **Manövriermasse des Staatshaushaltes abnimmt**, weil immer mehr Mittel von vornherein auf der Ausgabenseite vertraglich gebunden sind und nicht mehr flexibel zur Bekämpfung von wirtschaftlichen Krisensituationen eingesetzt werden können. Der schon anfangs festgestellte Anstieg der Zinsquote an den staatlichen Gesamtausgaben auf gegenwärtig mehr als 9 % könnte dafür ein alarmierendes Zeichen sein. Allerdings lässt sich auch dafür kein objektiv messbarer, kritischer Grenzwert angeben. Zudem ist wiederum zu bedenken, dass aus volkswirtschaftlicher Sicht einzelwirtschaftliche Kosten in der Summe den Erträgen gleich sind, d. h., die staatlichen Zinsausgaben führen zu Zinseinnahmen bzw. -einkommen bei den meist privaten Kreditgebern und fließen außerdem über deren Steuerzahlung teilweise wieder an den Staat zurück.

Neben dem Problem der steigenden Staatsverschuldung, das seine Ursache u.a. darin hat, dass in Phasen des Konjunkturaufschwungs keine hinreichende Konjunkturausgleichsrücklage gebildet wurde und deshalb in Phasen des Konjunkturabschwungs

Kredite benötigt wurden, um zusätzliche Staatsausgaben zu finanzieren, besteht ein grundsätzliches Problem bei der Umsetzung der antizyklischen Fiskalpolitik darin, dass **Maßnahmen** der antizyklischen Fiskalpolitik ökonomisch sinnvoll, aber **politisch unpopulär** sein können und sie deshalb von den Trägern der Politik nur teilweise oder gar nicht umgesetzt werden.

Ein demokratisch gewählter Fiskalpolitiker wird dazu neigen, sich zur Sicherung seiner politischen Existenz und des daraus folgenden Einkommens in Gestalt der Abgeordnetendiät als „Stimmenmaximierer" zu verhalten und für seine Wähler unangenehme, obgleich im Rahmen einer antizyklischen Fiskalpolitik erforderliche Maßnahmen (z. B. Steuererhöhungen) aufzuschieben oder gar nicht erst zu ergreifen. Im Gegenzug könnte er für seine Wähler angenehme Maßnahmen (z. B. Steuersenkungen) anstreben, obwohl sie einer antizyklischen Fiskalpolitik zuwiderlaufen würden.

Konkret dürfte es eher unwahrscheinlich sein, dass z. B. in einem inflationsgefährlichen Konjunkturaufschwung, der kurz vor einer Wahl auftritt, die notwendigen Maßnahmen einer antizyklischen Fiskalpolitik in Gestalt von Steuererhöhungen oder/und Staatsausgabensenkungen ergriffen werden. Angesichts gefüllter Staatskassen Zurückhaltung zu üben und nicht mit Steuergeschenken Wähler zu gewinnen versuchen, ist ein hoher Anspruch und wird vielleicht als zu hoch empfunden. Auch im Konjunkturabschwung bei drohender Arbeitslosigkeit, aber angesichts leerer Staatskassen aufgrund von Steuerausfällen dürfte es einem Fiskalpolitiker schwerfallen, die Staatsausgaben zu erhöhen und sie notfalls mit Krediten zu finanzieren. Ist ihm nicht schon selbst in seiner Kindeserziehung oder auch seinen Wählern in deren Kindeserziehung beigebracht worden, in „schlechten Zeiten" zu sparen und möglichst keine Schulden zu machen? Das Konzept einer antizyklischen Fiskalpolitik stellt vor diesem Hintergrund eine große Hemmschwelle für diejenigen dar, die sie betreiben sollen.

Das Gleiche gilt für das Verhalten der Länder und insbesondere der Gemeinden, die ihre gesamtwirtschaftliche Verantwortung nicht erkennen, in ihrem Verhalten häufig dem Verhalten von privaten Haushalten gleichen und zusätzliche finanzielle Mittel auch ausgeben bzw. bei fehlenden finanziellen Mitteln in ihren Ausgaben zurückhaltend sind. Die Konsequenz muss ein **prozyklisches Verhalten** in der Fiskalpolitik sein, das wir schon als destabilisierende **Parallelpolitik** charakterisiert hatten. Die Stabilisierungsfunktion der Fiskalpolitik geht dadurch verloren.

Wird die Stabilisierungsfunktion der Fiskalpolitik durch ein prozyklisches Verhalten nicht erfüllt, so könnte dem entgegengehalten werden, dass es noch zwei weitere Funktionen gibt, die Allokations- und Distributionsfunktion (vgl. Abschnitt 7.1), die stattdessen erfüllt werden könnten. In diesem Argument kommt eine weitere Schwierigkeit der antizyklischen Fiskalpolitik zum Ausdruck, nämlich mögliche Zielkonflikte. Vor allem ein **Zielkonflikt zur Allokationsfunktion** liegt nahe, denn es könnte einerseits zur Versorgung mit öffentlichen Gütern notwendig sein, z. B. eine staatliche Infrastrukturinvestition in Gestalt einer Straße zu tätigen, andererseits aber könnte diese Notwendigkeit in einem Konjunkturaufschwung auftreten, der unter dem Konzept einer antizyklischen Fiskalpolitik gerade eine Zurückhaltung bei den Staatsausgaben und daher ein Zurückstellen des Auftrages zum Straßenbau erfordern würde. Ein **Zielkonflikt zur Distributionsfunktion** würde z. B. auftreten, wenn Steuererhöhungen zur Konjunkturdämpfung vor allem die Bezieher geringer und mittlerer Einkommen treffen und damit eine ohnehin schon bestehende Ungleichheit in der Einkommens- und Vermögensverteilung noch verstärken würde.

Aber auch **Zielkonflikte innerhalb der Stabilisierungsfunktion** der Fiskalpolitik sind denkbar, denn das StWG fordert in § 1 eine gleichzeitige Erfüllung der genannten vier Ziele. Ein klassischer Zielkonflikt innerhalb dieses Zielkataloges ist der mögliche und höchst wahrscheinliche Konflikt zwischen dem Ziel der Preisniveaustabilität und dem Ziel der Vollbeschäftigung. Ein Blick in die Realität lässt bereits einen solchen Konflikt vermuten, denn in Zeiten der Preisniveaustabilität herrschte meistens Arbeitslosigkeit bzw. in Zeiten der Vollbeschäftigung bestanden Inflationsgefahren. Auch theoretisch spricht einiges für eine solche Konfliktbeziehung, denn Inflationsgefahren gehen von einer im Verhältnis zum Angebot zu großen Nachfrage aus, während zumindest eine konjunkturelle Arbeitslosigkeit auf eine relative Nachfrageschwäche zurückzuführen sein dürfte, die dann aber eben keine Inflationsgefahren in sich birgt. Für eine antizyklische Fiskalpolitik ergibt sich daraus das Problem, dass wirksame Maßnahmen zur Erreichung eines Zieles in der Folge leicht wieder Maßnahmen zur Erreichung des nächsten Zieles erforderlich machen könnten und insofern ein dauernder Handlungsdruck entsteht. Es liegt daher nahe, bei den vier Zielen des StWG von einem **Magischen Viereck** zu sprechen. Die Richter des Bundesverfassungsgerichts haben dazu trocken erklärt: „Das gesamtwirtschaftliche Gleichgewicht ist stets prekär."

Insgesamt lässt sich sagen, dass das Konzept der antizyklischen Fiskalpolitik theoretisch wenig Angriffspunkte bietet, in der praktischen Umsetzung jedoch auf Schwierigkeiten stößt, die beim Betrachter eine eher skeptische Haltung provozieren und **Zweifel an der Praktikabilität des Konzepts** aufkommen lassen.

7.2 Geld- und Kreditpolitik

Die Geld- und Kreditpolitik ist Teil der Wirtschaftspolitik, die ihrerseits Teil der Gesellschaftspolitik ist (vgl. Abschnitt 5.2). Die Geld- und Kreditpolitik zählt neben der antizyklischen Fiskalpolitik (vgl. Abschnitt 7.1) zu der Konjunkturpolitik, d. h., sie ist kurz- und mittelfristig ausgerichtet und soll den Konjunkturverlauf stabilisieren. Konjunkturstabilisierung bedeutet, einen zu heftigen Konjunkturaufschwung zu dämpfen und einen zu steilen Konjunkturabschwung aufzuhalten und in die Gegenrichtung zu lenken.

7.2.1 Die Europäische Zentralbank (EZB) als Träger der Geld- und Kreditpolitik im Euroraum

Die Geld- und Kreditpolitik wird in der **Europäischen Währungsunion (EWU)** auf Grund des Vertrages über die Europäische Gemeinschaft (EGV) und der ESZB/EZB-Satzung vom

Europäischen System der Zentralbanken (ESZB) und dabei der **Europäischen Zentralbank (EZB)** als oberster Währungsbehörde betrieben. Die EWU als Währungsgemeinschaft mit dem **Euro (EUR)** und Cent als gemeinsamer Währung besteht seit dem 1. 1. 1999 und umfasst gegenwärtig 19 Länder, zu denen auch die Bundesrepublik Deutschland zählt. Die EWU ihrerseits ist Teil der Europäischen Wirtschaftsunion, die bereits seit dem 1. 1. 1993 besteht. Sie umfasst nach der Osterweiterung in den Jahren 2004 und 2007 gegenwärtig 28 Länder (demnächst 27 Länder nach dem Austritt Großbritanniens („Brexit")) und beruht als Wirtschaftsunion bzw. als **Europäischer Wirtschaftsraum (EWR)** im Kern auf einem grenzenlos freien (z. B. zollfreien) Güter- und Faktorverkehr zwischen den Mitgliedsländern (Binnenmarkt). Welche Länder Mitglied der **Europäischen Wirtschafts- und Währungsunion (EWWU)** oder kurz: der **Europäischen Union (EU)** sind, kann den Informationsplattformen im Internet (z. B. www.wikipedia.de) entnommen werden.

Mit dem Eintritt in die letzte Phase der EWU am 1. 1. 1999, die am 1. 1. 2002 mit der Einführung des EUR als gesetzlichem Zahlungsmittel zum Abschluss kam, wurde auch das jeweilige Währungsverhältnis der noch bestehenden nationalen Währungen der Mitgliedsländer zum EUR unwiderruflich festgelegt. Für die DM galt damals das feste Währungsverhältnis: 1 EUR = 1,95583 DM.

Vorrangiges Ziel der Geld- und Kreditpolitik der EZB ist nach Art. 105 EGV die Gewährleistung der **Preisniveaustabilität**. Neben diesem vorrangigen Ziel hat sie die allgemeine Wirtschaftspolitik in der Gemeinschaft zu unterstützen. Andere Ziele wie vor allem das Vollbeschäftigungsziel sind also für die EZB (im Unterschied z. B. zur US-amerikanischen Zentralbank, der Federal Reserve Bank (FED)) zweitrangig.

Die EZB hat ihren Hauptsitz in Frankfurt/Main und ist nach dem föderalistischen Prinzip aufgebaut, d. h., sie verfügt über Niederlassungen in den verschiedenen Mitgliedsländern der EWU in Gestalt der nationalen Zentralbanken. In Deutschland ist dies die **Deutsche Bundesbank**. Die nationalen Zentralbanken ihrerseits verfügen in Bundesstaaten über Niederlassungen in den Bundesländern (in Deutschland z. B. in Gestalt der Landeszentralbanken) oder/und über Niederlassungen in größeren Städten (Bankplätze). Orte ohne Niederlassung der EZB bzw. der nationalen Zentralbank heißen Nebenplätze.

Das oberste Verwaltungsgremium (Exekutive) der EZB ist das **Direktorium der EZB** (Präsident, Vizepräsident und 4 weitere Mitglieder), dem der EZB-Präsident vorsitzt. Deutschland ist mit einem Mitglied im Direktorium vertreten. Maßnahmen der Geld- und Kreditpolitik werden jedoch vom **EZB-Rat** mehrheitlich beschlossen, der sich aus den (z. Zt. 19, davon 15 stimmberechtigten) Präsidenten der nationalen Zentralbanken der EWU (darunter auch der Präsident der Deutschen Bundesbank) und den 6 Mitgliedern des EZB-Direktoriums (darunter auch ein deutsches Mitglied) zusammensetzt. Um die Anzahl der stimmberechtigten Mitglieder des EZB-Rates bei künftig neu hinzukommenden EWU-Ländern nicht zu stark wachsen zu lassen und auf insgesamt 21 zu begrenzen, wurde beschlossen, dass bei mehr als 18 Ländern, also ab einer Länderzahl von 19 bzw. einer Gesamtmitgliederzahl von 25 im EZB-Rat, einzelne Mitgliedsländer nach einem bestimmten Rotationsverfahren zeitweilig ihr Stimmrecht verlieren. Das betrifft auch Deutschland und hat daher bereits zu kritischen Diskussionen geführt. Die grundsätzliche **Zusammensetzung des EZB-Rats** zeigt auch die Übersicht im folgenden Schaubild:

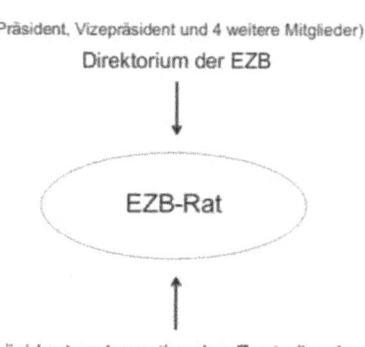

(Präsident, Vizepräsident und 4 weitere Mitglieder)

Direktorium der EZB

↓

EZB-Rat

↑

Präsidenten der nationalen Zentralbanken

(z. Zt. 19, davon 15 stimmberechtigt)

Wichtig ist, dass der EZB-Rat seine Entscheidungen über die geld- und kreditpolitischen Maßnahmen bei gleichem, ungewichtetem Stimmrecht der einzelnen Ratsmitglieder **autonom** trifft, d. h., er hat keinerlei Anweisungen durch die nationalen Regierungen der EWU oder durch andere Institutionen auf Gemeinschaftsebene zu erfahren. Mitglieder der nationalen Regierungen (z. B. der jeweilige Finanzminister) können zwar an den Sitzungen des EZB-Rates teilnehmen, haben aber kein Stimmrecht. Neben dieser institutionellen Unabhängigkeit ist auch eine personelle (Amtszeit von 8 Jahren), funktionelle (vorrangig Preisniveaustabilität) und finanzielle (eigene Finanzmittel) Unabhängigkeit gegeben.

7.2.2 Funktionen und Erscheinungsformen von Geld

Die ökonomischen Aufgaben (Funktionen), die Geld zu erfüllen hat, sind alle auf Güter bezogen:

Geld hat niemals einen ökonomischen Eigenwert, sondern erhält seinen Wert erst durch die Güter, die hinter ihm stehen.

Nur wer dies klar erkennt, handelt **frei von Geldillusion**. Wie Geld aussieht (rund, eckig, glänzend, auf Papier gedruckt etc.) ist völlig belanglos. Schon der Volksmund sagt: „Geld ist, was als Geld gilt". Was als Geld gilt oder zu gelten hat, hängt von den Zahlungssitten ab (z. B. Zigaretten als Geld) oder wird durch die Rechtsordnung (z. B. Banknoten) bestimmt. Wichtig ist nur, dass Geld seine Funktionen erfüllt. Es lassen sich drei bzw. vier Geldfunktionen unterscheiden:

Mit der **Recheneinheitsfunktion** des Geldes werden die unterschiedlichen Messgrößen der Güter (z. B. Kilo, Liter, Stück etc.) und der Produktionsfaktoren (z. B. Stunden, m^2 etc.) vereinheitlicht und auf einen Nenner gebracht, d. h., die unterschiedlichen Güter- und Faktoreinheiten werden alle in Geldeinheiten ausgedrückt (z. B. 2 EUR pro 1 Kilogramm Tomaten oder 20 EUR pro 1 Arbeitsstunde) und erhalten dadurch einen **Preis**. Ein

Preis ist demnach allgemein die Anzahl der Geldeinheiten pro Güter- oder Faktoreinheit. Das Verhältnis zweier absoluter Preise, der relative Preis, gibt das Tauschverhältnis an (z. B. 6 Minuten Arbeitszeit für 1 Kilogramm Tomaten). Die Tauschprozesse werden durch die Recheneinheitsfunktion des Geldes übersichtlicher.

Die **Tauschmittelfunktion** des Geldes steht im Mittelpunkt. Sie beschleunigt die Tauschprozesse. Im Rahmen der Tauschprozesse findet heute meist nicht mehr ein Naturaltausch (Güter gegen Güter bzw. Produktionsfaktoren gegen Güter) statt, sondern Geld wird als allgemeines Tauschmittel zwischengeschaltet (Güter gegen Geld gegen Güter bzw. Produktionsfaktoren gegen Geld gegen Güter).

Die **Wertaufbewahrungsfunktion** des Geldes dient der Risikovorsorge, weil sie hilft, Güterversorgungsprobleme in der Zukunft mit der Tauschmittelfunktion zu lösen. Mit Geld, das beiseite gelegt wird (z. B. im Tresor oder auf dem Sparkonto), werden also eigentlich Güter beiseite gelegt. Sie lassen sich in Form eines Kredites auch verleihen (**Wertübertragungsfunktion**) und helfen damit denjenigen, die momentan vor Güterversorgungsproblemen stehen und sie aus eigener Kraft nicht lösen können. Allerdings wird die Wertaufbewahrungsfunktion durch Preissteigerungen beeinträchtigt, weil sich der Realwert eines nominellen Geldbetrages durch Preissteigerungen verringert. Es ist allein schon unter diesem Blickwinkel verständlich, dass ein Staat oder eine Staatengemeinschaft durch eine zentrale Währungsbehörde für Preisniveaustabilität sorgen muss, um die Wertaufbewahrungsfunktion des Geldes zu erhalten, die ebenfalls für den Güterversorgungsprozess von großer Bedeutung ist.

Jedes Mittel, das die beschriebenen Geldfunktionen erfüllt, ist **Geld im weitesten Sinne.** Die Urform des Geldes ist das **Warengeld**, das schon früh in der Menschheitsgeschichte als allgemeines Tauschmittel eingesetzt wurde. Als allgemein tauschbare Waren galten z. B. das lebensnotwendige Mineral Salz oder auch Vieh. Das lateinische Wort „pecunia" für Geld stammt nämlich von dem lateinischen Begriff „pecus" für Vieh ab. Im Laufe der Jahrhunderte hat das Warengeld seinen Warencharakter (Stoffwert) jedoch immer mehr verloren. Heute tritt **Geld im engsten Sinne** als Zentralbankgeld (Bargeld) und Buchgeld (Giralgeld) in Erscheinung.

Zentralbankgeld gilt als **gesetzliches Zahlungsmittel** („Geld als Geschöpf der Rechtsordnung"), d. h., der Gläubiger muss dieses Geld vom Schuldner zur Tilgung seiner Schuld annehmen, wenn er nicht vorab auf eine andere Zahlungsweise bestanden hat und nicht in Annahmeverzug geraten will. Das Zahlungsmittelgesetz zwingt ihn dazu. Münzen müssen nur begrenzt (in der EWU generell bis zu 50 Stück, bei Gedenkmünzen außerdem nur bis zu 100 EUR) (begrenzt gesetzliches Zahlungsmittel), Noten jedoch unbegrenzt in Zahl und Stückelung (unbegrenzt gesetzliches Zahlungsmittel) angenommen werden. Nur ca. 25 % der gesamten Geldmenge M1 ist Zentralbankgeld, das von der Zentralbank (in der EWU von der EZB) in Umlauf gebracht wird. Zentralbankgeld im Umlauf stellt eine **Forderung gegen die Zentralbank** dar und wird daher auf der Passivseite der Zentralbankbilanz gebucht. Bargeld in EUR und Cent gilt seit dem 1. Januar 2002 als alleiniges gesetzliches Zahlungsmittel in den Ländern der EWU. Es löste damit die vorherigen nationalen Währungen endgültig ab.

Buchgeld (Giralgeld) wird von den Geschäftsbanken (auf der europäischen Ebene „Monetäre Finanzinstitute (MFIs)" genannt) geschaffen (geschöpft), ist aber **kein gesetzliches Zahlungsmittel**, d. h., der Gläubiger kann es zur Tilgung einer Schuld annehmen, muss es aber nicht. Bei dem Buchgeld handelt es sich dem Namen nach um Geld, das nur in den Büchern der Geschäftsbanken existiert, d. h., es erscheint als Guthaben auf den Konten der Bankkunden (Publikum) und stellt demnach **Forderungen des Publikums gegen ihre Geschäftsbanken** dar. Aber nur **Sichtguthaben** (auf dem Girokonto) gelten als Buchgeld, denn die Geschäftsbanken haben sich verpflichtet, diese und nur diese Guthaben jederzeit (= täglich fällige Einlagen) und in vollem Umfang in Zentralbankgeld zu tauschen. Dadurch erhalten Sichtguthaben selbst Geldcharakter. Mit Buchgeld wird durch Überweisung, Scheck, Scheckkarte, Kreditkarte etc. gezahlt. Guthaben bei der Zentralbank gelten als Zentralbankgeld.

7.2.3 Giralgeldschöpfung

Geschäftsbanken schaffen (schöpfen) Giralgeld (Buchgeld) zum einen dann, wenn sie von ihren Bankkunden Zentralbankgeld erhalten und ihnen im Gegenzug den Betrag auf dem Girokonto als täglich fällige Einlage gutschreiben. Heben die Bankkunden dagegen von ihrem Girokonto einen Betrag bar ab, so wird Buchgeld wieder vernichtet. Da die Geschäftsbanken sich in diesem Fall in einer passiven, reaktiven Rolle befinden, wird von einer **passiven Giralgeldschöpfung bzw. -vernichtung** gesprochen. Die Bankkunden haben in diesem Fall die Geschäftsbanken gleichsam in die Pflicht genommen, nämlich entweder Zentralbankgeld annehmen und in Buchgeld tauschen oder Buchgeld in Zentralbankgeld tauschen zu müssen. Erwerben die Geschäftsbanken dagegen von ihren Kunden einen Vermögensgegenstand (z. B. Wertpapiere, Devisen, Wechsel etc.) oder räumen sie ihren Kunden einen Kredit ein und schreiben den betreffenden Betrag auf deren Girokonto gut, so liegt eine **aktive Giralgeldschöpfung** vor, weil die Geschäftsbanken nicht zur Kreditvergabe verpflichtet waren und daher aktiv eine Entscheidung getroffen haben. Die Vernichtung des aktiv geschöpften Giralgeldes erfolgt dann wieder passiv. Eine aktive Giralgeldschöpfung findet vor allem durch Kreditvergabe statt.

Eine **natürliche Grenze der Buchgeldschöpfung** ist für den gesamten Geschäftsbankensektor dadurch gegeben, dass die Bankkunden entsprechend ihren Zahlungssitten einen Teil ihres Buchgeldes tatsächlich in Zentralbankgeld tauschen, denn in der Praxis werden nicht alle Geschäfte bargeldlos abgewickelt. Unter der (durchaus realistischen) Annahme, dass 20 % des Buchgeldes im Laufe einer Periode (z. B. des Kalenderjahres) in Zentralbankgeld getauscht werden (Bargeldquote = 20 %), kann der Geschäftsbankensektor eine Buchgeldmenge schöpfen, die das Fünffache der ihr zur Verfügung gestellten Zentralbankgeldmenge (**Überschussreserve**) beträgt. Wir können uns diese erstaunliche Tatsache an einem Beispiel klarmachen: Zahlt z. B. ein Kunde 100 EUR bar auf seinem Girokonto als täglich fällige Einlage ein, so erhält er dafür im Gegenzug im Wege der passiven Giralgeldschöpfung zunächst 100 EUR auf seinem Giro-

konto gutgeschrieben. Von diesem Betrag wird er annahmegemäß im Laufe des Kalenderjahres 20 EUR wieder bar abheben.
Über den Rest verfügt er bargeldlos innerhalb des Filialnetzes
der betreffenden Geschäftsbank oder gar nicht. Der Geschäftsbank verbleibt demnach eine Überschussreserve in Höhe von
80 EUR. Mit ihr kann sie nun im Wege der Kreditvergabe aktiv
400 EUR schöpfen, denn auch hier gilt annahmegemäß, dass die
Kreditnehmer (oder die von ihnen Begünstigten) 20 % des
Betrages, nämlich 80 EUR, bar abheben. Die gesamte Überschussreserve ist damit ausgeschöpft und es wurden insgesamt
500 EUR Giralgeld geschöpft, 100 EUR passiv und 400 EUR
aktiv. Da die Giralgeldschöpfung ein Vielfaches (in unserem
Beispiel das Fünffache) der Überschussreserve ausmacht, wird
auch von einer **multiplen Giralgeldschöpfung** gesprochen.

Wer genauer wissen will, wie groß die Möglichkeiten der Giralgeldschöpfung im Geschäftsbankensektor sind, hat zu bedenken, dass in der Praxis neben der Überschussreserve (ÜR) und
dem Umtausch von Buchgeld in Bargeld (Bargeldquote (b))
durch das Publikum auch die sog. Mindestreservepflicht (vgl.
Abschnitt 7.2.5) von Bedeutung ist. Danach zwingt die EZB die
Geschäftsbanken, einen Teil (Mindestreservesatz (r)) des Buchgeldes in Form von Bargeld bei ihr zu hinterlegen. Wird dies
berücksichtigt, so lässt sich allgemein ermitteln, wie viel zusätzliches Giralgeld (ΔGG) der Geschäftsbankensektor schöpfen
kann, wenn ihm eine bestimmte Überschussreserve (ÜR) zu-
fließt. Sie muss nämlich ausreichen, den Umtausch von Buchgeld in Bargeld nach der Bargeldquote (b) und außerdem die
Mindestreservehaltung nach dem Mindestreservesatz (r) zu
gewährleisten. Bei der Mindestreservehaltung ist allerdings zu
beachten, dass sich durch den Umtausch von Buchgeld in Bargeld der Buchgeldbestand verringert und demnach auch eine
entsprechend geringere Mindestreservehaltung anfällt. Formal
lassen sich diese Überlegungen wie folgt zusammenfassen:

$$\ddot{U}R = b \cdot \Delta GG + r \cdot (\Delta GG - b \cdot \Delta GG)$$

Nach einigen Umformungen erhält man:

$$\Delta GG = \left(\frac{1}{b + r - r \cdot b} \right) \cdot \ddot{U}R$$

Der Bruch $\left(\dfrac{1}{b + r - r \cdot b} \right)$ ist der **Giralgeldschöpfungsmultiplikator.**

Der Giralgeldschöpfungsmultiplikator gibt an, das Wievielfache der Überschussreserve der Geschäftsbankensektor als Giralgeld schöpfen kann. Wenn wir beispielhaft, aber durchaus realistisch, von einer Bargeldquote (b) in Höhe von 20% bzw. 0,2 wie im obigen Beispiel und einem Mindestreservesatz in Höhe von 1% bzw. 0,01 ausgehen, so ergibt sich ein Giralgeldschöpfungsmultiplikator in Höhe von ungefähr 4,8. Er besagt, dass die Geschäftsbanken das 4,8-fache ihrer Überschussreserve als Buchgeld schöpfen können. Im nachfolgenden Beispiel ist dargestellt, wie die Geschäftsbanken aus einer Überschussreserve in Höhe von 1 Mrd. € bei voller Ausschöpfung ihres Kreditvergabespielraums Kredite in Höhe von ca. 4,8 Mrd. € vergeben können und der Kreditschöpfungsprozess dann endet, wenn die gesamte anfängliche Überschussreserve (im vorliegenden Beispiel 1 Mrd. €) in Form von Barabhebung (im Beispiel 0,962 Mrd. €) und in Form von Mindestreserve (im Beispiel 0,038 Mrd. €) abgeflossen ist.

Überschussreserve (am Anfang der Periode)	Kreditvergabespielraum ΔGG	Barabhebung $b \cdot \Delta GG$ (b = 0,2)	Mindestreserve $r(\Delta GG - b \cdot \Delta GG)$ (r = 0,01)	Überschussreserve (am Ende der Periode) $= \Delta GG - [b \cdot \Delta GG + r(\Delta GG - b \cdot \Delta GG)]$
1,000 Mrd. €	1,0 Mrd. €	0,2 Mrd. €	0,008 Mrd. €	0,792 Mrd. €
0,792 Mrd. €	0,792 Mrd. €	0,158 Mrd. €	0,006 Mrd. €	0,627 Mrd. €
0,627 Mrd. €	0,627 Mrd. €	0,125 Mrd. €	0,005 Mrd. €	0,497 Mrd. €
0,497 Mrd. €	0,497 Mrd. €	0,099 Mrd. €	0,004 Mrd. €	0,393 Mrd. €
·	·	·	·	·
·	·	·	·	·
0	0	0	0	0
Summe	4,808 Mrd. €	0,962 Mrd. €	0,038 Mrd. €	

Giralgeldschöpfungspotenzial (Σ ΔGG) = Geldschöpfungsmultiplikator x Überschussreserve (ÜR):

$$\Sigma \Delta GG = \frac{1}{b + r - r \bullet b} \ \ddot{U}R \qquad \text{wobei } r = \text{Mindestreservesatz}$$

$$b = \text{Bargeldquote}$$

Im obigen Beispiel ist $\Sigma \Delta GG = \dfrac{1}{0{,}2 + 0{,}01 - 0{,}002} \cdot 1 \text{ Mrd. } € \approx$ **4,81 Mrd. €**

Wir können zusammenfassend festhalten, dass eine Geschäftsbank nur dann zusätzliches Buchgeld schöpfen kann, wenn sie über Bargeld als Überschussreserve verfügt. Verfügt sie über keine Reserve, so muss sie sich das Bargeld erst beschaffen, um zusätzliches Buchgeld aktiv schöpfen zu können (z. B. durch Kreditvergabe). Die Bargeldversorgung des Geschäftsbankensektors bekommt damit eine besondere Bedeutung, denn sie entscheidet darüber, ob Geschäftsbanken ihrer Umtauschpflicht des bereits geschöpften Buchgeldes in Bargeld nachkommen und zusätzliches Buchgeld schöpfen können. Die Versorgung mit EUR-Bargeld nehmen die Geschäftsbanken neben der Versorgung durch das Publikum (passive Buchgeldschöpfung) vor allem auf zwei Wegen vor: entweder durch Kreditaufnahme bei einer anderen Geschäftsbank oder durch Kreditaufnahme bei der Europäischen Zentralbank (EZB). Die Bargeldversorgung durch die EZB ist Teil ihrer geld- und kreditpolitischen Maßnahmen und wird uns daher bei der Behandlung der betreffenden Instrumente in Abschnitt 7.2.5 interessieren.

Die Bargeldversorgung durch eine andere Geschäftsbank betrifft den **Geldmarkt**, auf dem Geschäftsbanken untereinander (Interbankenmarkt) Bargeld handeln. Der Preis, zu dem gehandelt (angeboten und nachgefragt) wird, ist der Geldmarktzins, denn es geht dabei um eine Kreditaufnahme bzw. -gewährung. Wie bei Krediten üblich, hängt die Höhe des Zinses auch von der Laufzeit des Kredites (Termingeld) ab. Der zu zahlende Geldmarktzins ist ein Kostenfaktor für die Geschäftsbank als Kreditnehmer und dürfte damit wesentlich z. B. auch den Zins beeinflussen, den die Geschäftsbank als Kreditgeber (aktive Buchgeldschöpfung) von ihren Kunden verlangt. Zwei Geldmarktzinsen auf europäischen Geldmärkten sind von Bedeutung: der **EURIBOR** (Euro Interbank Offered Rate) für den Interbankenhandel in EUR-Währung und der (weltweit vielleicht noch wichtigere) **LIBOR** (London Interbank Offered Rate) für den Interbankenhandel in anderen Währungen. Diese Zinssätze werden – wie gesagt – wiederum durch die geld- und kreditpolitischen Instrumente (vgl. Abschnitt 7.2.5) der jeweiligen Zentralbank beeinflusst. Ihre tatsächliche Höhe wird dadurch täglich festgestellt, dass ausgewählte Banken auf den betreffenden Geldmärkten ihrem Bankenverband melden, zu welchen Angebotszinsen (offered rates) sie sich gegenseitig Zentralbankgeld leihen. Aus diesen gemeldeten Zinsen wird ein Durchschnittswert ermittelt – allerdings mit der Gefahr der Manipulation durch gezielte Falschmeldungen, wie die jüngste Vergangenheit gezeigt hat.

7.2.4 Ziele und Aufgaben der EZB

Die EZB hat die ihr in der ESZB/EZB-Satzung zugewiesenen Aufgaben zu erfüllen, zu denen neben der gesamtwirtschaftlichen Bargeldversorgung, der Abwicklung des Zahlungsverkehrs mit der übrigen Welt, der Verwaltung der Währungsreserven der Mitgliedsstaaten und der Aufsicht über die Geschäftsbanken etc. vorrangig die Aufgabe gehört, durch den Einsatz ihrer geld- und kreditpolitischen Instrumente zur **Sicherung der Preisniveaustabilität** beizutragen.

Wie bei der antizyklischen Fiskalpolitik (vgl. Abschnitt 7.1), so muss auch bei der Geld- und Kreditpolitik das angestrebte Ziel, die Preisniveaustabilität, operationalisiert werden, d. h., die Messgröße und der kritische Grenzwert müssen bestimmt werden. Wir könnten vordergründig annehmen, dass die gleiche Messgröße wie bei der antizyklischen Fiskalpolitik genommen wird, würden dabei aber übersehen, dass es sich bei der Geld- und Kreditpolitik um die Politik in der EWU handelt, die für alle Mitgliedsländer Gültigkeit haben soll. Zwar wird auf der EWU-Ebene insofern die gleiche Messgröße wie in Deutschland herangezogen, als ebenfalls der Preisindex für die private Lebenshaltung (vgl. Abschnitt 7.1.2) relevant ist, aber die Konstruktion dieser Messgröße weist Abweichungen in der Zusammensetzung des Warenkorbes gegenüber den nationalen Warenkörben mit dem jeweiligen Verbraucherpreisindex (VPI) auf, um Verzerrungen durch länderspezifische Konsumgüter oder deren besondere Gewichtung im Konsumverhalten der privaten Haushalte auszuschalten und eine internationale Einheitlichkeit und Vergleichbarkeit über alle Länder der EWU zu gewährleisten. Dieser Tatsache wird dadurch Rechnung getragen, dass ein **harmonisierter Verbraucherpreisindex (HVPI)** ermittelt wird, der möglichst nur einheitliche Konsumgewohnheiten berücksichtigt und der EZB als Messgröße für das Ziel der Preisniveaustabilität dient. Als kritischer Grenzwert wird gegenwärtig – wie bei der antizyklischen Fiskalpolitik in Deutschland – von einer Preissteigerungsrate in Hohe von 1,5 – 2 % gegenüber dem Vorjahr ausgegangen.

Eine Inflationsrate von 0 % als kritischer Grenzwert für normale Zeiten, wie es der tägliche Sprachgebrauch von „Stabilität" nahelegen würde, wäre nicht ratsam, denn er würde negative Inflationsraten, also sinkende Preise, wahrscheinlicher machen. Eine solche **Deflation** ist aber – entgegen der landläufigen Meinung – noch kritischer zu bewerten als eine Inflation, denn die Hoffnung auf in der Zukunft sinkende Preise würde die gegenwärtige Güternachfrage sinken lassen, damit verstärkt sinkende Preise bewirken und letztlich eine gefährliche konjunkturelle Abwärtsspirale einleiten.

Die Geld- und Kreditpolitik setzt – wie schon ihr Name sagt – bei der Geldversorgung der Wirtschaft an, die nicht nur durch die Zentralbankgeldmenge, sondern vor allem durch die aktive Buchgeldschöpfung im Wege der Kreditvergabe durch die Geschäftsbanken beeinflusst wird, wie wir im Abschnitt 7.2.3 gesehen haben. Aufgabe der EZB ist es, die gesamte Geldversorgung so zu steuern, dass sie ihr oberstes Ziel der Preisniveaustabilität erreicht. Wirtschaftswissenschaftler sind sich darin einig, dass – zumindest langfristig – jedes **Inflationsproblem im Kern ein monetäres Problem** ist, d. h., die kaufkraftwirksame Geldmenge in ihrer Tauschmittelfunktion ist im Verhältnis zu der tauschbaren Gütermenge zu groß, denn der Güterpreis ist bekanntlich die Anzahl der Geldeinheiten pro Gütereinheit. Mehr Geldeinheiten pro Gütereinheit sind demnach zwangsläufig mit einer Preissteigerung verbunden. Die entscheidende Frage ist nur, welche Geldmenge kaufkraftwirksam ist und wie sie sich messen lässt.

Die kaufkraftwirksame Geldmenge ist die umlaufende Geldmenge. Sie wird auch als **Geldvolumen** bezeichnet. „Umlaufend" heißt, dass ein bestimmter Geldbetrag (z. B. ein 100-EUR-Schein) im Laufe eines Kalenderjahres mehrfach zum

Gütertausch eingesetzt werden kann. Die im Laufe eines Jahres hergestellte und getauschte Gütermenge einer Volkswirtschaft dürfte daher größer sein als die umlaufende Geldmenge, d. h., die **Umlaufgeschwindigkeit des Geldes** ist größer als 1. Eine Umlaufgeschwindigkeit von 2 würde z. B. bedeuten, dass eine bestimmte Geldmenge im Laufe des Jahres durchschnittlich 2-mal als Tauschmittel zwischen Verkäufern und Käufern eingesetzt bzw. durchschnittlich 6 Monate bei ihnen gehalten, also nicht eingesetzt wird. Damit ist allerdings noch nicht die Frage beantwortet, was zu der umlaufenden Geldmenge zu zählen ist. Von der Antwort hängt nämlich die tatsächliche Höhe der Umlaufgeschwindigkeit ab.

Unstrittig dürfte sein, dass die umlaufende Geldmenge die Zentralbankgeldmenge und die Buchgeldmenge beinhalten muss, denn sie werden tagtäglich beim Güterkauf als allgemeine Tauschmittel eingesetzt. Strittig ist allerdings, ob nicht auch diejenigen Guthaben bei Geschäftsbanken zum Geldvolumen gezählt werden sollten, die relativ leicht und schnell zu Buchgeld und damit auch zu Bargeld gemacht werden können. So dürfte es z. B. einem Bankkunden, der auf einem Terminkonto (Festgeldkonto) ein Guthaben hat, nicht schwerfallen, bei seiner Geschäftsbank noch vor Fälligkeit des Guthabens im Wege eines Zwischenkredites ein sofort fälliges Guthaben zu bekommen, das er dann als Buchgeld z. B. zum Güterkauf einsetzen kann. Unter diesem Blickwinkel könnte es sinnvoll sein, auch Termineinlagen zum Geldvolumen zu zählen, da sie eine Tauschmittelfunktion erfüllen können. Ähnlich könnte bei Sparguthaben, Schuldverschreibungen, Wechseln etc. argumentiert werden.

Die Frage nach der „richtigen" Geldmenge, die Frage nach dem geeigneten **Geldmengenkonzept**, das dann der Geld- und Kreditpolitik der EZB zugrunde liegen sollte, ist eine theoretische Frage, die sich nicht eindeutig beantworten lässt. Je nachdem, ob ein enges oder weites Geldmengenkonzept gewählt wird, lassen sich unterschiedliche Geldmengenbegriffe unterscheiden. Unter der Geldmenge **M1** fasst die EZB den Bargeldumlauf bei den Nichtbanken und die täglich fälligen Einlagen

(Sichtguthaben) des Publikums zusammen. Die Geldmenge **M2** umfasst neben der Geldmenge M1 Einlagen des Publikums mit einer vereinbarten Laufzeit bis zu zwei Jahren (= Terminguthaben) und Einlagen mit einer vereinbarten Kündigungsfrist bis zu drei Monaten (= Sparguthaben). Bei der Geldmenge **M3** werden zur Geldmenge M2 noch Repogeschäfte (Wertpapiere der Bankkunden, die sie im Wege eines Pensionsgeschäfts gegen Geldzahlung von den Geschäftsbanken erhalten haben), Geldmarktfondsanteile und Geldmarktpapiere (z. B. Schatzwechsel und unverzinsliche Schatzanweisungen des Staates) sowie Schuldverschreibungen bis zu zwei Jahren in Händen des Publikums hinzugezählt. Der umfassendste Geldmengenbegriff ist also M3.

Die **aktuellen Werte** für die verschiedenen Geldmengen (Geldmengenaggregate), die sich in der Europäischen Währungsunion (EWU) in Umlauf befinden, können der folgenden **Übersicht** entnommen werden:

Geldmengenaggregate in der EWU
(Ende Dezember 2016 in Mrd. €)

M1	7.190			
M2			10.687	
M3				11.375
Bargeldumlauf	Täglich fällige Einlagen	Einlagen mit vereinbarter Laufzeit von bis zu 2 Jahren	Einlagen mit vereinbarter Kündigungsfrist von bis zu 3 Monaten	Repogeschäfte, Bankschuldverschreibungen bis zu 2 Jahren, Geldmarktfondsanteile/ Geldmarktpapiere
1.073	6.117	1.321	2.176	688

Quelle: ECB (EZB), Statistics Bulletin 3/2017

Eine ständige Aktualisierung der Werte erfolgt im Statistics Bulletin der Europäischen Zentralbank (EZB bzw. ECB), das über die Homepage der EZB (www.ecb.eu) aufgerufen werden kann.

Anhand der Werte für die verschiedenen Geldmengen, die 2016 in der EWU in Umlauf waren, lässt sich auch deren Umlaufgeschwindigkeit berechnen. Da der gesamte Gütertausch eines Jahres im Wert des Bruttoinlandsprodukts (BIP) zum Ausdruck kommt und im Jahr 2015 das BIP in der EWU ca. 10.111 Mrd. EUR betrug, ergeben sich daraus folgende Umlaufgeschwindigkeiten (V) der Geldmengen M1, M2 und M3: V1 ≈ 1,7; V2 ≈ 1,1; V3 ≈ 1,0.

Der Zusammenhang zwischen der umlaufenden Geldmenge und dem Preisniveau lässt sich anhand einer einfachen Gleichung verdeutlichen. Sie wird in Erinnerung an den US-amerikanischen Ökonom und Geldtheoretiker Irving Fisher (1867–1947) auch als „Fisher'sche Quantitätsgleichung" bezeichnet.

Die Quantitätsgleichung lautet:

$$M \cdot V = P \cdot Y$$

Sie besagt, dass die im Laufe eines Jahres umgelaufene Geldmenge (M) multipliziert mit ihrer Umlaufgeschwindigkeit (V) der gesamten getauschten Gütermenge (Y) multipliziert mit ihrem Durchschnittspreis (P) entsprechen muss. In prozentualen Wachstumsraten (W) ausgedrückt erhält die Quantitätsgleichung die Form:

$$W_M + W_V = W_P + W_Y \text{ oder: } W_M = W_P + W_Y - W_V$$

Anhand dieser Gleichung können wir folgende Überlegung anstellen: Wenn als Zielwert für Preisniveaustabilität z. B. von einer 2 %igen Preissteigerungsrate ausgegangen wird, die Umlaufgeschwindigkeit um 1 % sinken und die gesamte Gütermenge um 2 % steigen würde, so sollte die Geldmenge um 5 % steigen. In dieser Beziehung kommt zum Ausdruck, was als **potenzialorientierte Geldpolitik** bezeichnet wird. Sie ist eine erste Säule in der Geld- und Kreditpolitik der EZB. Eine zweite Säule der Geld- und Kreditpolitik setzt nicht bei einer vorausschauenden Geldmengensteuerung an, sondern fragt erst anhand von konjunkturellen Frühindikatoren (z. B. anhand des Geschäftsklimaindex des Münchner Ifo-Instituts), ob sich überhaupt Anzeichen einer Inflation ergeben (**inflationsorientierte Geldpolitik**). Ist das der Fall, werden Instrumente der Geld- und Kreditpolitik eingesetzt, die dann erst im nächsten Schritt auch die Geldmenge beeinflussen. Die EZB verfolgt in ihrer Geld- und Kreditpolitik beide Säulen in Kombination. Es wird daher von einer **Zwei-Säulen-Strategie** gesprochen.

7.2.5 Die liquiditäts- und zinspolitischen Instrumente der EZB

Die Geldmengensteuerung durch die EZB kann auf direktem Wege vorgenommen werden (liquiditätspolitische Maßnahmen), indem den Geschäftsbanken Zentralbankgeld, das für sie die Basis (Überschussreserve) ihrer Buchgeldschöpfung ist, in einer bestimmten Menge und zu bestimmten Konditionen zur Verfügung gestellt wird. Die Veränderung der Buchgeldschöpfungsmöglichkeiten der Geschäftsbanken dürfte aber auch das Zinsniveau beeinflussen, das bei der aktiven Buchgeldschöpfung im Wege der Kreditvergabe eine Rolle spielt. Zu einer indirekten Geldmengensteuerung kommt es dadurch, dass die EZB zunächst direkt das Zinsniveau beeinflusst (zinspolitische Maßnahmen), das seinerseits dann Einfluss auf die private Kreditnachfrage und erst in deren Folge auf die aktive Buchgeldschöpfung der Geschäftsbanken ausübt.

> Hauptansatzpunkt der zinspolitischen Maßnahmen im Rahmen der Geld- und Kreditpolitik ist die Beeinflussung der privaten Investitionsgüternachfrage über den Zins.

Die **private Investitionsgüternachfrage** dürfte zunächst deswegen durch das Zinsniveau beeinflusst werden, weil erfahrungsgemäß im Durchschnitt ca. 60 % des privaten Investitionsvolumens mit Krediten finanziert wird, bei kleinen und mittleren Unternehmen sogar mehr als 80 %. Der Preis für Kredite aber ist der Zins. Es liegt daher der Gedanke nahe, dass über die direkte oder indirekte Beeinflussung des allgemeinen Zinsniveaus durch geld- und kreditpolitische Maßnahmen auch Einfluss auf die private Investitionsgüternachfrage und damit auf die gesamtwirtschaftliche Nachfrage genommen werden kann, um zur Verwirklichung des Zieles Preisniveaustabilität beizutragen. Aber auch bei der Eigenkapitalfinanzierung privater Investitionen dürfte der Zins insofern verhaltensbestimmend sein, als z. B. ein relativ hoher Zins am Kapitalmarkt den privaten Investor veranlassen könnte, die Eigenmittel zunächst am Kapitalmarkt anzulegen und nicht durch eine Investition im Unternehmen zu binden, wenn die Zinsaussichten dort als weniger günstig erscheinen. Die Beeinflussung der privaten Investitionsgüternachfrage mit geld- und kreditpolitischen Instrumenten dürfte – trotz ihres mit ca. 15 % relativ geringen Anteils am gesamten Inlandsprodukt – deswegen von besonderer Bedeutung für die gesamtwirtschaftliche Nachfrage sein, weil mit Investitionen – im Gegensatz zu Konsumgütern – ein doppelter Effekt **(Dualeffekt)** verbunden ist: wie bei den Konsumgütern ein **Einkommenseffekt** bei der Produktion der Investitionsgüter durch die „Entlohnung" der Faktoreigentümer und zusätzlich noch ein **Kapazitätseffekt** durch die Schaffung zusätzlicher Produktionskapazitäten (und damit evtl. auch zusätzlicher Arbeitsplätze).

Insgesamt und zusammenfassend können wir als Ergebnis festhalten, dass bei Inflationsgefahren mit einer **restriktiven Geld- und Kreditpolitik** der EZB zu rechnen ist, die mit einer Geldmengenverknappung und Zinserhöhung verbunden ist. Ist dagegen das vorrangige Ziel Preisniveaustabilität erreicht, so wird die EZB zur Konjunkturbelebung und als Beitrag zur Schaffung von Arbeitsplätzen eine **expansive Geld- und Kreditpolitik** betreiben, die mit einer Geldmengenerhöhung und Zinssenkung einhergeht.

Die EZB legt im Rahmen ihrer **Zinspolitik** drei **Leitzinsen** fest: die Einlagen-, Spitzenrefinanzierungs-und Hauptrefinanzierungsfazilität. Mit ihnen nimmt sie indirekt auch Einfluss auf die umlaufende Geldmenge. Einen direkten Einfluss auf die Geldmenge nimmt sie mit der Offenmarktpolitik, in deren Rahmen die EZB den Geschäftsbanken Geld leiht.

Mit **Einlagenfazilität** wird der Zinssatz bezeichnet, zu dem Geschäftsbanken bei den nationalen Zentralbanken Guthaben (= Zentralbankgeld) in jeder Höhe anlegen können. Er wird von der EZB bzw. vom EZB-Rat festgelegt und bildet die Untergrenze für Tagegeld am kurzfristigen Geldmarkt, denn wenn

die EZB diesen Zins garantiert, wird keine Geschäftsbank bereit
sein, einer anderen Geschäftsbank zu einem niedrigeren Zinssatz Zentralbankgeld zu leihen.

Mit der **Spitzenrefinanzierungsfazilität** legt die EZB bzw. der
EZB-Rat dagegen den Zinssatz fest, zu dem die Geschäftsbanken sich gegen bestimmte Sicherheiten (z. B. marktfähige
Staatsanleihen als festverzinsliche Wertpapiere) bei den nationalen Zentralbanken ohne Kredithöchstgrenzen Zentralbankgeld
beschaffen können. Dieser Zinssatz spiegelt demnach die Ober-
grenze des Zinssatzes für Tagegeld am kurzfristigen Geldmarkt
wider, denn wenn die EZB diesen Zins garantiert, wird keine
Geschäftsbank bereit sein, woanders einen höheren Zinssatz für
geliehenes Zentralbankgeld zu zahlen.

Über die aktuelle Höhe der Einlagen- und Spitzenrefinanzierungsfazilität informiert die Homepage der Deutschen Bundesbank (www.bundesbank.de).

Die Einlagen- und die Spitzenrefinanzierungsfazilität zählen zu
den **zinspolitischen Instrumenten** der EZB. Sie betreffen
zwar direkt nur die Geschäftsbanken, haben jedoch für diese
den Charakter von **Leitzinsen**, da sie sich im Geschäftskontakt
mit ihren Kunden an ihnen orientieren, wenn z. B. Kredite
nachgefragt werden. Mit einer Veränderung der Einlagen- o-
der/und Spitzenrefinanzierungsfazilität möchte die EZB demnach zunächst Einfluss auf den Tagegeldzinssatz **EURIBOR**
(vgl. Abschnitt 7.2.3) am kurzfristigen Geldmarkt und über ihn
dann aber auch auf den Zinssatz am langfristigen Kapitalmarkt
ausüben, um letztlich die private Kredit- und vor allem Investitionsgüternachfrage und in der Folge die aktive Buchgeldschöpfung der Geschäftsbanken und damit die umlaufende Geldmenge zu beeinflussen.

Die **Hauptrefinanzierungsfazilität** ist Teil der Offenmarktpolitik. Die **Offenmarktpolitik** zählt zu den am häufigsten eingesetzten Instrumenten der EZB. Sie ist den liquiditäts- und den
zinspolitischen Instrumenten zuzuordnen. Bei der Offenmarktpolitik stellt die EZB den Geschäftsbanken gegen Verpfändung
von refinanzierungsfähigen Sicherheiten (z. B. marktfähige
Staatsanleihen) Zentralbankgeld zur Verfügung, das diese dann

als Überschussreserve zur Buchgeldschöpfung (vor allem über die Kreditvergabe an das Publikum) nutzen können. Das Offenmarktgeschäft ist befristet, d. h., es wird von vornherein zu einem bestimmten Termin (Laufzeit von 7 Tagen, 2 Wochen oder 3 Monaten, in Ausnahmesituationen auch wesentlich länger) rückgängig gemacht. Die Geldmenge wird dann also wieder verknappt oder kann zu neuen Konditionen erneut zur Verfügung gestellt werden.

Die Offenmarktgeschäfte können mit zwei unterschiedlichen Ausschreibungsverfahren abgewickelt werden:

Beim **Mengentender** gibt die EZB den Zinssatz vor und fragt die Geschäftsbanken nach ihren Geldwünschen zu diesen Konditionen. Die Gebote werden aufsummiert und ins Verhältnis zu der von der EZB angestrebten Versorgung mit Zentralbankgeld gesetzt. Nach diesem prozentualen Verhältnis (Zuteilungsquote, auch „Repartierung" genannt) wird dann den einzelnen Geschäftsbanken das Zentralbankgeld zugeteilt. Ein Nachteil des Mengentenderverfahrens liegt darin, dass bei einer hohen Geldnachfrage und einer entsprechend niedrigen Zuteilungsquote (es wurden zeitweise Quoten von weniger als 1 % erreicht) kleinere Geschäftsbanken benachteiligt sind. Eine solche Situation dürfte insbesondere dann auftreten, wenn der Zinssatz des Mengentenders deutlich unter dem aktuellen Geldmarktzins liegt. Dagegen wurde in der Ausnahmesituation der EWU-Finanzkrise den Geschäftsbanken von der EZB Zentralbankgeld im Mengentenderverfahren langfristig mit einer Zuteilungsquote von 100 % zur Verfügung gestellt. Der Grund lag darin, dass der Geldmarkt völlig zum Erliegen gekommen war, weil die Geschäftsbanken untereinander wegen drohender Insolvenzen kein Zentralbankgeld mehr handelten.

Beim **Zinstender** bittet die EZB die Geschäftsbanken, ihre Wünsche bezüglich der beanspruchten Zentralbankgeldmenge und dem zu zahlenden Zinssatz zu nennen. Die Gebote der Geschäftsbanken werden mit dem höchsten Zinssatz beginnend nach unten vollständig berücksichtigt, bis die von der EZB angestrebte Versorgung mit Zentralbankgeld in der Summe erreicht ist. Entweder ist dann bei den berücksichtigten Geboten der jeweils gebotene Zins (amerikanisches Verfahren) oder einheitlich der Zins des letzten berücksichtigten Gebotes (holländisches Verfahren) zu zahlen. Im Gegensatz zum Mengentenderverfahren mit der Zinsvorgabe durch die EZB beeinflussen im Zinstenderverfahren die Geschäftsbanken mit ihren Geboten selbst den Zins. Darin ist insofern ein Nachteil zu sehen, als der Zins eine von der EZB nicht gewünschte Höhe nach unten oder oben erreichen kann. Diesem Nachteil kann die EZB allerdings mit der Vorgabe einer Zinsuntergrenze und eventuell auch einer Zinsobergrenze („Zinstender mit Stützrädern") als Mindest- bzw. Höchstbietungssatz begegnen. Bisher gab die EZB im Zinstenderverfahren immer einen Mindestbietungssatz vor, der in der Höhe zwischen der Einlagen- und Spitzenrefinanzierungsfazilität lag.

Neben der direkten Beeinflussung der umlaufenden Geldmenge durch die Offenmarktgeschäfte beeinflussen die Zinskonditionen des Zins- und Mengentenders (z. B. ein Mindestbietungssatz beim Zinstender und der Festzins beim Mengentender) auch den Zinssatz am kurzfristigen Geldmarkt (EURIBOR) und in der Folge auch am langfristigen Kapitalmarkt. Die Zinskonditionen werden auch als **Hauptrefinanzierungsfazilität** bezeichnet. Sie haben ebenfalls die Funktion eines Leitzinses für die Geschäftsbanken, mit den schon beschriebenen Konsequenzen für die private Kredit- und vor allem Investitionsgüternachfrage. Die Hauptrefinanzierungsfazilität ist der **wichtigste Leitzins**, weil er die ständige Versorgung des Geschäftsbankensektors mit Zentralbankgeld durch die EZB betrifft. Häufig wird er daher in den Medien nur allein genannt, obwohl es neben ihm auch noch die Einlagen- und Spitzenrefinanzierungsfazilität als Leitzinsen gibt, die meist ebenfalls geändert werden, wenn die Hauptrefinanzierungsfazilität durch den EZB-Rat geändert wird.

Ob die EZB gegenwärtig im Rahmen ihrer Offenmarktpolitik das Mengentender- oder Zinstenderverfahren bevorzugt und welche Konditionen und welche Hauptrefinanzierungsfazilität sie dabei festgesetzt hat, kann ebenfalls dem Wirtschaftsteil einer Tageszeitung oder den Informationen der Deutschen

Bundesbank (www.bundesbank.de) entnommen werden. Dort ist auch von einem **Basiszins** zu lesen, der nicht mit den beschriebenen Fazilitäten verwechselt werden darf und auch negativ sein kann. Er wird nach einem bestimmten Verfahren, in das auch die Höhe der Fazilitäten bzw. das Zinsniveau am Geldmarkt (EURIBOR) einfließen, von der Deutschen Bundesbank zwei Mal pro Jahr festgesetzt und stellt die bewegliche Komponente bei der Berechnung von Verzugszinsen aus Schuldverhältnissen dar. Die unbewegliche Komponente (5 % für Verbrauchergeschäfte bzw. 8 % für Handelsgeschäfte) ergibt sich aus § 288 BGB. Ist der Zinssatz am Kapitalmarkt sehr niedrig, kann der Basiszins auch einen negativen Wert haben.

Neben ihren zinspolitischen Instrumenten verfügt die EZB über liquiditätspolitische Instrumente, mit deren Hilfe sie die umlaufende Geldmenge beeinflussen kann. Zu den liquiditätspolitischen Instrumenten zählt die Offenmarktpolitik, d.h. die Entscheidung der EZB, in welchem Umfang sie den Geschäftsbanken Geld leiht. Zu den liquiditätspolitischen Instrumenten gehört zweitens die Entscheidung der EZB, Staatsanleihen aufzukaufen. Ein weiteres liquiditätspolitisches Instrument stellt die sog. Mindestreservepolitik dar.

Die **Mindestreservepolitik** bezeichnet die Festsetzung des sog. Mindestreservesatzes durch den EZB-Rat. Unter **Mindestreservesatz** wird der Prozentsatz der Mindestreservebasis (vor allem des Buchgeldes) bei den Geschäftsbanken verstanden, der von ihnen in Form eines verzinslichen Guthabens bei der EZB bzw. bei den nationalen Zentralbanken, also in Form von Zentralbankgeld, gehalten werden muss. Die Mindestreserve ist demnach ein **Zwangsguthaben**, das die Geschäftsbanken bei der EZB auf einem Mindestreservekonto halten müssen. Der Mindestreservesatz beträgt gegenwärtig nur 1 %. Die Mindestreserve ist im Monatsdurchschnitt zu halten und wird mit dem Zinssatz der Hauptrefinanzierungsfazilität verzinst. Die Mindestreservepolitik zielte ursprünglich auf eine **Gläubigerschutzfunktion**, d. h., sie sollte die Geschäftsbanken jederzeit in die Lage versetzen, den normalen Tausch von Buchgeld in Zentralbankgeld durch das Publikum abwickeln zu können.

Über diese Gläubigerschutzfunktion hinaus hat sich die Mindestreservepolitik aber zu einem der schärfsten geld- und kreditpolitischen Instrumente entwickelt und ist für den „Notfall" gedacht, da mit ihr die Zentralbankgeldmenge und über die Buchgeldschöpfungsmöglichkeiten der Geschäftsbanken das gesamte Geldvolumen sehr schnell und direkt beeinflusst werden können. Da die Mindestreserve lediglich im Monatsdurchschnitt zu halten ist, kommt ihr außerdem eine **Liquiditätspufferfunktion** zu, d. h., die Geschäftsbanken können sich im Laufe eines Monats durch kurzfristiges Unterschreiten des Monatsdurchschnitts und entsprechendes Überschreiten im weiteren Monatsverlauf schnell Zentralbankgeld (Liquidität) besorgen, um einen eventuell plötzlich auftretenden Spitzenbedarf zu decken. Eine Senkung (Erhöhung) des Mindestreservesatzes führt zu einer Ausweitung (Verknappung) des Geldvolumens, dadurch wahrscheinlich zur Senkung (Erhöhung) des allgemeinen Zinsniveaus und dadurch wiederum zu einer Anregung (Drosselung) der gesamtwirtschaftlichen Nachfrage, insbesondere der privaten Investitionsgüternachfrage. Vor allem den Inflationsgefahren eines zu großen Geldvolumens könnte mit einer Heraufsetzung des Mindestreservesatzes sehr schnell und wirkungsvoll begegnet werden.

7.2.6 Probleme der Geld- und Kreditpolitik der EZB

Die Schwachstellen der Geld- und Kreditpolitik liegen auf verschiedenen Ebenen. Eine erste Schwachstelle liegt bei der **Beeinflussung des Geldvolumens**, insbesondere bei einer möglicherweise angestrebten Verknappung. Eine Verknappung dürfte dann misslingen oder zumindest verzögert werden, wenn der Geschäftsbankensektor sehr liquide ist und ihm aus anderen Quellen (z. B. durch die Sparer oder die übrige Welt) Zentralbankgeld zur Verfügung gestellt wird. Ein ähnliches Problem könnte bei einer angestrebten Ausweitung des Geldvolumens auftreten, wenn dem Geschäftsbankensektor auf anderen Wegen (z. B. durch Kapitalanlagen in der übrigen Welt) Zentralbankgeld entzogen wird.

Eine zweite Schwachstelle betrifft die angestrebte **Beeinflussung des allgemeinen Zinsniveaus** durch die geld- und kreditpolitischen Maßnahmen der EZB. Die Geschäftsbanken sind bei ihren Zinsvereinbarungen gegenüber dem Publikum grundsätzlich frei. Sie orientieren sich lediglich mehr oder weniger stark an den EZB-Daten, die im Übrigen nur den kurzfristigen Geldmarkt direkt beeinflussen. Dies kann einen zumindest verzögerten Einfluss der EZB-Politik auf das allgemeine Zinsniveau unter Einbeziehung des langfristigen Kapitalmarktes bedeuten, wobei wiederum die (möglicherweise aus anderen Quellen gespeiste) Liquiditätssituation der Geschäftsbanken, höher verzinste Anlagemöglichkeiten im Ausland oder das Risiko eines Kreditausfalls bei schlechter Konjunktursituation eine Rolle spielen dürften. Eine unterschiedliche Verschuldungs- und Konjunktursituation in den verschiedenen Ländern der EWU („Nord-Süd-Gefälle") ist dabei mit dem Problem verbunden, dass auch die Zinsen auf den betreffenden Kapitalmärkten teilweise drastisch auseinanderklaffen können und sich nicht an den Leitzinsen der EZB orientieren. Die Situation, in der eine geld- und kreditpolitische Beeinflussung des Zinsniveaus fehlschlägt, wird auch als **Liquiditätsfalle** bezeichnet.

Eine dritte Schwachstelle liegt bei der sog. **Zinsreagibilität der Investitionen**, d. h. bei der Bedeutung des Zinses für die Investitionsentscheidungen. Die Höhe des Zinsniveaus muss keineswegs immer die Entscheidungen der Investoren beeinflussen. Das gilt insbesondere in wirtschaftlichen Krisensituationen bei einer pessimistischen Grundstimmung im Unternehmensbereich. Ist die bestehende Produktionskapazität nicht ausgelastet oder/und wird für die mit einer Investition verbundene Ausweitung der Produktionskapazität keine ausreichende Auslastung in der Zukunft erwartet, so dürfte auch ein sehr niedriges Zinsniveau nicht zu einer Anregung der Investitionsgüternachfrage führen. Bei einer sehr optimistischen Grundstimmung und hohen Absatzerwartungen können andererseits Möglichkeiten der Preisüberwälzung von Zinsen gegeben sein. Wenn eine mangelhafte Zinsreagibilität der Investitionen die Geld- und Kreditpolitik unwirksam werden lässt, wird auch von einer **Investitionsfalle** gesprochen.

Insgesamt ist davon auszugehen, dass die **Wirksamkeit der Geld- und Kreditpolitik vor allem in einer Depression beeinträchtigt** ist. Mit einer Niedrigzinspolitik allein ist eine Konjunkturkrise, verbunden mit Arbeitslosigkeit, nicht zu bekämpfen. Erst wenn die gesamtwirtschaftliche Nachfrage (z. B. mit fiskalpolitischen Maßnahmen) angekurbelt worden ist und sich die unternehmerischen Absatzerwartungen verbessert haben, können niedrige Zinsen diese Entwicklung begleitend unterstützen. Dagegen lässt sich eine zu optimistische Wirtschaftsentwicklung im Konjunkturboom, die Inflationsgefahren beinhaltet, mit einer Hochzinspolitik viel leichter dämpfen. Dies wundert uns wiederum insofern nicht, als wir wissen, dass das vorrangige Ziel der EZB die Preisniveaustabilität ist, die insbesondere im Konjunkturboom gefährdet ist.

Weitere Probleme der Geld- und Kreditpolitik der EZB resultieren aus den Bedingungen, unter denen die Europäische Währungsunion gegründet wurde. Grundsätzlich gilt, dass jede Gemeinschaft (auch Lebensgemeinschaft) nur dann von Bestand sein wird, wenn die Gemeinschaftsmitglieder in grundlegenden Zielvorstellungen übereinstimmen und in der Zielverwirklichung eng beieinanderliegen. Andernfalls sind Zwistigkeiten aufgrund von Anpassungsproblemen und schlimmstenfalls das Ende der Gemeinschaft vorprogrammiert. Schon Friedrich Schiller (1759–1805) mahnt uns: „Drum prüfe, wer sich ewig bindet …" Diese Mahnung gilt natürlich auch für eine Gemeinschaft wie die Europäische Union (EU) mit ihrer Wirtschafts- und Währungsunion (EWWU). Was die Europäische Währungsunion (EWU) mit ihrer einheitlichen Währung betrifft, so wurden gleich zu Beginn klare Beitrittsbedingungen **(Konvergenzkriterien)** (wegen des zugrundeliegenden Vertrages von Maastricht von 1992 auch **Maastricht-Kriterien** genannt) aufgestellt, die jedes Land als Beitrittskandidat zu erfüllen hatte, wenn es der EWU beitreten wollte. Großbritannien, Schweden und Dänemark wollten dies von vornherein nicht. Eine besondere Vertragsklausel (Nichtteilnahmeklausel oder engl.: Opt-out-Klausel) gestand ihnen dies zu. Seit der Osterweiterung der EU ab dem Jahr 2004 muss jedes Land, das beitreten möchte, zunächst die sog. **Kopenhagener Kriterien** erfüllen. Sie sind weniger klar gefasst als die Maastricht-Kriterien und beziehen sich auf die Achtung der Menschenwürde, Freiheit, Demokratie, Gleichheit und Rechtsstaatlichkeit und auf die Wahrung der Menschenrechte. Jedes der neuen Beitrittsländer wird dann automatisch auch in die EWU aufgenommen, sofern es zusätzlich die Konvergenzkriterien des Vertrages von Maastricht erfüllt, wie z. B. in jüngster Zeit Slowenien und Estland.

Folgende Konvergenzkriterien waren bzw. sind zu erfüllen und nach dem erfolgten Beitritt zur EWU auch weiterhin einzuhalten:

- die Inflationsrate darf den Durchschnitt der drei Länder mit der geringsten Inflationsrate um nicht mehr als 1,5 % überschreiten.
- der staatliche Schuldenstand darf nicht mehr als 60 % des Bruttoinlandsprodukts (BIP) betragen.
- die staatliche Neuverschuldung darf nicht mehr als 3 % des BIP betragen.
- der Marktzins für langfristige Staatsanleihen darf nicht mehr als 2 % über dem jeweiligen Durchschnittswert der drei preisstabilsten Länder liegen.
- Teilnahme am Europäischen Währungssystem (EWS bzw. EWS II), d. h., der Wechselkurs der Währung des Beitrittslandes gegenüber dem EUR darf mindestens zwei Jahre lang vor dem Beitritt eine bestimmte Schwankungsbreite nicht überschritten haben.

Werden die Konvergenzkriterien nach dem Beitritt zur EWU nicht mehr eingehalten, so sind abgestufte Sanktionen (z. B. in Gestalt von Strafzahlungen) gegen das betreffende Land zu ergreifen.

Die **Konvergenzkriterien zur Staatsverschuldung** sind insofern von besonderer Bedeutung, als überschuldete und möglicherweise mit Insolvenz bedrohte Staaten zwangsläufig die Frage aufwerfen würden, wer ihnen zur Hilfe kommt. Das Solidaritätsprinzip in jeder Gemeinschaft würde auch in der EWU grundsätzlich bedeuten, dass stärkere Staaten schwächeren Staaten helfen und demnach auch eine drohende Insolvenz aufgrund einer zu hohen Staatsverschuldung (z. B. durch eine Haftungsübernahme) abwenden müssten. Es ist klar, dass dies insbesondere bei den Hilfe leistenden Staaten bzw. in deren Bevölkerung auf Unmut stoßen würde, wenn die Hilfe aus den jeweiligen Staatshaushalten finanziert wird und es demnach letztlich um den Einsatz von Steuergeldern geht. Es kommt hinzu, dass eine mögliche Hilfeleistung auch entsprechende Kontrollmöglichkeiten über die sinnvolle Verwendung der Hilfsgelder beinhalten müsste. Bei Hilfeleistungen an Staaten würden Kontrollen aber notwendigerweise Eingriffe in die Souveränitätsrechte des verschuldeten Staates (z. B. Kontrolle über den Staatshaushalt und damit über die staatlichen Einnahmen und Ausgaben) bedeuten, eine ebenfalls konfliktträchtige Situation. Um diesen Problemen von vornherein zu begegnen, wurden die entsprechenden Konvergenzkriterien eingeführt. Außerdem wurde auf Betreiben der Bundesrepublik Deutschland ausdrücklich die Übernahme von Haftungsrisiken überschuldeter Staaten durch andere Staaten der EWU vertraglich ausgeschlossen (**Nichtbeistands-Klausel** oder engl.: **No-Bail-Out-Klausel**), zumindest solange, wie noch keine Kontrollmöglichkeiten über den Haushalt des betreffenden Schuldnerstaates (z. B. in Gestalt eines Fiskalpaktes und letztlich einer Fiskalunion) bestehen.

In der jüngsten Vergangenheit haben insbesondere die Konvergenzkriterien der Staatsverschuldung zu Problemen geführt. Sie wurden nämlich bei allen beteiligten Staaten grundsätzlich nicht allzu ernst genommen. In einigen Fällen unterblieben Sanktionen oder wurden abgemildert, wenn die Kriterien (z. T. drastisch) nicht erfüllt wurden. So erfüllte z. B. selbst die Bundesrepublik Deutschland zeitweise die Kriterien nicht mehr, obwohl sie vor allem auf ihr Betreiben hin eingeführt wurden. Ein besonders gravierendes Problem aber entstand dadurch, dass Griechenland sich den (zunächst verweigerten) Zutritt zur EWU durch bewusst falsche Angaben zur Erfüllung der Konvergenzkriterien erschlich. Die in den Folgejahren auftretende **Gefahr der Insolvenz des griechischen Staates** und die sich daraus zwangsläufig ergebende Frage nach Art und Umfang möglicher Hilfeleistungen anderer, vor allem stärkerer Staaten direkt an den griechischen Staat oder indirekt über Banken, die die griechischen Staatsanleihen gekauft hatten, führten zu politischen Auseinandersetzungen. Sie reichten bis zur grundsätzlichen Infragestellung der gesamten EWU, zumal neben Griechenland auch andere Staaten wie z. B. Italien, Spanien und Portugal in die Kritik einer zu hohen Staatsverschuldung gerieten.

Eine Alternative zur Finanzierung von Hilfeleistungen an hoch verschuldete Staaten über die Staatshaushalte stärkerer Staaten und damit über deren Steuerzahler könnte die **Schuldenfinanzierung durch die EZB** sein. Da sie eine eigenständige (autonome) staatliche Institution ist (vgl. Abschnitt 7.2.1), wären Staatshaushalte und damit auch Steuerzahler nicht direkt betroffen. Hinzu kommt der Vorteil, dass die EZB das Monopol (Notenmonopol) zur Versorgung der Wirtschaft mit Bargeld (Zentralbankgeld) als gesetzlichem Zahlungsmittel hat. Sie könnte also Hilfeleistungen jederzeit in jeder Höhe durch Betätigen der Notenpresse finanzieren. Allerdings sind ihr direkte finanzielle Hilfeleistungen an EWU-Staaten in Gestalt einer Kreditvergabe gesetzlich verboten.

Einen (rechtlich problematischen) Ausweg können indirekte Hilfeleistungen der EZB durch den **Ankauf von Staatsanleihen** der Hilfe suchenden Staaten am Kapitalmarkt oder zumindest das Akzeptieren dieser Staatsanleihen als Sicherheit bei der Geldbeschaffung der Geschäftsbanken darstellen. Mit dem Ankauf von Staatsanleihen setzt sich die EZB allerdings dem Vorwurf indirekter Staatenfinanzierung aus. Zudem führt der Ankauf von Staatsanleihen durch die EZB zu einer **Ausweitung der umlaufenden Geldmenge** (engl.: Quantitative Easing). Wie wir wissen (vgl. Abschnitt 7.2.4), ist die umlaufende Geldmenge ein entscheidender Bestimmungsfaktor für allgemeine Preisänderungen, denn Preise sind als Anzahl der Geldeinheiten pro Güter- oder Faktoreinheit definiert. Eine zu große umlaufende Geldmenge im Verhältnis zur getauschten Gütermenge ist mit **Inflationsgefahren** verbunden. Der Ankauf von Staatsanleihen durch die EZB verschärft demnach diese Gefahren.

Der Ankauf von Staatsanleihen durch die EZB kann über eine Ausweitung der umlaufenden Geldmenge auch zu einer Senkung der Zinsen auf den Kapitalmärkten führen. Zu einer Zinssenkung dürfte es außerdem dadurch kommen, dass der Ankauf der Anleihen ihren Kurs steigen und damit ihre Effektivverzinsung sinken lässt. Dieser **Zinssenkungseffekt** wirkt belebend auf die gesamtwirtschaftliche Nachfrage und kann daher auch mit positiven Beschäftigungseffekten verbunden sein. Bei bereits ausgelasteten Kapazitäten kann er aber auch wiederum zu Inflationsgefahren führen oder sie verschärfen. Zudem kann eine anhaltende Niedrigzinspolitik der EZB übertriebene Immobilienpreise und Aktienkurse (Blasenbildung) begünstigen.

Die EZB kann sich aufgrund ihrer autonomen Stellung (vgl. Abschnitt 7.2.1) dem Wunsch nach einer Kreditfinanzierung von Staaten nicht nur widersetzen, sondern sie ist dazu auch gesetzlich verpflichtet. Eine **Kreditvergabe an Staaten der EWU ist der EZB ausdrücklich untersagt.** Der Ankauf von Staatsanleihen durch die EZB am Kapitalmarkt ist zwar keine direkte staatliche Kreditvergabe, dient ihr jedoch auf indirektem Wege, denn die EZB wird dadurch zum Gläubiger der betreffenden Staaten. Insofern bewegt sich der Ankauf von Staatsanleihen durch die EZB zumindest in einer rechtlichen Grauzone. Kritiker wie z. B. die Deutsche Bundesbank sehen jedoch in ihm einen klaren Rechtsverstoß und verweisen auf die damit verbundenen Inflationsgefahren.

Kauft die EZB trotz der Bedenken Anleihen hoch verschuldeter Staaten an, um ein Auseinanderfallen der EWU zu verhindern, so taucht zusätzlich das Problem auf, dass bei einer möglichen Insolvenz dieser Staaten auch der Wert der betreffenden Anleihen sinken oder gar gänzlich verloren gehen könnte. Dies würde zu erhöhten Abschreibungen und damit möglicherweise zu einem **Verlust bei der EZB** führen der (nach Auflösung von Rückstellungen) von den nationalen Zentralbanken bzw. dann den Staatshaushalten entsprechend ihrem Kapitalanteil an der EZB (z. Zt. ca. 26 % für Deutschland) und letztlich von den jeweiligen Steuerzahlern zu tragen wäre. Darüber hinaus könnten hoch verschuldete Staaten durch den Ankauf ihrer Anleihen und den damit verbundenen Zinssenkungseffekt dazu verleitet werden, die zum Abbau der Staatsverschuldung dringend notwendigen **Strukturreformen** ihrer Volkswirtschaft zu verzögern oder gar gänzlich zu unterlassen.

7.3 Kontrollfragen zu Kapitel 7

1. Was versteht man unter „Fiskalpolitik" und vom wem wird sie betrieben?

2. Welche Aufgaben (Funktionen) hat die Fiskalpolitik zu erfüllen?

3. Was versteht man unter „antizyklischer" Fiskalpolitik?

4. Welche Ziele werden im Rahmen der antizyklischen Fiskalpolitik angestrebt?

5. Welcher Zusammenhang besteht zwischen den im Rahmen der antizyklischen Fiskalpolitik angestrebten Zielen und den gesellschaftlichen Finalzielen?

6. Wie kann man feststellen, welche konkreten Werte die Bundesregierung bei den einzelnen Zielen anstrebt?

7. Wie wird die Erreichung des Ziels Preisniveaustabilität gemessen?

8. Bei welcher Preissteigerungsrate gilt gegenwärtig das Ziel der Preisniveaustabilität als verletzt? Warum wird eine geringfügige Inflationsrate toleriert?

9. Welche Aussagekraft hat die ermittelte Preissteigerungsrate?

10. Wie wird die Erreichung des Ziels Vollbeschäftigung gemessen?

11. Bei welchem Wert der Messgröße gilt das Ziel Vollbeschäftigung als erreicht?

12. Wie ist die Aussagekraft der Messgröße zu beurteilen?

13. Was versteht man unter „außenwirtschaftlichem Gleichgewicht"?

14. Warum wird das Ziel des außenwirtschaftlichen Gleichgewichts angestrebt?

15. Wie wird die Erreichung des Ziels außenwirtschaftliches Gleichgewicht gemessen?

16. Bei welchem Wert der Messgröße gilt im Fall der Bundesrepublik Deutschland das Ziel des außenwirtschaftlichen Gleichgewichts als erreicht?

17. Was versteht man unter dem Ziel „wirtschaftliches Wachstum?

18. Wie wird die Erreichung des Ziels „wirtschaftliches Wachstum" gemessen?

19. Was versteht man unter „stetigem" bzw. „angemessenem" wirtschaftlichem Wachstum?

20. Wie ist die Aussagekraft der Messgröße des wirtschaftlichen Wachstums im Hinblick auf die Entwicklung der gesellschaftlichen Wohlfahrt zu beurteilen?

21. Was versteht man unter „Konjunktur"? Welche Phasen bzw. Extrempunkte werden im Ablauf des Konjunkturzyklus unterschieden?

22. Wie lässt sich das Zustandekommen von Konjunkturschwankungen erklären?

23. Welche gesetzliche Grundlage hat die antizyklische Fiskalpolitik in der Bundesrepublik Deutschland? Welche Idee liegt diesem Gesetz zugrunde?

24. Welche Instrumente bietet das Stabilitäts- und Wachstumsgesetz (StWG), um die Konjunktur zu stabilisieren?

25. Wie sollte der Staat mit einem in der Hochkonjunktur gebildeten Einnahmenüberschuss umgehen?

26. Was versteht man unter dem Multiplikatoreffekt, was unter dem Akzeleratoreffekt?

27. Welche Möglichkeiten bestehen im Rahmen der Fiskalpolitik, um Konjunkturschwankungen entgegenzuwirken?

28. Was versteht man unter „automatischen Stabilisatoren"?

29. Welcher Unterschied besteht bei der Bekämpfung konjunktureller Arbeitslosigkeit zwischen einer Senkung der Staatseinnahmen und einer Erhöhung der Staatsausgaben?

30. Erläutern Sie, wie nach dem Konzept der so genannten antizyklischen Fiskalpolitik eine konjunkturelle Arbeitslosigkeit zu bekämpfen ist und warum eine Parallelpolitik das Gegenteil bewirken würde.

31. Zu welchen Zielkonflikten kann antizyklische Fiskalpolitik führen?

32. Hat sich der Staat seit 1967 konsequent an das Konzept der antizyklischen Fiskalpolitik gehalten?

33. Welche Konsequenz ergibt sich aus dem Konzept der antizyklischen Fiskalpolitik, wenn der Staat bei guter Konjunktur keine Konjunkturausgleichsrücklage bildet?

34. Wie hat sich in der Vergangenheit die Staatsverschuldung in Deutschland entwickelt?

35. Worin liegen die wesentlichen Probleme einer steigenden Staatsverschuldung?

36. Welche Beschränkungen für die Staatsverschuldung sehen der Vertrag von Maastricht und das Grundgesetz vor?

37. Von wem wird die Geld- und Kreditpolitik betrieben?

38. Wie ist die Europäische Zentralbank (EZB) aufgebaut? Wie sind ihre Führungsstrukturen beschaffen?

39. Warum ist die Unabhängigkeit der EZB wichtig und wie ist sie gesichert?

40. Welche Aufgaben hat die EZB?

41. Was ist Geld und welche Funktionen sollte es erfüllen?

42. Woraus ergibt sich der „Wert" des Geldes?

43. Was bedeutet im täglichen Geschäftsleben die Tatsache, dass Bargeld ein gesetzliches Zahlungsmittel ist?

44. Worin unterscheiden sich Bargeld und Buchgeld (Giralgeld)?

45. Was versteht man unter (aktiver bzw. passiver) Giralgeld-schöpfung? Was versteht man unter dem Giralgeldschöpfungsmultiplikator?

46. Wie misst die EZB das von ihr angestrebte Ziel der Preisniveaustabilität? Welcher Wert dieser Messgröße wird als Ziel angestrebt?

47. Was besagt die „Umlaufgeschwindigkeit des Geldes"?

48. Worin unterscheiden sich die Geldmengenbegriffe M1, M2 und M3?

49. Was besagt die Quantitätsgleichung?

50. Welche Schlussfolgerungen ergeben sich aus der Quantitätsgleichung für die Geldmengensteuerung durch die Europäische Zentralbank (EZB)?

51. Welche liquiditätspolitischen Instrumente stehen der Europäischen Zentralbank (EZB) zur Verfügung?

52. Verdeutlichen Sie, wie die Europäische Zentralbank (EZB) im so genannten Mengentenderverfahren die Konjunkturentwicklung beeinflussen kann.

53. Was versteht man unter den sog. Leitzinsen?

54. Welche Wirkungen sind von einer eher expansiven bzw. eher restriktiven Geld- und Kreditpolitik zu erwarten? Wann wird die EZB eher eine restriktive bzw. eher expansive Geld- und Kreditpolitik betreiben?

55. Wie wirksam kann die EZB im Rahmen ihrer Geld- und Kreditpolitik Einfluss auf die konjunkturelle Lage ausüben?

8 Strukturpolitik

8.1 Begriff und Bereiche der Strukturpolitik

Im 5. Kapitel haben wir bereits die Strukturpolitik von ihrer Grundidee her kennen gelernt und sie als staatliches, d. h., planwirtschaftliches Eingreifen zur **Beeinflussung von Teilbereichen** einer Gesamtwirtschaft (Wirtschaftsstruktur) verstanden, wobei die Teilbereiche Branchen (Sektoren) oder Regionen sein können. Aus dem 4. Kapitel wissen wir darüber hinaus, dass in einer Sozialen Marktwirtschaft staatliche und damit planwirtschaftliche (zentralverwaltungswirtschaftliche) Eingriffe in den marktwirtschaftlichen Koordinationsmechanismus immer unter dem Sozialgedanken erfolgen, um **unsoziale Marktergebnisse** zu verhindern oder zu korrigieren.

Übertragen wir diese Überlegungen auf die Strukturpolitik, so ist klar, dass auch strukturpolitische Eingriffe in einer Marktwirtschaft letztlich unter dem Sozialgedanken erfolgen, d. h., bestimmte, im Zuge von marktwirtschaftlichen Anpassungsprozessen immer auftretende strukturelle Veränderungen oder Wirkungen werden als unsozial empfunden, weil sie mit gesellschaftlichen Endzielen nicht vereinbar sind. Als unsozial könnten z. B. die Einkommensentwicklung in einem Sektor, die hinter der allgemeinen Einkommensentwicklung drastisch zurückbleibt (z. B. im Mittelstand), die relativ ungünstige Einkommensentwicklung in einer wirtschaftlich ungünstig gelegenen Region (z. B. im Bayerischen Wald), das sektorale Erbringen gesellschaftlicher Leistungen, die aber preislich nicht belohnt werden (z. B. die Schutz- und Erholungsfunktion des Waldes), oder die relativ hohe Arbeitslosigkeit in einem Sektor (z. B. im Schiffbau) oder in einer Region (z. B. in den neuen Bundesländern) gelten. Die nachfolgenden Abbildungen zeigen, wie sich in den zurückliegenden Jahrzehnten die Anteile des primären Sektors (Landwirtschaft, Forstwirtschaft, Fischerei), des sekundären Sektors (Industrie, Bauwirtschaft) und des tertiären Sektors (Dienstleistungssektor) an der Wirtschaftsleistung (Bruttowertschöpfung) und an der Beschäftigung verändert haben.

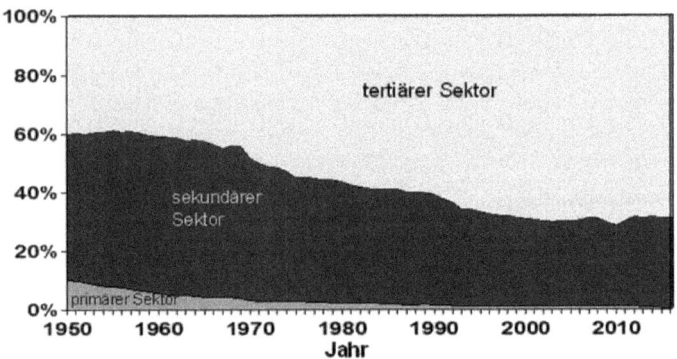

Quelle: Statistisches Bundesamt

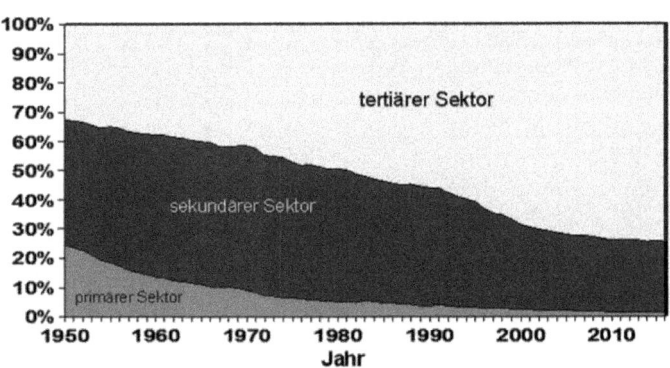

Quelle: Statistisches Bundesamt

8.2 Ziele der Strukturpolitik

Es werden drei grundsätzliche strukturpolitische Ziele unterschieden:

Mit der strukturpolitischen **Erhaltung** wird ein Sektor oder eine Region staatlich aus der marktwirtschaftlichen Koordination herausgenommen und in diesem Sinne künstlich am Leben erhalten, weil keine Möglichkeit gesehen wird, dass es jemals zu einer marktwirtschaftlichen Selbsterhaltung und Konkurrenzfähigkeit kommt. Das Erhaltungsziel wird als besonders problematisch beurteilt, weil zum einen Produktionsfaktoren zu lange in einem Bereich gebunden werden, die unter dem Wachstumsziel in anderen Bereichen produktiver eingesetzt werden könnten, und weil zum anderen die Leistungs- und Konkurrenzfähigkeit in dem betreffenden Bereich im Vertrauen auf die staatliche Dauerhilfe eher noch weiter gelähmt, statt angeregt wird. Eine strukturpolitische Erhaltung sollte daher zu den großen Ausnahmen zählen und nur in den gesellschaftlich besonders bedeutenden Bereichen (z. B. in der Landwirtschaft) betrieben werden.

In der strukturpolitischen **Anpassung** wird eine staatliche „Hilfe zur Selbsthilfe" gesehen, d. h., es geht um eine vorübergehende Hilfestellung im Vertrauen darauf, dass der Sektor oder die Region sich letztlich im marktwirtschaftlichen Prozess selbst behaupten können, sich momentan aber in einer Phase der Um- und Neustrukturierung befinden, die sie aus eigener Kraft nicht bewältigen können. Strukturpolitische Anpassungshilfen werden als vereinbar mit den Grundprinzipien einer Sozialen Marktwirtschaft und daher als nicht problematisch angesehen, sofern sie nicht in eine Erhaltung einmünden.

Als unproblematisch gilt auch die strukturpolitische **Gestaltung**, d. h., die zukunftsorientierte Unterstützung eines Sektors oder einer Region, bei denen zwar erst in der langen Frist die Hoffnung auf eine Selbsterhaltung besteht, die jedoch als richtungweisend für künftige Generationen eingestuft werden. Das gilt z. B. für die Grundlagenforschung im Bereich der Weltraumforschung, für die Hochtechnologieforschung und -anwendung, für den Bildungsbereich und auch für den Umweltbereich. Solche Bereiche würden aus eigener Kraft im marktwirtschaftlichen Prozess erst gar nicht entstehen oder sich in eine gesellschaftlich unerwünschte Richtung entwickeln.

8.3 Instrumente und Probleme der Strukturpolitik

Beim Einsatz strukturpolitischer Instrumente kommt die gesamte Palette der Fiskalpolitik in Betracht. Auf der fiskalpolitischen Einnahmenseite sind es z. B. Steuererleichterungen durch besonders niedrige Steuersätze, Zugeständnisse in der Berechnung der Steuerschuld (z. B. durch besondere Abschreibungsmodalitäten) oder zinsgünstige Kredite. Auf der fiskalpolitischen Ausgabenseite sind es z. B. Subventionen, direkte Einkommenszahlungen, gezielte Staatsaufträge, Preisgarantien oder in Anspruch genommene Bürgschaften. Außerdem kann unterschieden werden zwischen Instrumenten, die den betreffenden Bereich gegen Konkurrenz aus dem Inland schützen sollen (z. B. durch Mittelstandsförderung) **(Binnenprotektion)** und Instrumenten, die einen Schutz gegen ausländische Konkurrenten (z. B. durch Exportsubventionen oder Importzolle) **(Außenprotektion)** zum Ziel haben. Die strukturpolitischen Instrumente zielen insgesamt darauf, die betrieblichen Einnahmen zu erhöhen oder/und die betrieblichen Ausgaben zu senken, um Existenz gefährdende Verluste der betroffenen Unternehmen zu verhindern.

Ein wichtiger Bereich der sektoralen Strukturpolitik war in den zurückliegenden Jahrzehnten der Schutz der heimischen Landwirtschaft. Die Begründung einer strukturpolitischen Förderung der Landwirtschaft als Agrarpolitik ist in einer Sozialen Marktwirtschaft wie jede Politik an dem Sozialgedanken auszurichten, d. h., es muss begründet werden, warum die Landwirtschaft von besonderer gesellschaftlicher Bedeutung (von „öffentlichem Interesse" oder „Systemrelevanz") ist, die eine Übernahme von Marktrisiken (z. B. eine Existenzbedrohung durch mangelhafte internationale Konkurrenzfähigkeit am Weltmarkt) durch den Staat rechtfertigt.

Eine besondere **gesellschaftliche Bedeutung der Landwirtschaft** könnte darin gesehen werden, dass sie durch die Nahrungsmittelproduktion einen wichtigen, weil existenziellen Beitrag zur gesellschaftlichen Güterversorgung liefert und daher die **Versorgungssicherheit** bei diesen Gütern auch in Krisensituationen gegeben sein muss, ohne in eine Abhängigkeit von anderen Volkswirtschaften zu geraten. Als gesellschaftlich bedeutend könnte auch angesehen werden, dass die Landwirtschaft bei ihrer Produktion nebenbei positive Wirkungen wie die **Landschaftserhaltung und Landschaftspflege** mitliefert (= positive externe Effekte), die ihr vom Markt preislich nicht honoriert werden und daher eine staatliche Honorierung erfordern. Auch ein positiver Beitrag zur **Umwelterhaltung** könnte unter diesem Blickwinkel angeführt werden. Ein Bauernstand könnte außerdem als Teil einer gesellschaftlichen **Kultur** gelten, den es zu erhalten gilt. Und letztlich könnte wie in jedem Teilbereich argumentiert werden, dass die marktwirtschaftliche Existenzbedrohung landwirtschaftlicher Betriebe das **Arbeitslosigkeitsproblem** verschärfen könnte, das in jedem Fall ein gesellschaftliches Problem ist. Alles in allem lässt sich eine Reihe von Gründen anführen und wird von der Interessenvertretung der Landwirte in der politischen Diskussion auch immer wieder angeführt, die eine Rechtfertigung der Agrarpolitik als Strukturpolitik zum Ziel hat und entsprechende Forderungen nach staatlicher Unterstützung daraus ableitet.

Gleichwohl ist nicht zu übersehen, dass auch kritische **Gegenargumente** gegen eine Agrarpolitik vorgebracht werden. Sie betreffen zunächst grundsätzlich den Gesamtumfang der staatlichen Förderung, der sich z. B. auf der europäischen Ebene auf knapp die Hälfte der Gesamtausgaben der Europäischen Union beläuft und die Frage aufkommen lässt, ob dadurch nicht die gesellschaftliche Bedeutung der Landwirtschaft im Vergleich zu anderen wirtschaftlichen Bereichen überzeichnet wird. Gegen das Argument der Versorgungssicherheit wird eingewendet, dass in einer Welt der fortschreitenden technischen Entwicklung, einer zunehmenden internationalen Spezialisierung durch Freihandel und einer immer wichtigeren Rohstoffversorgung für jede Volkswirtschaft eine Selbstversorgung ohnehin nicht mehr denkbar ist, so dass die Abhängigkeit bei Nahrungsmitteln auch nicht mehr groß ins Gewicht fällt. Zur landwirtschaftlichen Landschaftserhaltung und Landschaftspflege sowie zur Umwelterhaltung wird kritisch angemerkt, dass zunehmend das Gegenteil eintritt, weil durch eine immer intensivere landwirtschaftliche Produktion zum Zwecke der Einkommensmaximierung dank staatlicher Preis- und Abnahmegarantien Landschaft eher zerstört als erhalten und eher sorglos behandelt als gepflegt wird und Umweltprobleme eher verschärft als gelöst werden. Kulturelle Leistungen werden auch in anderen Bereichen (z. B. im Handwerk) gesehen, ohne dass sie durch eine massive, der Landwirtschaft vergleichbare staatliche Förderung gestützt werden. Und letztlich wird daran gezweifelt, dass ein mögliches Arbeitslosigkeitsproblem in der Landwirtschaft im Vergleich zu anderen Bereichen besonders gravierend sein soll. Insgesamt wird also nicht die Agrarpolitik an sich in Frage gestellt, sondern das Ausmaß der staatlichen Unterstützung im Vergleich zu anderen strukturpolitisch relevanten Bereichen.

8.4   Kontrollfragen zu Kapitel 8

1. Was versteht man unter Strukturpolitik im Allgemeinen und unter sektoraler bzw. regionaler Strukturpolitik im Speziellen?

2. Welche Ziele werden im Rahmen der Strukturpolitik verfolgt und wie sind diese Ziele zu beurteilen?

3. Welche Instrumente stehen für die Strukturpolitik zur Verfügung?

4. Lässt sich das Ziel der Strukturerhaltung im Fall der Landwirtschaft rechtfertigen?

9 Internationale Wirtschafts-
beziehungen

9.1 Gründe für die Entstehung internationaler Wirtschaftsbeziehungen

> Internationale Wirtschaftsbeziehungen sind Ausdruck und Folge der **internationalen Arbeitsteilung**.

Länder spezialisieren sich entsprechend ihren Fähigkeiten (z. B. Rohstoffvorräte, Klima etc.) und den sich daraus ergebenden relativen Kostenvorteilen auf die Produktion bestimmter Güter, werden dadurch aber abhängig von den Volkswirtschaften anderer Länder als Tauschpartner. Wie wir aus Abschnitt 1.2 wissen, führt Spezialisierung zu Produktivitätsvorteilen, d. h., zu einer insgesamt höheren Güterversorgung bei gegebenem Faktoreinsatz als ohne Spezialisierung. Die Nachteile liegen in der wechselseitigen Abhängigkeit und Krisenanfälligkeit der spezialisierten Tauschpartner als Anbieter und Nachfrager und in den möglichen Schwierigkeiten einer Koordination ihrer Tauschbeziehungen, weil Ungleichgewichte (Überangebot und Übernachfrage) entstehen können.

Die Nachkriegszeit ist geprägt durch eine rasante Zunahme der internationalen Wirtschaftsbeziehungen, die vor allem auch durch den technologischen Wandel (z. B. in Gestalt einer verbesserten Transport-, Informations- und Kommunikationstechnik etc.) begünstigt wurden und auch weiterhin werden. Sie äußern sich auf der europäischen Ebene z. B. in der Schaffung der Europäischen Wirtschafts- und Währungsunion (EWWU) und weltweit in einer **Globalisierung der Märkte**. Sie führen neben den unstrittigen Produktivitätsvorteilen zu dem Problem, immer mehr spezialisierte, internationale Tauschpartner mit unterschiedlichen nationalen Zielvorstellungen in ihren wechselseitigen Abhängigkeiten koordinieren und auf ein gemeinschaftliches Ziel ausrichten zu müssen.

9.2 Die Zahlungsbilanz als Instrument zur Erfassung der internationalen Wirtschaftsbeziehungen

> Die **Zahlungsbilanz** einer Volkswirtschaft erfasst sämtliche ökonomischen Transaktionen zwischen Inländern und der übrigen Welt während einer Zeitperiode (z. B. während eines Kalenderjahres).

Die übrige Welt sind nach dem Inländerkonzept die Ausländer (vgl. Abschnitt 3.3.2). Die Zahlungsbilanz enthält als Transaktionsrechnung **Strömungsgrößen** und nicht – wie vielleicht aufgrund des betriebswirtschaftlichen Bilanzbegriffs vermutet werden könnte – Bestandsgrößen. Außerdem enthält sie nicht nur Zahlungen.

Die in der Zahlungsbilanz erfassten Transaktionen beziehen sich auf Sachgüter und Dienstleistungen (**Leistungstransaktionen**) oder/und auf Änderungen von Vermögenstiteln, d. h., auf Forderungen- und Verbindlichkeitenänderungen (**Kapitaltransaktionen**). Es kann sich um reine Leistungstransaktionen als Naturaltausch (Kompensationsgeschäfte) wie z. B. den Export von Röhren gegen den Import von Erdgas, um gemischte Leistungs- und Kapitaltransaktionen wie z. B. den Import von Waren auf Kredit oder um reine Kapitaltransaktionen wie z. B. den Kauf von ausländischen Wertpapieren gegen Fremdwährung in Form von Buch- oder Bargeld handeln.

Die deutsche Zahlungsbilanz wird von der Deutschen Bundesbank, die Zahlungsbilanz der Europäischen Währungsunion (EWU) von der Europäischen Zentralbank (EZB) erstellt.

> Die Zahlungsbilanz ist je nach Art der ökonomischen Transaktionen in **Teilbilanzen** unterteilt, die buchungstechnisch in Form von T-Konten geführt werden.

Da die Zahlungsbilanz nach dem **Prinzip der Buchung und Gegenbuchung** aufgebaut ist, d. h., jeder Buchung auf der rechten (linken) Seite eine Gegenbuchung in der gleichen Gesamthöhe auf der linken (rechten) Seite entspricht, muss sie immer ausgeglichen sein. Aktive oder passive Zahlungsbilanzen gibt es also eigentlich nicht. Nur Teilbilanzen können unausgeglichen sein, d. h., sie weisen einen Saldo auf, wenn die Werte der rechten und linken Seite voneinander abweichen. Die betriebswirtschaftlich üblichen Begriffe „Habenseite" für die rechte Seite und „Sollseite" für die linke Seite des jeweiligen T-Kontos der Teilbilanz sollten besser vermieden werden, um der Gefahr einer stillschweigend positiven bzw. negativen Bewertung zu entgehen.

Das Grundschema der Zahlungsbilanz der BRD und der Europäischen Währungsunion (EWU) hat folgenden Aufbau:

Grundschema der Zahlungsbilanz[*]	
1. Warenexport (einschl. Ergänzungen)	1. Warenimport (einschl. Ergänzungen) + 272 (+ 374)
2. Dienstleistungsexport − 22	2. Dienstleistungsimport (+ 69)
3. Erwerbs- und Vermögenseinkommen (Primäreinkommen) von der übrigen Welt	3. Erwerbs- und Vermögenseinkommen (Primäreinkommen) an die übrige Welt + 52 (+ 50)
4. Laufende Übertragungen (Sekundäreinkommen) von der übrigen Welt − 40 (− 131)	4. Laufende Übertragungen (Sekundäreinkommen) an die übrige Welt
5. Vermögensübertragungen von der übrigen Welt	5. Vermögensübertragungen an die übrige Welt + 1 (+ 6)
6. Forderungsabnahme bzw. Verbindlichkeitszunahme − 231 (− 388) darunter: Abfluss an Fremdwährungen und Eigenwährung (− 15)	6. Forderungszunahme bzw. Verbindlichkeitsabnahme darunter: Zufluss an Fremdwährungen und Eigenwährung + 2
7. Statistischer Rest − 32	7. Statistischer Rest (+ 20)
[*] Gerundete Saldenwerte der BRD und (EWU) für das Jahr 2016 in Mrd. € Quelle: Deutsche Bundesbank, Monatsbericht 3/2017	

Die 1. Teilbilanz wird als **Waren- oder Handelsbilanz**, die 2. Teilbilanz als **Dienstleistungsbilanz** bezeichnet. Man hat sich darauf geeinigt, die Exporte als Güterlieferung an Ausländer auf der linken und dementsprechend die Importe als Güterbezug von Ausländern auf der rechten Seite zu buchen. Aus dieser Grundentscheidung folgen aufgrund des Prinzips der Buchung und Gegenbuchung zwangsläufig alle anderen Positionen. Ein internationales Kompensationsgeschäft von Waren würde also z. B. eine Verlängerung der Handelsbilanz bedeuten. Als „Ergänzungen" in der Handelsbilanz gelten der Lagerverkehr auf eigene Rechnung und die Absetzung der Rückwaren. Die Werte in der Handelsbilanz werden in der deutschen Zahlungsbilanz bei den Exporten ohne Transport- und Versicherungskosten (engl.: free on board (fob)) und bei den Importen einschließlich dieser Kosten (engl.: cost, insurance, freight (cif)), in der Zahlungsbilanz der EWU bei Ex- und Importen einheitlich als fob- Werte angesetzt.

Die 3. Teilbilanz der **Erwerbs- und Vermögenseinkommen (Primäreinkommen)** transformiert ein noch verbliebenes Inlandskonzept der Handels- und Dienstleistungsbilanz in das Inländerkonzept. Sie war früher selbst ein Teil der Dienstleistungsbilanz und wurde vor einigen Jahren ausgegliedert, um vor allem die stark zugenommene Bedeutung internationaler Finanzdienstleistungen in Gestalt von Geldkapitalgeschäften und entsprechenden Kapitaleinkünften sichtbar zu machen. So ist z. B. die Beteiligung an einer Aktiengesellschaft in der übrigen Welt mit dem Export einer Kapitaldienstleistung verbunden, die mit der Dividende entgolten wird. Ähnliches gilt für Kreditgeschäfte, bei denen z. B. ein an Ausländer vergebener Kredit einer inländischen Geschäftsbank bei ihr zu Zinseinnahmen führt, die als Entgelt für den Export einer Finanzdienstleistung anzusehen sind. Dividenden- und Zinseinnahmen fallen aber unter die von Ausländern empfangenen Erwerbs- und Vermögenseinkommen, die dementsprechend – wie der Export in der Dienstleistungsbilanz – auf der linken Seite der betreffenden Teilbilanz zu buchen sind. Für den Import von Finanzdienstleistungen (z. B. als Kreditaufnahme bei einer ausländischen Geschäftsbank) gilt entsprechendes. Aber auch der Ex- und

Import von Arbeitsleistungen werden in dieser Teilbilanz erfasst. Sie werden von Inländern als Eigentümer des Produktionsfaktors Arbeit den Ausländern zur Verfügung gestellt oder Inländer beziehen sie von Ausländern. Sie führen dann zu entsprechenden Zahlungen von Faktoreinkommen (Primäreinkommen).

Die 4. Teilbilanz ist die **Übertragungsbilanz (Sekundäreinkommen)**, die gelegentlich auch als Schenkungsbilanz bezeichnet wird. Der letztgenannte Begriff ist insofern klarer, als er zeigt, worum es geht, nämlich um Geschenke, die an die übrige Welt gegeben bzw. von der übrigen Welt empfangen werden. In der Übertragungsbilanz werden also alle diejenigen Transaktionen gegengebucht, die eigentlich einseitig sind, weil ein Tauschpartner auf die an sich übliche Gegenleistung verzichtet. Verschenkt z. B. ein deutscher Produzent von Lastwagen einen Teil seiner Produktion als Entwicklungshilfe an ein Entwicklungsland, so wäre zunächst ein Export auf der linken Seite der Handelsbilanz zu buchen, die Gegenbuchung müsste dann aber auf der rechten Seite der Übertragungsbilanz als ein Geschenk an die übrige Welt erfolgen. Von besonderer Bedeutung sind jedoch die in der Übertragungsbilanz gegengebuchten staatlichen Zahlungen im Rahmen der Entwicklungshilfe und der Beiträge an internationale Organisationen (z. B. an die Europäische Gemeinschaft, UNO etc.) und die Zahlungen der „Gastarbeiter", die bei einem Hauptwohnsitz im Inland als Inländer gelten und deren Zahlungen an Familienangehörige in den Heimatländern dementsprechend als Geschenke zu betrachten sind. Als „laufend" gelten Übertragungen, die nicht einmalig, sondern jährlich immer wiederkehrend auftreten.

Die Zusammenfassung der 1. bis 4. Teilbilanz wird als **Leistungsbilanz** bezeichnet. Sie umfasst demnach den gesamten Gütertausch zwischen Inländern und Ausländern und die laufenden Güter- und Kapitalgeschenke, die gleichsam Leistungen ohne Gegenleistung sind.

In der 5. Teilbilanz der **Vermögensübertragungen** werden – im Gegensatz zur 4. Teilbilanz der laufenden Übertragungen – die einmaligen Geschenke an die übrige Welt bzw. von der übrigen Welt gegengebucht. Darunter fallen z. B. Erbschaften und vor allem internationale Schuldenerlasse.

Die 6. Teilbilanz ist die **Kapitalbilanz** (besser: „Kapitalverkehrsbilanz"). In ihr werden **Änderungen in den Forderungen und Verbindlichkeiten** zwischen Inländern und Ausländern, also die Kapitaltransaktionen, gebucht. So wird z. B. der Import von Waren auf Kredit zunächst auf der rechten Seite der Handelsbilanz gebucht, während die Gegenbuchung als Verbindlichkeitszunahme auf der linken Seite der Kapitalbilanz erfolgen muss. Ebenso ist z. B. ein internationaler Schuldenerlass als Geschenk an die übrige Welt auf der rechten Seite der 5. Teilbilanz der Vermögensübertragungen zu buchen, während die Gegenbuchung als Forderungsabnahme auf der linken Seite der Kapitalbilanz erscheint. Als weitere Beispiele für Kapitaltransaktionen ist an Wertpapierkäufe und -verkäufe und Direktinvestitionen (Beteiligungen mit unternehmerischem Ziel) zu denken.

Eine besondere Form von Kapitaltransaktionen ist die **Veränderung der Währungsreserven**, d. h., der Zu- und Abfluss von Fremdwährungen und Eigenwährung. Dies ist verständlich, wenn wir bedenken, dass grundsätzlich auch Zentralbankgeld (Bargeld) und Buchgeld (Giralgeld) für die Bankkunden (Publikum) Forderungen gegen die jeweilige Bank (Zentralbank bzw. Geschäftsbank) bzw. für die jeweilige Bank Verbindlichkeiten gegenüber dem Publikum darstellen (vgl. Abschnitt 7.2.2). Ist diese Bank eine inländische Bank, so handelt es sich bei diesem Geld um Eigenwährung, während Geldforderungen an Banken in der übrigen Welt als Fremdwährungen (Devisen (= Buchgeld) und Sorten (= Bargeld)) gelten. Befindet sich Eigenwährung in den Händen von Ausländern, so stellt es aus Sicht der Banken als Inländer und damit aus Sicht der heimischen Zahlungsbilanz eine Verbindlichkeit dar.

In der 7. Teilbilanz wird der **statistische Rest** gebucht. Er tritt dadurch auf, dass in der Praxis internationale Transaktionen isoliert und nicht buchführungstechnisch sauber nach dem Prinzip der Buchung und Gegenbuchung erfasst werden und in den meisten Fällen auch gar nicht erfasst werden können. Die

Konsequenz ist dann aber eine häufig nicht unbeachtliche Differenz zwischen der Summe der linken und rechten Seite der Teilbilanzen und demnach eine unausgeglichene Zahlungsbilanz. Aufgrund der Buchführungssystematik darf sie aber eigentlich nicht auftreten. Mit dem statistischen Restposten wird diese Ungenauigkeit („statistisch nicht aufgliederbare Transaktionen") wieder beseitigt, indem der Differenzbetrag einfach gegengebucht wird, so dass dann die Zahlungsbilanz insgesamt über alle Teilbilanzen doch ausgeglichen ist.

Mit einigen zusätzlichen und abschließenden **Buchungsbeispielen** können wir uns die Zusammenhänge innerhalb der Zahlungsbilanz noch einmal klarmachen:

(1) Der Kauf ausländischer Wertpapiere und die Zahlung des Kaufbetrages durch Überweisung von einem Girokonto bei einer ausländischen Geschäftsbank ist eine reine Kapitaltransaktion, die in der 6. Teilbilanz des Kapitalverkehrs auf der rechten Seite als Forderungszunahme und auf der linken Seite als Forderungsabnahme bzw. Abfluss an Fremdwährung erscheint.

(2) Eine Urlaubsreise ins Ausland und die Bezahlung von Dienstleistungen (z. B. als Hotelunterkunft) im Urlaubsland mit einem Scheck in Eigenwährung führt zu einem Dienstleistungsimport auf der rechten Seite der Dienstleistungsbilanz (2. Teilbilanz) und zu einer Verbindlichkeitszunahme bzw. zu einem Abfluss an Eigenwährung auf der linken Seite der Kapitalbilanz (6. Teilbilanz).

(3) Eine Urlaubsreise ins Ausland mit vorheriger Beschaffung von Fremdwährung als Sorten (siehe Abschnitt 9.3) bei einer inländischen Geschäftsbank und der anschließende Kauf und die Bezahlung einer Dienstleistung am Urlaubsort (z. B. als Hotelunterkunft) mit diesen Sorten berührt im ersten Schritt der Sortenbeschaffung die Zahlungsbilanz nicht, da es sich um eine Transaktion zwischen Inländern (hier zwischen Urlaubsreisenden und ihrer Geschäftsbank) ohne Außenwirkung handelt. Erst wenn sich die Geschäftsbank ihrerseits die Sorten z. B. bei einer ausländischen Geschäftsbank besorgt, kommt es in der 6. Teilbilanz zu einem

Zufluss an Fremdwährung in Gestalt der Sorten auf der rechten Seite und zu einem Abfluss an Eigenwährung auf der linken Seite durch Bezahlung des Sortenkaufs. Bezahlt der Urlaubsreisende nun den Dienstleistungskauf am Urlaubsort, so kommt es zu einem Dienstleistungsimport auf der rechten Seite der 2. Teilbilanz und zu einer Forderungsabnahme bzw. zu einem Abfluss an Fremdwährung auf der linken Seite der 6. Teilbilanz.

(4) (Die Aufnahme eines Kredites in Fremdwährung bei einer ausländischen Geschäftsbank und der anschließende Kauf einer ausländischen Immobilie mit diesem Kreditbetrag ist im ersten Schritt mit einer Verbindlichkeitszunahme auf der linken Seite der Kapitalbilanz (6. Teilbilanz) und einer Forderungszunahme als Buch- oder Bargeld bzw. als Zufluss an Fremdwährung auf deren rechter Seite verbunden. Der Kauf und die Bezahlung der Immobilie führen im zweiten Schritt zu einer Forderungszunahme als Direktinvestition auf der rechten Seite der Kapitalbilanz (6. Teilbilanz) und zu einer Forderungsabnahme als Abfluss von Fremdwährung auf deren linker Seite.

Unausgeglichene Teilbilanzen innerhalb der immer ausgeglichenen Zahlungsbilanz am Ende einer Periode, wenn die Konten saldiert werden, dürften der Regelfall sein. Salden auf der rechten Seite von Teilbilanzen erhalten buchungstechnisch ein positives (+) Vorzeichen, Salden auf der linken Seite entsprechend ein negatives (–) Vorzeichen. Die Summe der Teilbilanzsalden ergibt demnach $\pm$ 0, d. h., die Zahlungsbilanz ist ausgeglichen. Eine positive oder aktive Handelsbilanz, auch **Handelsbilanzüberschuss** genannt, bedeutet also beispielsweise, dass in dem betrachteten Zeitraum der Warenexport größer als der Warenimport war und der Exportüberschuss als Saldo und Kontoabschluss auf der rechten Seite der Handelsbilanz erscheint. Eine negative oder passive Handelsbilanz, auch **Handelsbilanzdefizit** genannt, zeigt entsprechend einen Importüberschuss im Warenverkehr an. Ein positiver (negativer) **Saldo in der Teilbilanz der Erwerbs- und Vermögenseinkommen (Primäreinkommen)** entspricht einem positiven (negativen) Nettoprimäreinkommen aus der übrigen Welt, das als Korrekturfaktor für den Übergang vom Inlands- zum Inländerkonzept bei der Ermittlung der gesamtwirtschaftlichen Leistungsgrößen von Bedeutung ist. Der **Saldo der Übertragungsbilanz (Sekundäreinkommen)** dürfte in entwickelten Ländern normalerweise negativ sein, denn diese Länder geben z. B. vor allem in Form der Entwicklungshilfe mehr Geschenke an unterentwickelte Länder als sie Geschenke von Ländern erhalten. Der **Saldo der Leistungsbilanz** entspricht dem Saldo des gesamtwirtschaftlichen Vermögensänderungskontos in der Volkswirtschaftlichen Gesamtrechnung (VGR) (vgl. Abschnitt 3.7). Er dürfte normalerweise uneinheitlich positiv oder negativ sein, denn er hängt von dem Gewicht der einzelnen Salden in den vier Teilbilanzen der Leistungsbilanz ab. Liegt eine negative Kapitalbilanz vor, so wird von einem **Kapitalexport**, bei einer positiven Kapitalbilanz von einem **Kapitalimport** gesprochen, d. h., Export und Import beziehen sich in der Kapitalbilanz auf den Saldo und nicht – wie z. B. in der Handelsbilanz – auf nur eine Seite des Kontos. Ein Kapitalexport bedeutet, dass es zu einer **Nettozunahme an Auslandsvermögen** gekommen ist, d. h. Inländer haben sich mit ihrem Kapital mehr bei Ausländern als Ausländer bei Inländern beteiligt. Für einen Kapitalimport gilt Entsprechendes, obwohl die buchungstechnischen Vorzeichen der betreffenden Salden das Gegenteil vermuten lassen. Die Deutsche Bundesbank und auch die EZB kehren daher in der veröffentlichten Kapitalbilanz die buchungstechnisch exakten Vorzeichen der Salden zum besseren Verständnis in ihr Gegenteil um. Auch in der Teilbilanz der Veränderung der Währungsreserven ist zu beachten, dass eine **Nettozunahme an Währungsreserven** als Saldo auf der linken Seite des Kontos erscheint und demnach buchungstechnisch ein negatives Vorzeichen erhalten muss, obwohl der tägliche Sprachgebrauch ein positives Vorzeichen nahelegen würde.

Über die **aktuelle Situation** der Außenwirtschaftsbeziehungen der BRD und EWU informieren die Saldenwerte im Grundschema der jeweiligen Zahlungsbilanz. Eine ständige Aktualisierung der Werte erfolgt im Monatsbericht der Deutschen Bundesbank (www.bundesbank.de) und im Statistics Bulletin der Europäischen Zentralbank (EZB bzw. ECB) (www.ecb.eu).

9.3 Der Wechselkurs und sein Einfluss auf die internationalen Wirtschaftsbeziehungen

Wie wir aus Abschnitt 7.2.2 wissen, hat Geld bei ökonomischen Transaktionen neben einer Recheneinheitsfunktion vor allem eine Tauschmittel- und eine Wertaufbewahrungs- und Wertübertragungsfunktion zu erfüllen. Das gilt natürlich auch bei ökonomischen Transaktionen auf der internationalen Ebene zwischen nationalen Volkswirtschaften als Folge der internationalen Arbeitsteilung. Die Tauschmittel- und die Wertaufbewahrungs- und Wertübertragungsfunktion des Geldes äußern sich dabei in den Leistungs- und Kapitaltransaktionen, wie wir sie bei der Behandlung der Zahlungsbilanz im Abschnitt 9.2 kennen gelernt haben. Was allerdings die Recheneinheitsfunktion des Geldes betrifft, so stehen wir international vor dem Problem, dass in den verschiedenen nationalen Volkswirtschaften die Recheneinheit des Geldes in dem jeweiligen Zahlungsmittelgesetz unterschiedlich benannt wird. Was in der einen Volkswirtschaft z. B. Euro (EUR) heißt, heißt in einer anderen z. B. US-Dollar (USD) oder Yen (JPY). Daraus folgt zwangsläufig, dass bei der Abwicklung internationaler Leistungs- und Kapitaltransaktionen unter Einsatz des Mediums Geld die Geldeinheiten (Währungseinheiten) selbst getauscht werden müssen, z. B. bei zwei Ländern A und B nach dem Muster: Gut A gegen Geld A gegen Geld B gegen Gut B. Werden aber Währungen getauscht, so führt uns das zum Tauschverhältnis, dem Wechselkurs.

Der **Wechselkurs** gibt an, in welchem Verhältnis die Währung eines Landes oder einer Ländergemeinschaft wie z. B. der Europäischen Währungsunion (EWU) in die Währung eines anderen Landes getauscht werden kann.

Der Wechselkurs ist als Tauschverhältnis ein Preis, allerdings nicht ein Güter- oder Faktorpreis, sondern ein **Währungspreis**. Der Preis einer heimischen Währungseinheit (z. B. 1 EUR) gemessen in ausländischen Währungseinheiten (z. B. 1,10 USD für 1 EUR) wird auch als Mengenwechselkurs oder **Mengen-**

notierung bezeichnet. Er gibt an, welche Menge an ausländischen Währungseinheiten wir für eine heimische Währungseinheit bekommen. Der Kehrwert (engl.: Cross Rate) dieses Wechselkurses, der Preis einer ausländischen Währungseinheit gemessen in heimischen Währungseinheiten (z. B. 0,91 EUR für 1 USD), wird als Preiswechselkurs oder **Preisnotierung** bezeichnet. Er gibt an, welchen Preis in inländischen Währungseinheiten wir für eine ausländische Währungseinheit bezahlen müssen. In der EWU wird die Mengennotierung verwendet.

Vom **Devisenkurs** ist dann die Rede, wenn der Wechselkurs beim Tausch von Eigen- und Fremdwährung in Form von Buchgeld (z. B. bei Kartenzahlung) gemeint ist. Dagegen bezieht sich der **Sortenkurs** auf den Wechselkurs beim Währungstausch von Zentralbankgeld (Bargeld).

Wenn es sich beim Wechselkurs bzw. beim Devisen- oder Sortenkurs um einen Preis als Tauschverhältnis zwischen Eigen- und Fremdwährung handelt, dann wird dieser Preis – wie wir aus Abschnitt 4.5.1 wissen – bei **marktwirtschaftlicher Koordination** durch das Verhältnis von Angebot und Nachfrage bestimmt. Er bildet sich am Markt frei durch die Konkurrenz unter den Anbietern und Nachfragern. Ein Überangebot wird durch Preissenkung, eine Übernachfrage durch Preiserhöhung abgebaut. Eine marktwirtschaftlich freie Wechselkursbildung wird als **Floating** (engl.: „Fließen") bezeichnet. Der Markt der freien Wechselkursbildung ist die **Devisenbörse**, an der die Devisenmakler als Vermittler der Anbieter und Nachfrager an bzw. nach einer bestimmten Währung aufeinander treffen. Jeder Makler ist gleichzeitig Anbieter und Nachfrager, denn das Angebot an bzw. die Nachfrage nach einer bestimmten Währung ist mit der Nachfrage nach bzw. dem Angebot an jeweils einer anderen Währung verbunden. Bei den gehandelten Währungen handelt es sich um Buchgeld (vgl. Abschnitt 7.2.2), über das telefonisch bzw. online per Internet verfügt wird. In jedem Land befindet sich eine Devisenbörse (z. B. Frankfurt, London, New York, Tokio etc.). Zu unterschiedlichen Wechselkursen an diesen Devisenbörsen kann es nur durch die Zeitverschiebung kommen. Ohne Zeitverschiebung und bei perfekter Kommunikation wäre theoretisch eine einzige Devisenbörse als Punkt-markt ausreichend.

9.3.1 Der Einfluss von Leistungs- und Kapitaltrans-aktionen auf den Wechselkurs

Da es sich bei dem Wechselkurs als Tauschverhältnis um einen Preis handelt, der durch das Verhältnis von Angebot und Nach-frage an bzw. nach der jeweiligen Währung bestimmt wird, muss die Frage nach den Ursachen von Wechselkursänderungen bei dem Währungsangebot und der Währungsnachfrage anset-zen und nach Gründen für dieses Angebot und diese Nachfrage suchen. Die Gründe für einen Währungstausch liegen grund-sätzlich in den internationalen Leistungs- und Kapitaltransakti-onen, die unter Einsatz von Geld und dabei unterschiedlich benannten Geldeinheiten (EUR, USD etc.) abgewickelt werden. Sie sind es daher letztlich, die für Wechselkursänderungen ver-antwortlich sind. Wir wollen zunächst die Leistungstransaktio-nen betrachten.

Leistungstransaktionen werden in der Leistungsbilanz der Zahlungsbilanz erfasst (vgl. Abschnitt 9.2). Der Export von Waren und Dienstleistungen führt in der Regel zu einer Nach-frage nach und der Import in der Regel zu einem Angebot an der Währung des exportierenden bzw. importierenden Landes, sofern kein Naturaltausch (Kompensationsgeschäft) betrieben wird. Der Export führt zu einer Nachfrage nach der Währung des exportierenden Landes, wenn der Exporteur den erhaltenen ausländischen Währungsbetrag (z. B. als Buchgeld bei einer ausländischen Geschäftsbank) in heimische Wahrung umtauscht oder der ausländische Käufer für seine Währung die Währung des Verkäufers erwirbt. Entsprechendes gilt für den Import. An die übrige Welt geleistete Erwerbs- und Vermögenseinkommen (Primäreinkommen) und Geldübertragungen (Sekundäreinkom-men) führen in der Regel bei Währungstausch zu einem Ange-bot an Eigenwahrung bzw. zu einer Nachfrage nach Fremdwäh-rung. Dieser Fall tritt z. B. ein, wenn die von „Gastarbeitern" als Inländer an Familienangehörige im Heimatland überwiesenen EUR-Betrage (= Geldübertragungen; vgl. Abschnitt 9.2) von diesen in ihre Heimatwährung umgetauscht werden. Dagegen werden empfangene Erwerbs- und Vermögenseinkommen (Primäreinkommen) und Geldübertragungen (Sekundäreinkommen) in der Regel bei Währungstausch zu einer Nachfrage nach Eigenwährung bzw. zu einem Angebot an Fremdwährung führen. Als Beispiel kann an Dividenden gedacht werden, die ein Inländer bei einer US-amerikanischen Aktiengesellschaft für seinen Aktienbesitz erhält und dann in seine Währung umtauscht.

Das folgende Schema fasst den Zusammenhang zwischen Leistungstransaktionen und Wechselkursänderungen zusammen:

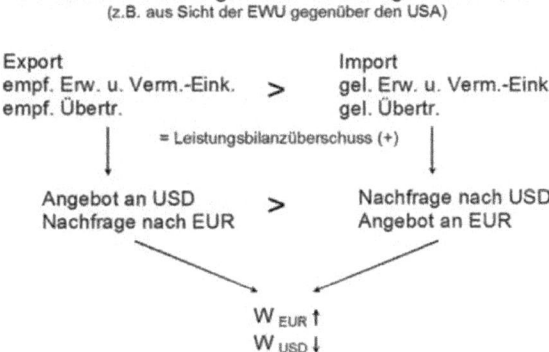

Wechselkursänderungen durch Leistungstransaktionen
(z.B. aus Sicht der EWU gegenüber den USA)

Export
empf. Erw. u. Verm.-Eink. > Import
gel. Erw. u. Verm.-Eink.
empf. Übertr.   gel. Übertr.

= Leistungsbilanzüberschuss (+)

Angebot an USD > Nachfrage nach USD
Nachfrage nach EUR   Angebot an EUR

$W_{EUR} \uparrow$
$W_{USD} \downarrow$

Diese Überlegungen und unsere Kenntnis der Zahlungsbilanz aus Abschnitt 9.2 führen uns zu der allgemeinen **Schlussfolgerung**:

Unter dem isolierten Blickwinkel der **Leistungstransaktionen** dürfte ein Leistungsbilanzüberschuss eines Landes oder einer Ländergemeinschaft ein Ansteigen des Wechselkurses der heimischen Währung bewirken, während ein Leistungsbilanzdefizit den gegenteiligen Effekt erwarten lässt.

Kapitaltransaktionen werden in der Kapitalbilanz der Zahlungsbilanz erfasst (vgl. Abschnitt 9.2). Eine Forderungszunahme bzw. Verbindlichkeitsabnahme (z. B. der Kauf von Wertpapieren in den USA durch Inländer der EWU bzw. z. B. die Tilgung von Krediten bei US-amerikanischen Geschäftsbanken durch Inländer der EWU) führt in der Regel, d. h., bei Währungstausch und daher ohne Berücksichtigung der Veränderung der Währungsreserven in der Kapitalbilanz, zu einer Nachfrage nach Fremdwährung (in diesem Beispiel nach USD) und dadurch zu einem Angebot an heimischer Währung (in diesem Beispiel an EUR). Die Forderungsabnahme bzw. Verbindlichkeitszunahme (z. B. die Tilgung von US-Staatsanleihen in Händen von Inländern der EWU bzw. z. B. die Aufnahme von Krediten bei US-amerikanischen Geschäftsbanken durch Inländer der EWU) dürfte entsprechend mit einem Angebot an Fremdwährung und einer Nachfrage nach Eigenwährung verbunden sein. Bei der Kreditaufnahme ist allerdings zu bedenken, dass die erhaltenen Fremdwährungsmittel auch zur Finanzierung von Leistungs- oder/und Kapitaltransaktionen eingesetzt werden können und dann naturgemäß nicht zum Währungstausch führen.

Das folgende Schema vermittelt wiederum einen zusammenfassenden Überblick über den **Zusammenhang zwischen Kapitaltransaktionen und Wechselkursänderungen**:

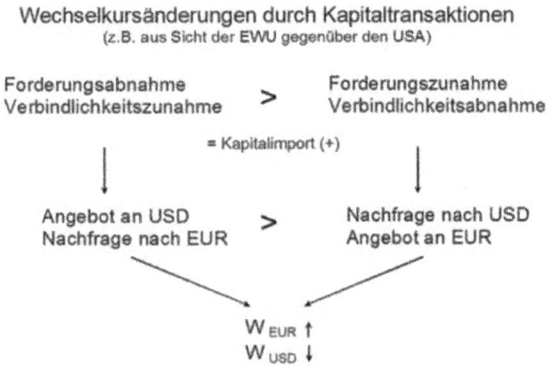

Wechselkursänderungen durch Kapitaltransaktionen
(z.B. aus Sicht der EWU gegenüber den USA)

Forderungsabnahme   >   Forderungszunahme
Verbindlichkeitszunahme   Verbindlichkeitsabnahme

= Kapitalimport (+)

Angebot an USD   >   Nachfrage nach USD
Nachfrage nach EUR   Angebot an EUR

$W_{EUR} \uparrow$
$W_{USD} \downarrow$

Wir können aus dem bisher Gesagten unter Einbeziehung der Zahlungsbilanzsituation die allgemeine **Schlussfolgerung** ziehen:

Bei isolierter Betrachtung der **Kapitaltransaktionen** dürfte eine positive Kapitalbilanz (= Kapitalimport) eines Landes oder einer Ländergemeinschaft ein Ansteigen des Wechselkurses der heimischen Währung bewirken, während eine negative Kapitalbilanz (= Kapitalexport) den gegenteiligen Effekt erwarten lässt.

Werden Wechselkurse am Devisenmarkt durch Angebot und Nachfrage nach Währungen bestimmt, kann auch spekulatives Verhalten (Währungsspekulation) Einfluss auf die Entwicklung des Wechselkurses ausüben. **Spekulatives Verhalten** in der Gegenwart geht grundsätzlich von Erwartungen bezüglich einer bestimmten Entwicklung in der Zukunft aus und hofft auf einen **Spekulationsgewinn** für den Fall, dass diese Erwartungen sich als richtig und vernünftig (rational) erweisen. Als ökonomische **Spekulationsobjekte** können sowohl Güter (z. B. Rohstoffe) als auch Forderungen (z. B. Währungen oder Aktien) dienen. Ein Spekulationsgewinn wird erzielt, wenn das Spekulationsobjekt zu einem gegenwärtigen Preis gekauft wird, der unter dem zukünftigen Preis liegt, zu dem es wiederverkauft werden kann. Oder das Spekulationsobjekt wird zu einem gegenwärtigen Preis verkauft, der über dem zukünftigen Preis liegt, zu dem es gekauft werden kann, um die Verkaufsvereinbarung zu erfüllen. Da Käufe und Verkäufe zeitlich auseinanderliegen, handelt es sich um **Termingeschäfte**. Sie können sich auf die Spekulationsobjekte selbst beziehen, können aber auch Rechte (Optionen) auf Käufe oder Verkäufe beinhalten. Bei einer **Kaufoption** (engl.: Call) handelt es sich um das Recht, zu einem schon heute festgelegten Preis morgen ein Spekulationsobjekt in einer bestimmten Menge kaufen zu können. Eine **Verkaufsoption** (engl.: Put) ist entsprechend das Recht, zu einem schon heute festgelegten Preis morgen ein Spekulationsobjekt in einer bestimmten Menge verkaufen zu können. Auch diese Rechte ihrerseits können gehandelt, also gekauft und verkauft werden und haben damit einen Rechtepreis (Optionspreis), der seinerseits spekulativ genutzt werden kann. Er unterliegt wegen der Hebelwirkung der größeren Handelsmenge starken Schwankungen und ist dementsprechend risikoreich. Höheren Gewinnaussichten stehen auf der anderen Seite höhere Verlustaussichten gegenüber.

Eine **Währungsspekulation** geht von Erwartungen bezüglich der künftigen Wechselkursentwicklung als Preisentwicklung aus. Konkret wird aufgrund von Informationen (z. B. aufgrund von Informationen über die beschriebenen Leistungs- und Kapitaltransaktionen) erwartet, dass der Wechselkurs der Währung eines Landes steigen wird. Wenn diese Erwartung richtig ist, so lohnt sich der Kauf der betreffenden Währung heute, um sie morgen zu einem höheren Kurs mit einem Spekulationsgewinn wieder zu verkaufen. Absicht zum Kauf einer Währung bedeutet jedoch Nachfrage nach dieser Währung, d. h., je mehr die Erwartung eines steigenden Wechselkurses unter den Spekulanten um sich greift, umso stärker steigt die Nachfrage nach der betreffenden Währung. Die Nachfrage wird allerdings nur befriedigt, wenn auf der Gegenseite ein entsprechendes Angebot vorhanden ist, d. h., die Anbieter der betreffenden Währung müssen kein oder ein genau entgegen gesetztes Spekulationsverhalten an den Tag legen. Würden sie selbst auch mit einem steigenden Wechselkurs rechnen, dann würden sie nicht verkaufen wollen. Sie werden umso weniger damit rechnen und eher einen fallenden Wechselkurs erwarten, je höher er ist. Man spricht daher auch von „Marktsymmetrie" und meint damit die unterschiedlichen, nämlich entgegen gesetzten Vorstellungen auf der Nachfrager- und Anbieterseite des Marktes, die für einen wirksamen Markt- und Preismechanismus unabdingbar sind. Das Ergebnis einer Spekulation auf einen steigenden Wechselkurs könnte also sein, dass der Wechselkurs tatsächlich steigt. Man spricht in diesem Fall auch von einer „sich selbst erfüllenden Prophezeiung". Eine Währung, die erst einmal im Aufwertungsverdacht steht, wird aufgrund der Währungsspekulation sehr häufig auch tatsächlich aufgewertet werden.

An einer **Währungsspekulation ist unangenehm**, dass es zu starken Kursausschlägen kommen kann, die Unsicherheiten in den internationalen Wirtschaftsbeziehungen schaffen und auch Auswirkungen auf diese Beziehungen in den Leistungs- und Kapitaltransaktionen selbst haben können (z. B. Verteuerung der Exporte bei steigendem Wechselkurs der Währung des exportierenden Landes), obwohl die tatsächliche Situation dieser Beziehungen (z. B. ein möglicher Leistungsbilanzüberschuss) bei nüchterner Betrachtung (z. B. unter Berücksichtigung der Kapitalbilanz) gar nicht der Auslöser für die Wechselkursentwicklung gewesen sein dürfte. Um die Währungsspekulation eindämmen zu können, wird die Einführung einer Steuer auf die entsprechenden Spekulationsgewinne diskutiert. Sie wird nach ihrem „Erfinder", dem amerikanischen Nationalökonomen und Nobelpreisträger James Tobin (1918–2002), auch **Tobin-Steuer** genannt. Eine in der EU diskutierte **Finanztransaktionssteuer**, die sämtliche und nicht nur die spekulativen Finanztransaktionen betreffen würde, hätte die gleiche Wirkung.

9.3.2 Rückwirkungen des Wechselkurses auf die Leistungs- und Kapitaltransaktionen

Wechselkurse haben wie alle Preise in einem marktwirtschaftlichen Koordinationsmechanismus die Aufgabe, Ungleichgewichte (Überangebot und Übernachfrage) zu beseitigen, indem durch Preisänderungen das Verhalten der Anbieter und Nachfrager in Richtung auf einen Interessenausgleich und damit auf ein Marktgleichgewicht beeinflusst wird. In Abschnitt 9.3.1 haben wir gesehen, dass Wechselkursänderungen marktwirtschaftlich über den Währungstausch durch Ungleichgewichte in der Leistungs- oder/und Kapitalbilanz der Zahlungsbilanz ausgelöst werden. Sie haben als Preise aber auch die Aufgabe, diese Ungleichgewichte zu beseitigen, indem es zu ausgleichenden Rückwirkungen auf die Leistungs- oder/und Kapitaltransaktionen als Auslöser kommt. In der **Ausgleichsfunktion der Wechselkurse** liegt also ihre Rückwirkung.

Ein **steigender EUR-Wechselkurs** bewirkt vor allem bei den **Leistungstransaktionen** – Erwerbs- und Vermögenseinkommen (Primäreinkommen) und laufende Übertragungen (Sekundäreinkommen) lassen wir außer Acht – eine Verteuerung der Waren- und Dienstleistungsexporte der EWU für die übrige Welt und eine Verbilligung der Waren- und Dienstleistungsimporte der EWU aus der übrigen Welt. Die Betonung liegt auf „für die übrige Welt" bzw. „aus der übrigen Welt", d. h., die Preise bleiben für die jeweilig exportierenden Inländer in ihrer Währung zwar gleich, bekommen aber über den Wechselkurs für die jeweilig importierenden Ausländer in ihrer Währung ein anderes Gewicht.

Wir können uns diesen Zusammenhang an folgendem Beispiel klarmachen: Ein Pkw einer bestimmten Marke, eines bestimmten Typs und einer bestimmten Ausstattung möge sowohl in der EWU als auch in den USA zur Verfügung stehen. Da es sich folglich um das gleiche Gut handelt, wird auch von einem homogenen Gut gesprochen, im Unterschied zu heterogenen Gütern unterschiedlicher Art. Der Pkw möge in der EWU 10.000 EUR und in den USA 15.000 USD kosten und könne aus Sicht der EWU sowohl in die USA exportiert als auch von den USA importiert werden, und zwar zum Exportpreis von 10.000 EUR (P^{Ex}_{EUR} = 10.000 EUR) bzw. zum Importpreis von 15.000 USD (P^{Im}_{USD} = 15.000 USD). Unter Berücksichtigung eines angenommenen EUR-Wechselkurses gegenüber dem USD (W_{EUR}) in Höhe von W_{EUR} = 1,20 USD/1 EUR würde demnach das **reale Austauschverhältnis**, das auch **Terms of Trade** (T. o. T.) genannt wird, betragen:

$$T.o.T. = (W_{EUR} \cdot P^{Ex}_{EUR})/P^{Im}_{USD} = 0,8$$

Dieser Wert bedeutet, dass für die Importausgaben eines Pkws über die Exporterträge nur wieder 0,8 Pkws zurückfließen würden, d. h., der Import wäre für die Inländer der EWU relativ teuer und im Gegenzug der Export der EWU für die Ausländer relativ billig. Steigt nun W_{EUR} (z. B. auf W_{EUR} = 1,35 USD/1 EUR), so steigen auch die T. o. T. (im Beispiel auf T. o. T. = 0,9), d. h., die Importe sind für die Inländer der EWU nicht mehr so teuer und werden demnach billiger, während die Exporte für die Ausländer der EWU nicht mehr so billig sind und demnach teurer werden. Daraus können wir letztendlich den Schluss ziehen: Hängt die Entscheidung zum Kauf von Ex- und Importgütern relativ stark von ihrem Preis und weniger von eventuell gegenläufigen Einflussgrößen (z. B. Qualitätsnachteile, ungünstige Güterzusammensetzung bei Exportgütern oder/und Abhängigkeiten bei Importgütern) ab, so ist bei einem steigenden EUR-Wechselkurs mit einem **Rückgang der EWU-Exporte** und einer **Zunahme der EWU-Importe** zu rechnen, was sich negativ auf das Bruttoinlandsprodukt (BIP) (vgl. Abschnitt 3.5.3) und damit auch auf die Binnenwirtschaft der EWU auswirkt. Negative Wachstums- und Beschäftigungseffekte sind nicht auszuschließen, Preissteigerungen aber eher nicht zu befürchten.

Bei den **Kapitaltransaktionen** führt ein steigender EUR-Wechselkurs für Kapitalanleger der EWU zu einer Verbilligung der Kapitalanlagen (z. B. Wertpapierkäufe) in der übrigen Welt, und für die Kapitalanleger der übrigen Welt zu einer Verteuerung der Kapitalanlagen in der EWU. Der in der Folge – bei Abwesenheit gegenläufiger Einflussgrößen wie z. B. Risikoüberlegungen – auftretende Nettokapitalabfluss (= Kapitalexport) könnte die aktiven Buchgeldschöpfungsmöglichkeiten der Geschäftsbanken (vgl. Abschnitt 7.2.3) in der EWU erschweren und dadurch zu einer **Zinserhöhungstendenz** am Geld- und Kapitalmarkt führen, die sich ihrerseits wiederum negativ vor allem auf die private Investitionsgüternachfrage und damit ebenfalls negativ auf die Binnenwirtschaft der EWU auswirken dürfte. Insgesamt ist also von einem steigenden EUR-Wechselkurs eine **dämpfende Wirkung auf die Binnenwirtschaft der EWU** zu erwarten.

Nach dem bisher Gesagten lässt ein **sinkender EUR-Wechselkurs** von vornherein einen gegenteiligen Effekt, also eine belebende (expansive) Wirkung, auf die Binnenwirtschaft der EWU vermuten. Er lässt sich damit begründen, dass bei den **Leistungstransaktionen** die Terms of Trade sinken und damit die Exportgüter der EWU für die übrige Welt billiger und die Importgüter der übrigen Welt für die EWU teurer werden, so dass die **EWU-Exporte steigen** und die **EWU-Importe sinken** dürften, was über das Bruttoinlandsprodukt (BIP) einen expansiven Effekt auf die Binnenwirtschaft zur Folge hat. Er wird noch über die **Kapitaltransaktionen** unterstützt, denn der zu erwartende Nettokapitalzufluss (= Kapitalimport) durch die relative Verbilligung der Kapitalanlagen der übrigen Welt in der EWU verschafft den Geschäftsbanken zusätzliche Buchgeldschöpfungsmöglichkeiten durch Kreditvergabe, mit der Folge einer **Zinssenkungstendenz**. Positive Wachstums- und Beschäftigungseffekte sind zu erwarten, allerdings bei zunehmender Auslastung der Produktionskapazitäten auch Preiserhöhungstendenzen, die bei Importabhängigkeit (z. B. bei Rohstoffen) durch die entsprechenden Kostensteigerungen noch verstärkt werden können. Insgesamt dürfte also von einem sinkenden EUR-Wechselkurs eine **belebende Wirkung auf die Binnenwirtschaft der EWU** ausgehen. Dieses Ergebnis macht darüber hinaus deutlich, dass die vielfach in der Bevölkerung geäußerte Befürchtung einer allgemeinen Wirtschaftsschwäche angesichts eines schwachen Wechselkurses der heimischen Währung meist übertrieben und eher emotional geprägt ist und weniger von einer Kenntnis der Zusammenhänge zeugt.

9.4 Freie und feste Wechselkurse im Vergleich

In einem **System freier Wechselkurse** bilden sich die Kurse **marktwirtschaftlich** frei an den Devisenbörsen, wie wir schon aus den vorherigen Abschnitten wissen. Die Wechselkurse als Preise werden durch das Verhältnis von Angebot und Nachfrage im Währungstausch bestimmt und sie haben die Aufgabe und darin liegt ihr **Vorteil**, Ungleichgewichte in den internationalen Leistungs- und Kapitaltransaktionen auszugleichen. Bleibt ein Land z. B. in der internationalen Konkurrenzfähigkeit auf den Gütermärkten zurück, so wird sich dies über kurz oder lang in einem Importüberschuss bemerkbar machen, der seinerseits zu einem sinkenden Wechselkurs der heimischen Wahrung führen durfte und dadurch die Konkurrenzfähigkeit wieder steigert.

In dem genannten Vorteil ist jedoch insofern gleichzeitig ein **Nachteil** zu sehen, als Länder angesichts ausgleichender Wechselkurse geneigt sein könnten, keine Anstrengungen zu machen, dem wahren Grund ihrer mangelhaften Konkurrenzfähigkeit (z. B. falsche Güterzusammensetzung, geringe Qualitäten etc.) nachzugehen, und stattdessen auf die Wechselkursanpassung zu hoffen. Außerdem hatten wir gesehen, dass in einem System freier Wechselkurse starke Kursschwankungen (z. B. durch Währungsspekulation) auftreten können, die zu Unsicherheiten in den internationalen Wirtschaftsbeziehungen führen und diese dadurch stören. Zentralbanken haben in solchen Fällen zwar die Möglichkeit, durch freiwillige Interventionen an den Devisenbörsen beruhigend auf die Kursbildung einzuwirken, aber solche Interventionen sind ihrerseits mit dem Nachteil verbunden, dass sie die umlaufende Geldmenge und das Zinsniveau beeinflussen und dadurch zu unerwünschten Nebenwirkungen auf die Binnenwirtschaft führen können.

In einem **System fester Wechselkurse** wird die marktwirtschaftliche Kurs- bzw. Preisbildung staatlich, also **zentralverwaltungswirtschaftlich**, dadurch unterbunden, dass marktwirtschaftliche Kursschwankungen z. B. nur in einer bestimmten Bandbreite (z. B. ± 2,25 %) um einen Leitkurs zugelassen werden. Bei Gefahr des Überschreitens bzw. Unterschreitens des oberen bzw. unteren Bandes **(obere und untere Interventionspunkte)** hat die jeweilige Zentralbank eine **Interventionspflicht**, d. h., sie muss durch Währungsangebot und Währungsnachfrage den Wechselkurs innerhalb der Bandbreite halten. Nur in Ausnahmesituationen (z. B. bei fundamentalen Ungleichgewichten; siehe Abschnitt 9.5) können der feste Wechselkurs auf- oder abgewertet und die Interventionspunkte entsprechend verschoben werden. Es geht also beim festen Wechselkurs im Kern um einen staatlichen Eingriff in den Markt- und Preismechanismus und die Festlegung von Höchst- und Mindestpreisen (vgl. Abschnitt 4.5.1). Eine solche Situation bestand z. B. seit September 2011 bis Januar 2015 in der Schweiz, wo die Schweizerische Nationalbank durch ein Angebot an Schweizer Franken (CHF) bzw. eine Nachfrage nach EUR am Devisenmarkt dafür zu sorgen hatte, dass ein Ansteigen des heimischen

Wechselkurses (WCHF) und eine damit verbundene Belastung der heimischen Exportindustrie verhindert (vgl. Abschnitt 9.3) und ein Höchstkurs von WCHF = 0,83 EUR/1 CHF nicht überschritten bzw. ein Mindestkurs von WEUR = 1,20 CHF/1 EUR nicht unterschritten wurden.

9.5   Aktuelle Probleme der Wirtschaftsbeziehungen im Euroraum

Ein System fester Wechselkurse in extremer Form, nämlich ohne die letzte Möglichkeit einer Auf- oder Abwertung, liegt dann vor, wenn Wechselkurse und damit auch jegliche Wechselkursschwankungen vollständig abgeschafft und durch eine einheitliche Währung ersetzt worden sind. Insofern kann auch die **Europäische Währungsunion (EWU) als ein System fester Wechselkurse** im weitesten Sinne bezeichnet werden und ist demnach auch dessen Vor- und Nachteilen ausgesetzt.

Der **Vorteil fester Wechselkurse** wird vor allem in der Kalkulationssicherheit für die internationalen Leistungs- und Kapitaltransaktionen gesehen, die durch starke Wechselkursschwankungen gestört werden können und dadurch die **internationale Arbeitsteilung** mit ihren Produktivitätsvorteilen behindern. Diese Überlegung lag bereits dem sog. **Bretton-Woods-System** fester Wechselkurse (benannt nach einem Ort im US- Staat New Hampshire, wo das System 1944 entwickelt wurde) zugrunde, mit dem unmittelbar nach Ende des 2. Weltkrieges die internationalen Wirtschaftsbeziehungen gefördert werden sollten. Im **Europäischen Währungssystem (EWS)** vor dem Übergang in die Europäische Währungsunion (EWU) wurden feste Wechselkurse zwischen den europäischen Währungen zudem als vorteilhafte Vorstufe zu einem möglichst reibungslosen Übergang in die einheitliche EUR-Währung in der EWU installiert. Die Teilnahme am EWS war eine der Bedingungen (Konvergenzkriterien), die diejenigen der ursprünglich 15 Länder der Europäischen Wirtschaftsunion zu erfüllen hatten, die auch der Europäischen Währungsunion beitreten wollten (vgl. Abschnitt 7.2.6). Diese Konvergenzkriterien hatten und haben im Zuge der Osterweiterung der Europäischen Union auch die neuen Beitrittsländer zur EWU (wie z. B. Estland) zu erfüllen. Unstrittig hat die einheitliche EUR-Währung in der EWU die Wirtschaftsbeziehungen zwischen den beteiligten Ländern stark gefördert und dadurch zu Produktivitätsvorteilen bzw. Wohlstandssteigerungen geführt. Dies geschah nicht nur durch die **größere Kalkulationssicherheit** wie in jedem System fester Wechselkurse, sondern auch durch den **Wegfall von Transaktionskosten**. Sie treten bei unterschiedlichen Währungen dadurch auf, dass bei der Abwicklung internationaler Leistungs- oder/und Kapitaltransaktionen unter Einsatz des Tauschmittels Geld auch Währungen in andere Währungen getauscht werden müssen und durch diesen Tausch Kosten (z. B. in Gestalt von Provisionszahlungen an die Geschäftsbanken) entstehen.

Als **Nachteile fester Wechselkurse** gelten die **mangelhafte Ausgleichsfunktion** und die Interventionspflicht. Feste Wechselkurse verhindern die Beseitigung von Ungleichgewichten innerhalb der Zahlungsbilanz (z. B. hohe Export- oder Importüberschüsse) durch Wechselkursanpassungen und verfestigen daher diese Ungleichgewichte bzw. fördern weitere staatliche Eingriffe in die internationalen Wirtschaftsbeziehungen (z. B. durch Zölle oder Kontingente). Die Interventionspflicht der Zentralbanken erhöht zudem die Gefahr unangenehmer **Nebenwirkungen** durch den Geldmengeneffekt des erzwungenen Währungstausches zur Kursstabilisierung (siehe oben) und beschneidet die Zentralbanken dadurch in ihrer autonomen Entscheidung über den Einsatz geld- und kreditpolitischer Instrumente zur vorrangigen Sicherung der Preisniveaustabilität (vgl. Abschnitt 7.2.4). Auch die EWU ist mit den Nachteilen fester Wechselkurse konfrontiert.

Durch den vollständigen Wegfall der Ausgleichsfunktion freier Wechselkurse bei unterschiedlichen Währungen (ehemals D-Mark, Lire, Pesete, Drachme etc.) konnten Zahlungsbilanzungleichgewichte (z. B. Export- oder Importüberschüsse aufgrund unterschiedlicher Konkurrenzfähigkeit) zwischen den beteiligten Ländern der EWU nicht mehr abgebaut werden. Sie verstärkten sich vielmehr im Zeitablauf und führten dementsprechend zu

Gläubiger- bzw. Schuldnerpositionen. Länder mit Export-überschüssen wurden zu Gläubigern und auf der Gegenseite die Länder mit entsprechenden Importüberschüssen zu Schuldnern. Gläubiger- und Schuldnerverhältnisse werden unangenehm, wenn sie ein Normalmaß überschreiten und Schuldner ihren Verpflichtungen aus dem Schuldendienst (Tilgung und Zinsen) nicht mehr nachkommen können und demnach ihre Insolvenz droht. Vor dieser Problemsituation steht auch die EWU.

Insgesamt werden gegenwärtig in der EWU die Vorteile eines Systems fester Wechselkurse durch die einheitliche EUR-Währung (noch) höher gewichtet als dessen Nachteile. Gegen-über anderen Währungen (USD, GBP, JPY etc.) wird dagegen eher ein System freier Wechselkurse bevorzugt, weil es in einer Welt der fortschreitenden Globalisierung, Deregulierung und marktwirtschaftlichen Öffnung der internationalen Märkte durch Freihandel als die angemessene Währungsordnung be-trachtet wird.

Zu den Fragen, die im Zusammenhang mit den Ungleichge-wichten im Handel zwischen den Ländern der EWU derzeit kontrovers diskutiert werden, gehört, ob für Länder mit anhal-tend hohen Defiziten in der Leistungsbilanz und dadurch stark gestiegener internationaler Verschuldung – wie z.B. Griechen-land – ein Austritt aus der Eurozone eine sinnvolle Lösung wäre.

Der Austritt eines Landes wie Griechenland aus der EWU wür-de bedeuten, dass für dieses Land von einem System fester bzw. nicht existierender Wechselkurse zu einem System wieder frei schwankender Wechselkurse übergegangen wird. Die **Vorteile** eines solchen Übergangs bestehen darin, dass Ungleichgewichte in der Zahlungsbilanz (z. B. in Gestalt von Importüberschüssen) durch den Preismechanismus tendenziell wieder abgebaut wer-den. Dadurch wird das Entstehen neuer Schuldnerpositionen erschwert, die beim Überschreiten von Verschuldensgrenzen wegen der dann drohenden Insolvenz für alle Beteiligten unan-genehm sind. Der Abbau von Ungleichgewichten in der Zah-lungsbilanz durch einen frei schwankenden Wechselkurs bedeu-tet im Kern, dass die unterschiedliche Konkurrenzfähigkeit der

Handelspartner „künstlich" angeglichen wird. Für ein Land mit relativ geringer internationaler Konkurrenzfähigkeit (z. B. aufgrund einer falschen Produktpalette oder einer zu geringen Produktqualität) ist dies von Vorteil, weil es durch den zu erwartenden absinkenden Wechselkurs der heimischen Währung seine Konkurrenzsituation verbessern, wieder stärker exportieren und dadurch auch wieder heimische Arbeitsplätze schaffen kann. Zumindest gewinnt es Zeit, durch eine Reform der Produktionsstruktur seine Konkurrenzfähigkeit nicht nur künstlich, sondern auch tatsächlich wieder zu verbessern.

Die **Nachteile** eines Übergangs zu einem System freier Wechselkurse bzw. des Austritts eines Landes aus der EWU bestehen darin, dass es wieder zu Wechselkursschwankungen und dadurch ausgelösten Unsicherheiten und Risiken in den Handelsbeziehungen zwischen dem Austrittsland und seinen Handelspartnern in der EWU kommt. Sie könnten die Handelsbeziehungen und damit die Vorteile der Spezialisierung beeinträchtigen. Es kommt hinzu, dass der zu erwartende absinkende Wechselkurs der Währung des Austrittslandes zwar dessen Export- und Importsituation durch steigende Exporte und sinkende Importe in ihrer Wirkung auf die Binnenkonjunktur verbessern, im Gegenzug aber die Export- und Importsituation seiner Handelspartner in der EWU verschlechtern würde. Der sinkende Wechselkurs der Währung des Austrittslandes bzw. der damit steigende Wechselkurs des EUR hätten außerdem den nachteiligen Effekt, dass es für das Austrittsland noch schwerer wird, seine in EUR-Währung eingegangenen Schulden der Vergangenheit zurückzuzahlen und dadurch eine ohnehin schon drohende Insolvenz noch beschleunigt wird. Sie würde (z. B. bei notwendigen Schuldenerlassen) letztlich auch die Steuerzahler in den Gläubigerländern betreffen.

9.6 Kontrollfragen zu Kapitel 9

1. Wodurch kommt es zu internationalen Wirtschaftsbeziehungen?

2. Was versteht man unter der Zahlungsbilanz?

3. Ist die Zahlungsbilanz am Inlands- oder Inländerkonzept orientiert?

4. Welchen zeitlichen Bezug haben die in der Zahlungsbilanz erfassten Größen?

5. Kann es eine aktive bzw. passive Zahlungsbilanz geben?

6. Von wem wird die deutsche Zahlungsbilanz bzw. die Zahlungsbilanz der EWU erstellt?

7. Welche Transaktionen werden in den einzelnen Teilbilanzen der Zahlungsbilanz erfasst?

8. Welche Salden wiesen die Teilbilanzen der deutschen Zahlungsbilanz bzw. der Zahlungsbilanz der EWU in den zurückliegenden Jahren typischerweise auf? Wie lassen sich diese Salden erklären?

9. Was versteht man unter dem Wechselkurs bzw. Devisenkurs?

10. Wie kommen die Wechselkurse z.B. des Euro und des US-$ zustande?

11. Wie wirkt sich ein Leistungsbilanzüberschuss bzw. Leistungsbilanzdefizit auf den Wechselkurs eines Landes aus?

12. Wie wirkt sich ein Kapitalimport bzw. Kapitalexport auf den Wechselkurs eines Landes aus?

13. In welcher Weise wirken Leistungstransaktionen und Kapitaltransaktionen bei der Bestimmung des Wechselkurses eines Landes zusammen?

14. Wie kann die Europäische Zentralbank (EZB) im Rahmen ihrer Geld- und Kreditpolitik den Wechselkurs des Euro beeinflussen?

15. Welchen Einfluss übt die Konjunkturentwicklung im EWU-Raum auf den Wechselkurs des Euro aus?

16. Welche Wirkungen gehen von einer Veränderung des Wechselkurses des Euro auf die Leistungs- und Kapitaltransaktionen und auf die Binnenwirtschaft der EWU aus?

17. Wie kommt es zu Währungsspekulationen und worin liegt deren problematische Wirkung?

18. Worin liegen die Vorteile bzw. Nachteile eines Systems freier (flexibler) Wechselkurse im Vergleich zu einem System fester Wechselkurse?

Literaturverzeichnis

Fisher, Irving, The Purchasing Power of Money: Its Determination and Relation to Credit, Interest and Crises. Macmillan, New York 1911 (dt. Die Kaufkraft des Geldes. Ihre Bestimmung und ihre Beziehung zu Kredit, Zins und Krisen. G. Reimer, Berlin 1916)

Giersch, Herbert, Allgemeine Wirtschaftspolitik – Grundlagen, Wiesbaden 1961

Gossen, Hermann Heinrich, Entwickelung der Gesetze des menschlichen Verkehrs, und der daraus fließenden Regeln für menschliches Handeln. Braunschweig 1854

Haavelmo, Trygve, Multiplier Effects of a Balanced Budget, in: Econometrica 13, 311-318, 1945

Knorring, Ekkehard von, Volkswirtschaft. Rahmenbedingungen für eine Unternehmensstrategie, Bad Wörishofen, 3. Aufl. 2017

Müller-Armack, Alfred, Wirtschaftsordnung und Wirtschaftspolitik. Studien und Konzepte zur sozialen Marktwirtschaft und zur europäischen Integration, Freiburg 1966 und Bern/Stuttgart 1976

Rüstow, Alexander, Ortsbestimmung der Gegenwart. Eine universalgeschichtliche Kulturkritik. 3 Bände, 1950–1957 (Band 1: Ursprung der Herrschaft; Band 2: Weg der Freiheit, Band 3: Herrschaft oder Freiheit?

Schumpeter, Joseph Alois, Theorie der wirtschaftlichen Entwicklung: eine Untersuchung über Unternehmergewinn, Kapital, Kredit, Zins und den Konjunkturzyklus, 1911

Smith, Adam, An Inquiry into the Nature and Causes of the Wealth of Nations. 1776 (dt.: Untersuchung über Wesen und Ursachen des Reichtums der Völker), UTB, 2005

Tobin, James, Vermögensakkumulation und wirtschaftliche Aktivität: Bemerkungen zur zeitgenössischen makroökonomischen Theorie, München und Wien 1981

Stichwortverzeichnis